一代天娇
中外早期女飞行员史话

苗晓红 何孝明 ★ 编著

人民日报出版社
北京

图书在版编目（CIP）数据

一代天娇：中外早期女飞行员史话 / 苗晓红，何孝明编著 .—北京：人民日报出版社，2019.9
ISBN978-7-5115-6172-5

Ⅰ.①一⋯Ⅱ.①苗⋯ ②何⋯Ⅲ.①女性－飞行驾驶员－生平事迹－世界 Ⅳ.① K816.16

中国版本图书馆 CIP 数据核字（2019）第 193153 号

书　　名：	一代天娇：中外早期女飞行员史话
作　　者：	苗晓红　何孝明
出 版 人：	董　伟
责任编辑：	周海燕
封面设计：	张合涛
出版发行：	人民日报出版社
社　　址：	北京金台西路 2 号
邮政编码：	100733
发行热线：	（010）65369527　65369509　65369512　65369846
邮购热线：	（010）65369530　65363527
编辑热线：	（010）65369518
网　　址：	www.peopledailypress.com
经　　销：	新华书店
印　　刷：	大厂回族自治县彩虹印刷有限公司
开　　本：	710mm×1000mm　1/16
字　　数：	310 千字
印　　张：	18
印　　次：	2019 年 9 月第 1 版　2019 年 9 月第 1 次印刷
书　　号：	ISBN978-7-5115-6172-5
定　　价：	58.00 元

女 飞 行 员 的 话

  鉴于祖国多事之秋，认定航空救国是唯一目标，将来得机会，将效力疆场，以尽"匹妇救国"之责。

〔美籍华人〕张瑞芬

  我相信女人会像男人一样，很容易地学会飞行，将来中国会飞行的女人会像男人一样多。

〔中国〕邢莉亚

  做一些女人不大敢做的事情——航空救国。

〔中国〕袁明君

  人不光是为自己活着，而是要用自己的勇敢、智慧和能力，来帮助他人和社会。

〔中国〕鲁美音

  如果让女飞行员上天杀敌，她们一定会为抗战做出应有的贡献。

〔中国〕李霞卿

  "让全世界的妇女享有半边天，世界会变得更加美好。"
  "为了中国人民的解放事业我愿意慷慨赴死。"

〔中国〕颜雅清

中国女性绝不是你们想象中的小脚女人,她们在航空飞行事业上将大有作为。

〔中国〕郑汉英

女人只要有决心和意志力,梦想都能成为现实。

〔美籍华人〕朱美娇

女人能胜任战争领域的一切工作。

〔美国〕鲁斯·劳

太平洋的天空,不是女人的禁区,男人能飞女人也能飞。

〔英国〕柏瑞尔

尽管我不想死,但我不怕死。如果到了非死不可的时候,我的死也会让敌人付出惨痛的代价。如果我要离开这个世界也一定要死得像个英雄。

〔苏联〕卡佳

女子可以胜任男子的一切工作,甚至做得更好。

〔美国〕埃德娜

战争期间,妇女可以和男人一样战斗。

〔美国〕南希

只要一飞起来,整个天空都是自己的,真爽!

〔英国〕莫莉

生而飞行。

〔法国〕杰奎琳

序

吴佩新

1903年，美国的莱特兄弟发明飞机，从此人类插上了翅膀。航空飞行不断刷新速度纪录，把世界变小了，最终改变了人类历史进程。一百多年来，军民用航空豪杰辈出，众多中外巾帼英雄在蓝天上留下了自己的航迹，让蓝天抹上了浪漫的玫瑰红。在《一代天娇》这本书中，作者搜集了大量史料，还原了众多中外早期女性飞行者的历史细节，使得蓝天上的这片玫瑰红更加绚丽，更加真切。

本书第一作者苗晓红，是新中国第二批女飞行员。另一位作者何孝明，年轻时和苗晓红在同一部队服役。因志趣相投，两人结为终生伴侣。退休后，又共同致力于女性航空题材的文字创作，有纪实，有小说，先后出版过《我是蓝天的女儿》《女飞行员》《女飞行员之恋》《共和国首批女飞行员》《女人的天空》五部著作，《一代天娇》是他俩创作的第六本书。他们特殊的经历，使得作品不仅文字好看，专业细节也非常扎实。其实，衡量一部原创作品的质量，更为重要的还有一个"情"字，他俩是用情写作。如书中有一段"教室风波"的故事，其背景是苏联有一批空军高级指挥员到空军学院深造，教员中有位年轻的女飞行员，这群战功卓越的将军们瞧不起她，集体罢课，要求换教员，遭到院长狠批。后来女教官用实际行动征服了这群天之骄子，本故事讲述了最后一课的情景：

拉斯科娃给指挥班学员上最后一课，讲评毕业考试成绩，当她拿着考试试卷走进教室时，愣住了，只见班长捧着一大簇鲜花站在讲台边，没有等他下"起立"口令，全体学员都自动站了起来，热烈的掌声顿时响起，在教室四壁回荡。从小有假小子之称的女汉子，脸上露出了少见的羞涩，美丽的大眼睛里滚动着泪花，她被鲜花与掌声感动了。更让她激动的是班长的报告词。班长献过花，敬过礼之后，来了一段代表全班学员心声的报告词："拉斯科娃同志，你不仅教会我们领航知识，还教会我们如何尊重女同志。希望我国有更多像你这样的女飞行员，你们一点也不比男同志差，甚至更好。"拉斯科娃含在眼里的泪水，再也忍不住了，成串往下滴。作为女教员，这是学员对她最高的评价；作为女飞行员，这是男飞行员对她最好的肯定。

我相信，如果没有亲身体验，作者写不出这么温情、细腻、充满画面感的文字。这种真情实感，最终变成了贯穿于时空的使命感，使历史的气血前后相连。这是女飞行员写女飞行员的最大优势，也是本书的一大亮点。当我得知他俩推出这部反映中外早期女性飞行者的新作品，第一反应是毫不意外，一切都是顺理成章。为填补航空史的空白，为了史料的真实，他们不辞辛苦，以高龄之躯，走访各地档案馆、图书馆，有时就为了考证一个具体的历史细节。他们一定会做这样的事，也只有他们才会做这样的事。这本书，本来就是空军老兵对理想的特殊敬礼，本来就是老一辈蓝天情怀的见证。

苗晓红、何孝明也是我的老作者。很多年前，他们俩就给我所在的杂志写过稿子。那是我喜欢的文字，真实，质朴，不做作，有一说一。写序前，我又见到了二老，说起飞行时，苗晓红的姿势和表情再次给我留下深刻印象。只见她右拳收紧，仿佛握着操纵杆，左手掌心向下，向前伸出，模拟着飞机的飞行姿态。眼前的书房，一下子变成了1987年深秋的北京西郊机场，而她眼神里突然闪现出的光芒、专注、决绝，让时间又回到了那个大雾弥漫的凌晨。那次，她驾驶"三叉戟"专机，在能见度只有八九百米的极限条件下成功降落，为抢救机上危重病人赢得了宝贵的时间。

类似这样的历险，作者苗晓红经历过不止一次。在她的同行姐妹中，在那些早期从事航空事业的中外女性中，很多人同样经历了各种险情，有人甚至奉献出了生命。

飞行，是属于勇敢者的事业，对飞行者技术上的要求，不分性别。正因为如此，当年那些女性在航空萌生的时代，投入这个充满挑战的领域，以行动证明了自己的勇敢精神，证明了女性这个性别的胆识。书中每一位女性飞行者的故事，在当下看来，都堪称励志传奇。而在那风云际会的大时代里，蓝天玫瑰们和众多男性飞行员一样，不畏艰险，敢为人先，挑战自我，一飞冲天！

那些隐没于历史中的中外女性飞行者，通过作者的记述，在本书中再度鲜活了起来。那些飞过的心灵，永远博大。那些飞过的灵魂，穿越时空。她们的精神，并未因时光的流逝而掩去光芒。

正如著名摇滚乐队"唐朝"曾在那首《飞翔鸟》中唱道：

  每个人都曾渴望成为飞行的鸟

  在天空和太阳之间穿行

  飞过那无穷的漫漫荒野

  自由在大地上空飞扬

她们，那些开创了和开创着飞行事业的杰出女性，永远是蓝天中最绚丽的玫瑰红！

（吴佩新，媒体活动策划人。曾任《环球飞行》杂志执行主编。现任《航空知识》杂志高级编辑。）

前　言／001

引　子／003

中国篇

第一章　八年开创／002
第一节　最早的华侨女飞行员／002
第二节　国内培养的首位女飞行员朱慕菲／012
第三节　被冠以中国第一位女飞行员的女性／018

第二章　八年发展／038
第一节　宋氏姐妹与中国航空／038
第二节　中国第一所培养女飞行员的航校／048
第三节　海外学飞行的大批爱国女青年／061

第三章　十四年抗战／090
第一节　被空军拒之门外的精英／090
第二节　为胜利而飞的巾帼／100
第三节　在美国空军建功的华裔女将／141

目录
CONTENTS

外国篇

第一章　世界最早的"女飞"先驱 / 158
第一节　世界第一位女飞行员之争 / 158
第二节　五国第一"女飞" / 161
第三节　其他先驱女飞行员 / 169

第二章　黄金时代的黄金"天娇" / 176
第一节　一个女领航员的故事 / 176
第二节　众人仰慕的两位"女神" / 185
第三节　第一空姐与碧空五枝花 / 198

第三章　二战时期的各国蓝天女英豪 / 207
第一节　苏联"魔女飞行队"与世界王牌女飞行员 / 207
第二节　美国"女子航空勤务飞行队"与"速度上校" / 220
第三节　英、法、加参战团队与德国三鹰 / 233

附录 / 263
践行先辈精神，传承从我做起
——作者苗晓红驾机重返蓝天日记二则

后记 / 271

前　言

　　世界上第一位女飞行员是谁？中国第一位女飞行员是谁？她们在浩瀚的天空中，驾驶着原始的飞机，创造了多少个世界第一、中国之最？她们演绎出了哪些传奇故事？做出了哪些牺牲？命运如何？她们对世界和中国妇女航空事业有何贡献？等等。半个多世纪以来，国内外有关专家学者对此进行了较深入的研究，中外早期女飞行员的神秘面纱被逐渐揭开。

　　然而，由于时空相距遥远，信息闭塞，文化差异等原因，有关外国早期妇女航空的图书、文章和史料极少进入中国，因而我们对于她们的历史了解极少。对我国早期妇女航空的研究，也由于战争动乱，资料散失，性别歧视等历史原因，出版发表的图书和文章，也只是冰山一角，而且还有不少失实之处，某些谬误流传至今。

　　针对上述状况，编写一部真实准确的中外早期妇女航空史很有必要。这是一项目前无人深入涉足的浩大系统工程，作为新中国培养的航空人，笔者总是感到一种责无旁贷的使命感。尽管我们知道自己的能力极其有限——可是，事情总是要有人来做啊，为此，我们情愿奉献出自己的有生之年。

　　为搜集国内史料，笔者先后走访了我国早期女飞行员较为集中的广东中山、开平、恩平、台山、深圳，以及昆明、长沙、湘潭、上海、南京、北京、香港等地，探访了一些知情人，参观了部分先辈的故居，到当地图书馆和档案馆查阅了大量史料，还通过与部分"女飞"后人的联系，搜集了一些资料。与此同时，还参阅了姜长英、关中人等老一辈专家的科研成果，翻阅了大量有关文献……搜集国外史料做不到像国内这样实地采访收集，主要通过以下四个渠道获取：一是请国外亲友帮忙收集；二是购买有关外文图书；三是向相关的图书馆发问询函，笔者向美国国家图书馆、纽约大学与加州大学图书馆，以及加拿大、韩国和中国台湾地区的图书馆等发出问询函30余封；四是请国内相关机构帮助征集，如99国际女飞行员俱乐部中国区等。通过上述各种工作，我们收集到了大量图文史料，在此基础上，编纂了本书。

编写过程中，我们力争做到四个结合：一是史料性和可读性相结合，"史话"不是"演义"，它以写史为主，因此，力争做到事事有出处，件件有依据，以确保本书的真实性。但"史话"不同于线形编年史，"史话"注重情节和细节的描写，讲好故事，具有趣味性和可读性。二是纪实性与学术性相结合，本书不仅写史也论史，使本书具有一定的理论性和学术价值。三是历史性与现实性相结合，既不厚今薄古，也不厚古薄今；力求客观公正地评价中外早期航空女性对航空事业所做的贡献。四是局部性与全局性相结合，本书将世界早期妇女航空的诞生发展以及她们对中国妇女航空的影响，有机地结合起来。

由于笔者二人年过八旬，体力、能力、财力及文史研究专业资历等原因，很难完全如愿。对于留在国外的珍贵资料，虽采取多种措施收集查证，但是十分有限；对国内的相关史料也难以做到万无一失，对一些问题的分析也很有局限性。但是，我们凭借自己的赤诚和勇敢，愿做此题材第一批的抛砖引玉的铺路石和尝试者，敬请中外有关专家学者和知情人士给予本书补充与更正。

引 子

自古以来，人们就有飞天之梦，这种梦想表现在各种飞天神话与传说之中。如古希腊神话中墨丘利的带翅凉鞋；古条顿传说中魏兰的飞行马甲；阿拉伯神话中的波斯飞毯等。在我们中国嫦娥奔月、牛郎织女的神话更是家喻户晓，妇孺皆知。此外，《庄子·逍遥游》中记载的2000年前列子飞天；1800多年前后汉武氏墓中的两翼人和四翼人石壁画；自公元4世纪开始形成的敦煌飞天壁画；春秋时萧史弄玉乘龙骑凤双飞的故事，等等，同样反映了中国人上千年的飞天愿望。

随着人类的进化，人们开始尝试飞行。东汉时有人用羽毛做成两只翅膀，从高处跳下，这是人类有史可查的滑翔记录。中世纪欧洲人也有过跳塔扑翼的尝试。

壁画飞天

进入17世纪，西方出现了有关飞行的科幻小说，19世纪60年代达到高潮，其中以法国著名作家儒勒·凡尔纳的《从地球到月球》和《环游月球》的影响最为广泛。科幻小说是在科学基础上加上合理推断演绎而成的，为航空乃至航天提供了思路。在科幻小说的启迪下，1783年，法国人发明了热气球和氢气球；1891年，德国人制造出了滑翔机；1903年12月17日，美国莱特兄弟制造的世界上第一架飞机试飞成功，从此，人类的飞天梦进入了一个崭新的阶段，即由二维空间进入了三维空间，由陆地海洋扩展到了天空，神话科幻变成了现实。

有了飞机便有了飞行员，有了航空事业。这种高风险的事业，开始都是由勇敢的男子汉担当重任。但是，妇女也有飞天梦，飞机问世不久，国内外也出现了一批开天女。

中国篇

第一章　八年开创

第一节　最早的华侨女飞行员

中国作为文明古国,航空事业本应走在世界前列。但由于清王朝的闭关锁国,在航空事业上落在了西方后面。不过,在妇女航空方面中国并没落得太远。因为中国有众多的华侨妇女生活在西方国家,她们既有中华文化的底蕴,又有西方文化科技的支撑,从而涌现出了一批为"壮国体"而飞的女性飞行爱好者,成为中国最早的一批女飞行员。

安娜·彼·卢　中国第一位女飞行员

安娜·彼·卢,又称卢佐治夫人。祖籍广东省开平县(现为开平市),1895 年出生在美国加利福尼亚的旧金山市。

要了解卢佐治夫人,首先必须了解中国早期著名的飞行家谭根。谭根又名谭德根,广东省开平县长沙杜澄乡人(有人说他是开平道祥乡人,开平政协文史委员会编印的《开平名人录》中说他是长沙杜澄乡人,应以当地文史资料为准)。谭根 1890 年出生于美国旧金山一个贫寒的华侨家庭,小时在工厂当过两年工人,后在奥克兰专科学校学过四年机械。他从小迷恋飞行,梦想当一名飞行家。经过刻苦学习,他如愿以偿地考上了希敦飞机实验学校,1910 年毕业。毕业后,谭根自行设计制造了两种水上飞机。这种飞机结构新颖,性能良好,

第一章 八年开创

超过了其他国家的同类型飞机。同年,谭根驾驶这种飞机参加了在旧金山举行的有英、法、德、美等国强手参赛的万国飞机制造比赛大会。他设计制造的飞机夺得冠军,并赢得了"东亚飞行第一人"的美誉,他是参赛选手中唯一的一名黄种人。

1911年开始,谭根到世界各地进行飞行表演,为孙中山的革命活动筹集资金。他的爱国精神深得孙中山的赞赏。孙中山1915年2月20日在给南洋同志的信中写道:"谭君为飞行大家,声誉著于世界""不日前往南洋各埠飞演,并拟就南洋演技筹款,开办飞行学校"。1915年8月7日下午3时,谭根在香港沙田进行载人飞行表演,他驾驶的水上飞机是双座舱,每次飞行可载一人。那天他飞了5个起落,最后一次他载的是位姑娘,名叫洪美英,她是国内第一个乘坐飞机的女性,因此这次飞行创造了历史,引起了轰动,也才有了洪美英是中国第一位女飞行员的误会(此事后文专述)。

本文之所以简要介绍谭根的经历,是因为他与卢佐治夫人学飞行有直接关系,他是她的姐夫,也是她飞行的启蒙教练。1913年,安娜·彼·卢与丈夫卢佐治在加州大学上学,上学期间便跟姐夫谭根学习飞机驾驶。1915年5月谭根应邀回国,她又跟一美国教练继续学习,直到完全掌握飞行技术为止。卢佐治夫人学成后,曾经

摄于《中国妇女航空钩沉》(图二)

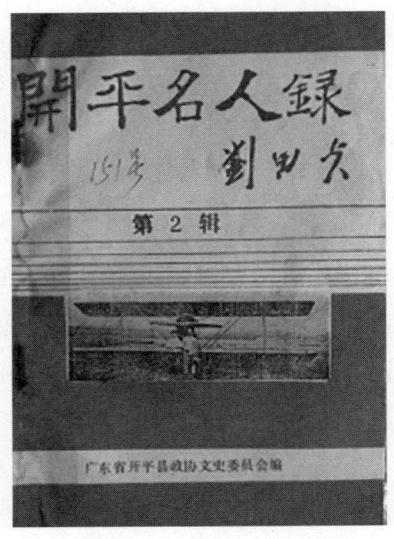

《开平名人录》封面(图三)

回国，想为祖国的航空事业做贡献。可惜当时中国的航空事业还处在萌芽阶段，更无妇女飞行先例，卢佐治夫人便又和丈夫一道返回美国旧金山。

1919年11月，谭根奉中国地方政府之命，偕夫人赴美验收购买的飞机，卢佐治夫人曾到三藩市（旧金山）机场迎接，并陪同谭根夫妇前往纽约的飞机工厂验收飞机。1919年11月7日美国英文报《三藩市号角邮报》，对上述活动有较为详细的报道，称卢佐治夫人为中国第一位女飞行员（图二）。

卢佐治夫人是不是中国第一位女飞行员，至今没有形成共识。国内最早承认卢佐治夫人为中国第一位女飞行员的，是著名的中国航空史专家关中人，他是中国妇女航空史研究的开拓者，称得上这方面的权威，《中国妇女航空钩沉》是他的代表作。他的主要依据就是《三藩市号角邮报》，同意此观点的有方雄普等一批史学家。但也有不少专家学者不认同关中人的结论，主要理由是一张小报不足为凭，只有"中国第一位女飞行员"之说，没有飞行之事，找不出卢佐治夫人飞行的任何记录，小报是孤证，不能作为依据。笔者认同关中人的说法，之所以认同，倒不是因他是这方面的权威，而是有我们的判断，有新的证据，有以下五点理由。

第一，托友人对《三藩市号角邮报》的历史进行了了解，它虽属小报，但在当时当地信誉度较高。此报1913年9月创刊，创办人为F·W·凯洛格，是一份晚报，每周日休息。1929年8月与《旧金山新闻快报》合刊，更名为《号角新闻报》。1919年正是该报的上升阶段，所载内容有一定的可信度，凭空杜撰卢佐治夫人是中国第一位女飞行员的可能性极小，而且从未有人对此消息提出质疑。

第二，《三藩市号角邮报》是旧金山的地方报，谭根和卢佐治夫人的家就在旧金山，报载之事多数也发生在旧金山。本地记者写发生在身边的人和事，都有一手材料，不是二手货，不用造假，也不敢造假，因为卢佐治夫人的事，左邻右舍，亲朋好友都清楚，读者极易鉴别。由此可见，《三藩市号角邮报》所载内容应该是真实的，可信的。

第三，1910年开始，美国先后出现了布兰奇、昆比、露丝、史天逊等多名女飞行员，她们的飞天事迹令广大美国妇女羡慕，掀起了一股妇女航空热潮（详情见外国篇）。卢佐治夫人作为一名在美国学习的大学生，受其影响，向

第一章　八年开创

著名飞行家又是姐夫的谭根学飞行，应是情理之中的事情。再者谭根当过飞行教练，带飞过学员。卢佐治夫人有学飞行的要求，谭根有带飞学员的经历。足见卢佐治夫人跟谭根学飞行，可信度极高。

第四，笔者去开平调研时，先后去了开平图书馆、文化艺术中心、档案馆等单位。社会文化股股长黄木贵、档案管理股股长陈水清分别接见了笔者。在档案馆，陈股长找来了该市政协文史委员会编印的《开平名人录》一书（图三）。该书第71页有以下一段记载："卢（罗·劳）安娜，女，广东开平县人，是谭根的表妹（此处可能有误，卢夫人应是谭根的妻妹）。她毕业于加州大学，1913年常从谭根学习飞行，后经美国教官训练，学会飞行，并曾回国，被称为中国第一位女飞行员。"从以上内容与行文风格不难看出，它的来源绝非《三藩市号角邮报》，而是出自当地早期史料。所以称卢佐治夫人为中国第一位女飞行员并非一报之言，并非孤证。

第五，这是最为关键的一点，算是新证吧。关中人只见到《三藩市号角邮报》的一个版面（图二），没见到载有卢夫人和谭根夫妇照片的那一版（图四）。关中人在《中国妇女航空钩沉》第68页写道："当谭根夫妇抵达三藩市时，卢夫人亲到机场迎接……当时《三藩市号角邮报》曾有报道，并刊出了卢夫人到机场迎接谭根时的照片（尚未找到这张照片……）"。关中人没找到，笔者却有幸找到了这张已尘封整整100年的老照片与相关资料。不仅见到了年轻靓丽的卢夫人，还知道谭根回国后，她是在摩尔岛继续跟美国教练学飞行的。为

图上为谭根夫妇，右下为卢夫人（图四）

什么在那里学飞行？因为她丈夫乔治·卢是市政工程师，当时在摩尔岛工作。

综合上述五点分析，基本可以断定卢佐治夫人是中国第一位女飞行员，1915年应为中国妇女航空历史的起点。卢佐治夫人作为中国真正的开天女，值得肯定，值得宣扬，值得钦佩，值得纪念，应载入史册。

吴德明　被长期埋没的女飞行员

吴德明，广东省开平县楼岗乡人，生于1897年。父亲吴东启，早期同盟会会员，为了跟随孙中山进行民主革命，他几乎献出了全部家产，是一位坚定的民主革命家。吴东启有四个女儿，吴德明为长女。

1916年，吴德明在美国跟华侨飞行员学习飞行。她学习成绩优异，曾驾机飞越太平洋，是第一个飞越太平洋的中国女飞行员。她还曾驾机造访过香港。当时香港《晨钟报》用头版新闻报道过吴德明飞港一事，并登有她驾驶飞机的大幅照片。香港《地平线》杂志也曾报道此事。

由于她飞行的史料太少，广东开平县政协文史委员会在编写《开平名人录》时，曾向吴德明的亲人征集史料，她健在的两位亲人都曾谈到吴德明当年在美国学飞行的情况。由于时间太久，他们对吴德明学飞行的具体情况都知道不多，回答都很简单，但对吴德明飞行一事二人均有记忆。

吴德明叔伯兄弟权礼翁老人回忆说："东启公之女德明，曾有在美国（当）飞行员史迹，后由美国回国服务于广州市电力公司。"吴东启的第四女从美国回信道："（姐

摄于《开平名人录》第73页（图五）

第一章　八年开创

当年确有一段飞行事迹，报纸有相片记载，一向保存，后因人已作古而散失……那是在清末民初开始，当时，我国尚无航空学校，德明姐是随孙中山之机师学习飞行的，后终于1940年间。"

关于吴德明，有四点说明。

第一，她在美国学过飞行，是中国最早的女飞行员，这一点是可信的，可以肯定，有两位亲人的证词。

第二，说她是驾机飞越太平洋的第一个中国女飞行员，此事从未见有人提过，也未见史料记载，值得商榷。报道她飞香港消息的《晨钟报》和《地平线》杂志，笔者在香港中心图书馆、北京国家图书馆、上海图书馆等均未查到，有待进一步查实。

第三，因她学飞行时间很早，就称她为中国第一位女飞行员，此说有误，按学飞行的年份排序，她是中国第二位女飞行员。

第四，在以往的中国妇女航空史研究中，几乎无人提及吴德明，导致她的名字和事迹长期被湮没。因此她的飞行事迹有待进一步挖掘，并给予公开、公正的评价，还她应有的历史地位。

欧阳英　中国第一位在飞行中牺牲的女飞行员

欧阳英，又名欧阳金英。1895年出生在美国加利福尼亚州科特兰市，父亲欧阳初是种植园主。祖籍广东香山县（现为中山市）四区大岭村。欧阳英是幼女，甚受父母宠爱。她有个哥哥，名佐治欧阳，是美籍华裔博士。欧阳英青少年时期就与一般姑娘不同，没有少女的文静，而像男孩子一样喜欢骑马开车，而且聪颖胆大，才华出众，富有正义感，是当地小有名气的才女，也是不少男孩心目中的仙女。

1915年高中毕业不久，欧阳英与追随孙中山革命的李培芬喜结连理。李培芬是香山大环村人，他十分热爱家乡，曾捐资兴办了一所大环村学校。结婚后，两人恩爱有加，次年便生一子，取名李秉文。两人不仅感情深厚，而

女飞行员欧阳英（图六）

且志趣相投。由于身处异邦，饱受歧视，决心学习飞行，报效祖国，强我中华。二人商量准备回国，在广州办一所像纽约茄弥斯航空大学一样的航空学校，而且还计划建一个飞机制造厂，自行设计制造新型飞机，促进中国航空事业的发展。他俩的这一宏伟计划，李培芬写信告诉了同乡密友张惠长和黄光锐。得到了张、黄的赞赏与支持（张、黄都是中国早期著名的飞行家，创造过多项中国之最。张有"中国林白"的美称，黄曾是中国首架国产飞机的试飞员之一。他们都在民国政府中任过要职）。

正当欧阳英、李培芬夫妇大展宏图之时，极为不幸的事情发生了。1918年，当地发生瘟疫，李培芬染病离世。这不仅使欧阳英陷入万分悲痛之中，回国办航校建工厂的计划也因此搁浅。祸不单行，家难刚过国难又至。第一次世界大战结束之后，1919年1月18日，召开了有32个国家代表参加的"巴黎和会"。会上中国代表团提出，要求废除袁世凯和日本帝国主义签订的21条卖国条约，收回大战期间被日本帝国主义趁机夺走的德国在山东的一切特权。但弱国无外交，中国又一次受到列强的欺侮，会议拒绝了中国代表团的正当要求。这一无视中国核心利益的决定，不仅引发了震惊中外的五四运动，也进一步激发了欧阳英的爱国热情。她强忍失夫的悲痛，决心实现丈夫的遗志，学习飞行，而后归国办航校，为祖国培养航空人才，以壮国体强国威。

1919年春末夏初之际，欧阳英放下幼小的儿子，跟美国教练富兰克·布里克安特（Frank Bryant）学习飞行。欧阳英学飞行的动机目的很明确，1919年11月13日，美国的中文报《世界日报》，刊登了一篇《华女驶飞船之第一人》的文章，文中写道："该妇称：因山东问题不能解决，故愤学飞船。"她在这股爱国热情的激励下，勤学苦练，加之胆大心细，悟性极高，掌握飞行技

第一章 八年开创

术很快,教练带她不到十个小时,就能单独驾机飞行了。教练对她分外佩服,夸她是"极难得之人才"。

关于欧阳英学飞行的时间,有文记载是1916年。肖强、李德标先生1983年在台湾出版的《国父与空军》一书中,收有张惠长写的回忆文章,文中提到,1916年,有姓欧阳的夫妇二人,也在美国学飞行。前文提到张惠长与欧阳英一家有深交,按理他的回忆应该可信,然而说欧阳英1916年就开始学飞行却有不少疑点。

其一,欧阳英1916年正怀孕、生产和坐月子,女人这时候受生理条件所限,不可能去学飞行。欧阳英再泼辣,再坚强,也不能违背生理常识。

其二,纵然1916年年末欧阳英生子后马上去学飞行,这种可能性也不大。因为孩子刚生下来,正值哺乳期,初为人母的欧阳英尽管有报国之志,也不会扔下嗷嗷待哺的儿子去学飞行。

其三,有史料记载,1918年,美国将不少华工派去欧洲战场挖战壕,这期间欧阳英协助"华工妇女会",做那些华工留守妇女与儿童的工作。欧战结束后,欧阳英又帮助返美华工争取再就业、反歧视等维权工作。欧阳英在此期间的经历证明,1916年她不可能学会飞行,如果她已掌握了飞行技术,那她早应飞回祖国,为理想而奋斗了,绝不会弃飞行而改做其他工作。

其四,1986年,广东研究中国妇女航空史的专家关中人,对欧阳英1916年学飞行也有疑问,为弄清真相,便致函著名的美籍华人学者麦礼谦,请他协助查清此事。麦很认真,不仅复函,还随信寄来了一批华侨女性在美国学习飞行的资料,其中没有欧阳夫妇1916年学飞行的记载,只有1919年的相关报道。麦多年来广泛收集在美华侨的资料,潜心研究华侨史,著有《美国华侨简史》,并参加了大型美国华人历史图片展《甘苦沧桑二百年》的制作。他对美国华人的历史非常了解,他提供的信息应该是可信的。

综上分析,欧阳英学飞行的时间应为1919年,而不是1916年。因是多年前的旧事,张惠长先生的记忆有误。

欧阳英单独驾机翱翔蓝天一事,在美国引起了巨大的轰动,多家中英文报纸争相报道,并刊出她的大幅照片,称她是中国第一个女飞行家。美国人反应如此强烈并不奇怪,21世纪的今天,女飞行员仍是稀有群体,仍带有几分神秘色彩；一百年前，女飞行员在人们眼里就如同今天的女航天员一般神奇，更何况还是一位来自东方的女性。欧阳英的冲天一飞，改变了一些美国民众对华人妇女的看法。她为中国妇女争了光，为华侨赢得了更多的尊重。她的事迹传到国内后，反响更为强烈。广东的《航空月刊》登出了一组"世界知名女飞行员速写像"，其中就有欧阳英。她是中国人的骄傲，是中国妇女"飞天"的榜样，为中国妇女航空的先驱。

1920年11月初，正当欧阳英刻苦训练，准备回国实现宏伟蓝图之际，意外的空难降临到她的头上。一百年前的飞机，性能很差，安全系数很小。在列活埠（利物浦）附近的一次飞行中，因机械故障，机翼折断，飞机坠地，欧阳英遇难，年仅25岁。她是中国第一个在飞行中牺牲的女飞行员。这是她的不幸，也是中华民族的一大损失。1920年11月8日，美国的《民国公报》对欧阳英的不幸遇难进行了报道。美国华侨与美国民众无不为她感到痛心惋惜。欧阳英救国献身的事迹，激励了许多旅美女青年，她们纷纷以她为榜样，响应孙中山"航空救国"的号召，学习飞行，涌现了一批华侨女飞行员。欧阳英虽不是中国第一位驾机升空的女飞行员，但她却是为中国妇女航空事业做出突出贡献的第一人。

若干年后，欧阳英与李培芬的遗骨，由定居美国旧金山的儿子李秉文运回祖国，安葬在中山市大环村的后山上。这对热爱飞行事业、热爱祖国的夫妇，落叶归根，长眠在他俩眷恋的热土上。

欧阳瑛　被误认为欧阳英的"女飞"

广东香山除欧阳英外，还有一名也叫欧阳瑛（又名欧阳锡瑛）的女飞行员。她与欧阳英几乎同姓同名，而且同村，都是香山县大岭村人，也都在美国学飞行，更巧的是两人均在飞行时因飞机故障遇难。因巧合太多，令人难以置信。在一些研究中国妇女航空史的著作和文章中，均不见欧阳瑛的名字，有些专家还断言，欧阳瑛是欧阳英之误，其实就是欧阳英一个人。到底是一个人还

作者（右）与欧阳钧立在交流（图七）

是两个人？笔者何孝明专程去广东中山市调查求证，并深入大岭村，与该村干部欧阳钧立进行了交流。给他看了笔者所写的欧阳英与欧阳瑛的书稿，请他把关。特别询问欧阳英与欧阳瑛是一个人还是两个人。他没直接回答，而是拿来了两本书，一本是中山大岭《欧阳氏族谱》，另一本为《中山大岭村侨史》，这两本极为珍贵的史料证明：欧阳瑛不是欧阳英，她们是两个人。

欧阳瑛，祖籍广东省香山县（现为中山市）四区大岭村。1896年4月4日，出生于美国旧金山洛克镇一种植园主家。父亲欧阳克航，母亲为美国白种人，欧阳瑛是混血儿，长得很漂亮，从小招人喜爱。欧阳瑛的祖父欧阳汝飞，曾为奴隶，在美国饱受欺凌，因此特别爱国。生前立下遗嘱，让两个孙子学习飞行，回国参加孙中山领导的民主革命。1906年，正当欧阳瑛的两个哥哥遵照祖父遗言，准备学习飞行时，4月18日，旧金山发生大地震，地层断裂，三分之二城乡被焚毁，洛克镇全部毁坏。欧阳瑛的父母和两个哥哥遇难，只有她一人幸免，时年10岁。

灾后，驻美领事夫妇成立了旧金山华侨孤儿院，收养了欧阳瑛。领事欧阳庚也是香山人，对欧阳瑛家的情况很了解，对她爷爷的爱国热情非常敬佩，因此对欧阳瑛很器重。1912年她16岁时，领事欧阳庚将她家的家史，以及她爷爷让两个哥哥学飞行的遗嘱告诉了她。得知爷爷的遗愿后，欧阳瑛即下定决心

女飞行员欧阳瑛（图八）

锻炼好身体，好好学习，将来报考航空学校，学成后为国效力。欧阳瑛何时开始学飞行，时间不详，但她学成的时间是1924年。这一年，她驾机由美国洛杉矶飞抵智利圣地亚哥的壮举轰动了美国，她创造了女飞行员长距离飞行纪录。她的这项纪录比1930年英国女飞行员阿美·约翰逊，从英国飞澳大利亚的万里长途飞行早了6年（阿美·约翰逊，有文翻译为盛爱蜜，用19天的时间完成了此次飞行，一举成名，据说还获得了一万英镑的奖金）。欧阳瑛的出色表现获得了美国时任总统约翰·卡尔文·柯立芝的赏识，亲自接见了她。领事欧阳庚曾将此事报告了国内执政的段祺瑞，但未引起重视，因此国人长期不知有欧阳瑛其人。因欧阳瑛不被重视，后来她八年的人生经历成了空白，无人知晓。

1932年欧阳瑛在一次飞行事故中不幸遇难，她的牺牲再一次引起人们对她的关注，当时她36岁，是在飞行中献身的第二个中国女飞行员。她的后人现住美国洛杉矶，前些年她的孙女曾回中山市大岭村寻根问祖。

第二节　国内培养的首位女飞行员朱慕菲

中国最早的一批女飞行员，都是在国外学会飞行的，直到1921年，中国才有了一名国内培养的女飞行员朱慕菲。

朱慕菲，又名朱慕飞（因为她是女飞行员，不少人称她为朱慕飞，也有人称她为慕菲雅），1897年出生在广东省中山县西椰乡，父亲朱卓文，母亲林

第一章　八年开创

丽容。慕菲是小女,她有个姐姐名慕英。朱卓文,名仕超,1875年出生,少年时在家乡读书习武,1896年去美国旧金山谋生,走时妻子正怀着慕菲。旧金山是华侨民主革命活动十分活跃的地方,1910年2月16日,朱卓文在这里加入了孙中山组建的同盟会旧金山分会。他和后来带领华侨革命飞机团回国的李绮庵,是该分会的骨干成员。入会后,朱卓文在孙中山的鼓励下学会了飞行。

1911年(有文说是1912年),朱卓文应孙中山之邀,从美国返回家乡,第一次见到15岁的慕菲。女儿长得亭亭玉立,聪颖活泼,十分可爱。朱卓文格外喜欢,便将她带

女飞行员朱慕菲(图九)

到上海,送她进崇德女子学校读书。不久朱卓文随孙中山回到广州,他又将朱慕菲带到广州。朱卓文到广州后,在大元帅府工作,朱慕菲也经常出入大元帅府。由于她活泼乖巧,靓丽俊秀,深得宋庆龄的喜爱,俩人成了好朋友,宋庆龄还亲自教她学英语。1915年10月,避难日本的孙中山为了从上海接被困家中的宋庆龄,特派朱卓文和朱慕菲父女带着他的急信前往。10月中旬,朱氏父女见到了宋庆龄,转交了孙中山的急信。不久,宋庆龄在女佣掩护下,跳窗离家出走,在朱卓文和朱慕菲的陪同下潜赴日本。10月25日下午,宋庆龄与孙中山在日本东京结婚,朱卓文与朱慕菲父女应邀参加了婚礼。由此可见,朱卓文与孙中山、宋庆龄与朱慕菲的关系非同一般。

孙中山之所以信任朱卓文,除了他对革命异常忠诚之外,还十分敬佩他的勇敢精神。有史料记载,有一年有两架华侨捐赠的飞机,在南京组装完后准备试飞。原以为用年薪一万美元聘请的美国飞行员威尔霍斯(Wilcos),会承担试飞任务,谁知他竟以不会驾驶该型飞机为由,拒绝试飞。朱卓文此时正在孙

013

中山总统府负责庶务工作，因他在美国学过飞行，负责试飞的官员，便请他在南京一小型操场试飞。朱卓文置生死于不顾，毫不犹豫地接受了试飞任务。新组装的飞机存在隐患，刚起飞就发生故障，飞机坠毁，所幸朱卓文只受了点轻伤，躲过一劫。试飞没有成功，他却一摔成名，赢得了孙中山的加倍信任，也受到革命同志的赞赏敬佩。

孙中山信任朱卓文，自然也重用他。1920年11月，孙中山回广州重建护法军政府，在大元帅府下组建航空局时，任命朱卓文为局长，管辖两个飞机队。第一队队长是与朱家有亲戚关系的张惠长，第二队队长为陈应权，配备各型水陆飞机12架。朱卓文于1920年11月29日上任，1922年12月16日卸任，在航空局长位置上干了两年多时间。这期间，朱慕菲利用父亲的关系，在宋庆龄的鼓励支持下（宋看过美国女飞行员史天逊的表演，印象极深，因此，她希望朱慕菲也像史天逊那样，成为一名女飞行员），跟任飞机队队长的表亲张惠长学会了飞机驾驶和修理。她是中国国内第一个单独驾机升空的女飞行员，学成时间应为1921年。

朱慕菲飞行之事，最先见诸报端的是1922年的上海《少年》杂志，该刊第12卷第5期第8页写道：广州航空局长朱卓文的女儿，名叫慕菲的，学习高等飞行技术，已经毕业，成绩很好。中国的女航空家，要推朱慕菲算第一人。

1922年8月3日，朱慕菲与朱卓文随援闽粤军飞往福建，在杨仙逸的航空队中任飞行员，成为中国空军历史上第一个女飞行员。她担任侦察轰炸等作战任务，曾驾机救出遇险的父亲。她的英勇行为被官兵齐口称赞，赢得了"女飞将军"的美名。朱慕菲是我国历史上首位执行军事任务的女飞行员。1925年5月，《航空月刊》刊登了一篇"中国之女飞行家"的文章，还配发了一张4英寸免冠小照，照片题为"中国女飞行家朱女士肖像"。文章较详细地介绍了朱慕菲的飞行事迹：近有朱女士者，为朱兆漠君（译音）之女，现充广东飞行指挥官。近因广东战事，该女士曾驾飞机救其父出险云。当时很权威的《顺天时报》也有报道，称朱慕菲为著名女飞行家（图十）。中国早期研究航空史的专家刘佐成，1930年在他所著的《中国航空沿革纪略》中写道：1922年10月，朱慕菲在福建时即为飞行队飞行员。

第一章　八年开创

　　朱慕菲的最后一次飞行是 1922 年年底或 1923 年春，她试飞一架水上飞机，飞机到达虎门附近的莲花山时遇到了强气流，无法继续航行，朱慕菲只有在海面迫降。因天气恶劣，风大浪高，迫降失败，飞机毁坏。万幸的是朱慕菲只受了点轻伤，后被渔民救起，送往香港治疗，从此结束了她的飞行生涯。朱慕菲又创造了一项中国第一，她是第一个在飞机迫降时受伤的女飞行员。朱慕菲迫降受伤后，其父为纪念此次空难，让人从飞机残骸中，拆下飞机的木质螺旋桨，悬挂在祖屋大堂上。据当地一些老人回忆，这副螺旋桨一直保存完好，"文革"期间，被红卫兵勒令拆除。

　　朱慕菲最后一次飞行的时间说法不一，分歧较大。一说是 1922 年春天，此说与朱慕菲入闽参战矛盾，她如在 1922 年春就受伤停飞，怎么可能同年 8 月还驾机执行任务？这两个时间点总有一个有误。朱慕菲迫降受伤系个人行动，入闽参战是大的历史事件。个人活动年月记错是常事，而大的历史事件的记载则很少有误。故 1922 年春一说不大可信，应为 1922 年年底或 1923 年春。

　　另外有人写文章称，朱慕菲驾机迫降一事发生在 1924 年，持此说的人颇多，包括一些专家学者。笔者认为此说误差更大。1923 年 6 月，朱慕菲的父亲任香山县县长，她随父回到家乡，任县政府监印员。在任期间，常用左轮手枪练习射击，还上演了一幕惊险剧。同年 7 月，滇军团长董鸿标率兵攻打县城，朱卓文被困县府内，朱慕菲手持双枪掩护父亲突围成功。笔者在中山市图书馆查到了 1989 年第 8 辑《中山文史》，该书第 59 页对上述事件有较详细地记载，本地文史应该可信。由此可见，朱慕菲 1924 年驾机失事之说有误，因为朱慕菲没有分身术，她不可能在县府当着监印员又在空军开飞机。

　　关于朱慕菲学飞行的时间地点，也有两种不同的说法。

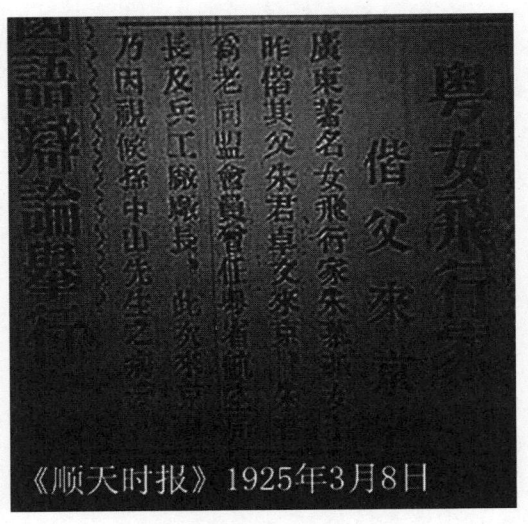

《顺天时报》简讯（图十）

图右为朱卓文，中为朱慕菲（图十一）

第一种说法是：朱慕菲是在美国出生的，是跟美国人学会飞行的。持这种说法的人数众多，包括一些专家学者。笔者认为这种说法明显有误。其一，朱慕菲根本就没有去过美国，她是父亲出国后，在香山祖屋里出生的。她父亲1896年去美国，1911年返乡（另有1912年之说），这中间的15年朱卓文没有回过国，父女从未谋面，不存在朱慕菲在美国学飞行之事（当地《中山文史——香山航空人物录》中记述很清楚）。其二，就算朱慕菲跟随父亲生活在美国，在回国前夕学习飞行，那时她才15岁，这个年龄的女孩子是不大可能学飞行的。其三，朱慕菲是跟宋庆龄学的英语，如果她跟父亲在美国生活十多年，不可能不会英语，没有必要向宋庆龄请教。其四，至今在美国没有发现朱慕菲飞行的任何记录，说她在美国学飞行的人都是推测，并没有到她的家乡香山县和美国考察过。综上分析，朱慕菲在美国学飞行一说，显然是谬传。第二种说法是：朱慕菲是广东航校第二期学员，与另一位女飞行员李玉英是同期同学。这种说法也不准确。其一，广东航校第二期是1925年7月招生的，那时朱慕菲早已是一名空军飞行员了，时间对不上号。其二，广东航校第二期毕业生名单中，也没有朱慕菲的名字。其三，广东航校第二期招生时，朱慕菲早已因飞行事故受伤在香港治疗，伤愈后，她这位中国的"女飞将军"没有像苏联的"无脚飞将军"那样重返蓝天。因此，该说法也不可信。

朱慕菲康复后为何没继续留在空军重返蓝天，这与她父亲的仕途有关。前文提到1923年朱卓文已免去航空局长一职，回香山县当了县长，朱慕菲也离开空军回乡当了监印员，自然不可能再当飞行员了。不久更大的不幸降临朱家。

1925年8月20日，发生了震惊全国的廖仲恺被刺案。蒋介石利用这一事

第一章 八年开创

件，趁机控制党、政、军大权。逼走胡汉民，杀掉郭敏卿，逮捕林直勉，通缉朱卓文。坊间有传说，朱卓文并没有参与谋杀廖仲恺，他是冤枉的，是蒋介石公报私仇。当年朱卓文任航空局长时，蒋介石正在孙中山的大元帅府任职，朱慕菲也时常出入元帅府。她高雅的气质，健美的身材，娇艳的面容，引起了蒋介石的垂涎。尽管他家有发妻毛氏，但仍托人上门向朱卓文提亲，向比自己小10岁的朱慕菲求婚。朱卓文知道蒋介石已有老婆，自然不愿将如花似玉的女儿给他做妾，便一口拒绝了，还将求婚人骂出门去，事后朱卓文还当面教训了蒋介石一顿。蒋介石心里自然不会痛快，因此借廖仲恺一案，报昔日拒婚之怨的可能性也是有的，但无正式史料记载，只是坊间传说，仅供参考。朱慕菲拒婚后，与中山大学化学系教授林炳光有过一段恋情，但无结果，她终生未嫁。

朱卓文遭通缉后，过上了四处逃亡的生活。在这种背景下，朱慕菲生计都难保，哪还有望重返蓝天？她成天为父担忧，郁郁寡欢，不久得了抑郁症，后又染上肺病。虽请名中医黄省三医治，但回天无术，朱慕菲于1932年3月在香港去世，年仅35岁。朱慕菲留在蓝天的时间虽不长，但她如流星一般，短暂却辉煌。

中国早期的5名女飞行员，人数虽然不多，也无更多的传奇故事，然而她们却有异常鲜明的特点。

首先，她们学习飞行的目的非常明确，都是为报效祖国而飞。5人中的卢佐治夫人、吴德明学成后都曾回国，都想为祖国的航空事业做贡献；欧阳英与欧阳瑛正准备回国为祖国航空事业出力，不幸因飞行事故"壮志未酬"身先卒，令人惋惜；朱慕菲就在国内服役，一直为民主革命效力。她们都是卓越的爱国者。

其次，她们学飞行没有一丝一毫外在压力，也没有半点物质金钱的诱惑，全凭对航空事业的异常热爱，对蓝天的无限眷恋。她们自觉自愿地放弃安逸舒适的家庭生活，选择离地三尺有危险而又艰苦的飞行事业。

最后，她们都有不怕牺牲、不畏艰险的精神。一百多年前，飞机刚刚问世，还很不完善，安全系数很小，同时飞行保障体系尚未形成，飞行环境很差，飞机发生事故的概率很高，摔飞机的不幸事件时有发生。面对死亡，她们毫不畏惧，坚持飞行。最终，5人中有两人在飞行中遇难，一人迫降时受伤，伤亡率高达60%。这是一个多么恐怖的数据。中国最早的女飞行员，用她们的鲜血和生命创造了一个既不幸又伟大的纪录。她们这种前仆后继，勇于为航空事业献身的精神，值得永世传承。

事实证明，中国最早的女飞行员既是中国的开天女、拓荒者，为中国妇女开辟了一条通天大道，同时为后来形成的"热爱祖国，不怕牺牲，敢为人先，顽强拼搏，为妇女争光的'女飞'精神"，夯实了牢固的基础。望后人记住前辈们的业绩，将她们奠基的"女飞"精神发扬光大。

第三节 被冠以中国第一位女飞行员的女性

前文已述，中国第一位女飞行员是卢佐治夫人，但由于没形成共识，因而有不少女性被冠以"中国第一位女飞行员"的桂冠。具体有多少？没有确切的答案。仅关中人在他编著的《中国妇女航空钩沉》一书中，点名的就有：卢佐治夫人、欧阳英、爱士德胜、王灿芝（王桂芬）、张瑞芬、权基玉、李霞卿、李玉英、朱慕飞、官露丽、杨瑾珣、欧阳夫人、武秀梅，共13人。除关中人所提的13人之外，还有洪美英、林鹏侠、吴德明、吴琼英等，最近又从英国和北京南苑冒出来杜光照（应为杜光昭）与张侠魂。

谁是中国第一位女飞行员，前文有了答案，不再重述。本章主要介绍社会上流传最广、影响最大的四位女性，即洪美英、张侠魂、王桂芬和武秀梅。她们不是中国第一位女飞行员，前三位甚至不是女飞行员，但为何被称为中国第一开天女？其原因是她们对中国妇女航空事业有过一定的贡献，她们在某方面创造了"中国第一"的纪录，因而被戴上中国第一位女飞行员的桂冠。

第一章 八年开创

洪美英 国内第一位乘坐飞机上天的少女

洪美英，1900年出生于香港，原籍浙江萧山，祖辈迁至广东番禺。父亲洪孝充，曾任香港《循环日报》编辑、主笔多年，他生有8位子女，5人儿时夭折，存活长大者3人，洪美英为老五。洪孝充一生积极参加革命活动，与廖仲恺、何香凝等是老友，担任过胡汉民的秘书。

洪美英受父亲影响，从小倾向民主革命，常跟随比她大十岁的大姐洪舜英，参加同盟会组织的一些革命活动。1921年，她在广州夏葛医学院毕业后，曾在博济医学院当实习医生，同年与黄桓结婚。1925年黄桓去法国学习，洪美英同往，进巴黎大学医学院深造。1927年9月，黄桓不幸因心脏病猝死。第二年春，洪美英只身回到香港。1929年，洪美英到上海安民医院当医生，同年10月与我国著名历史教授陈垣之子、《日本研究》杂志主编陈乐素结婚。婚后她放弃了挚爱的医生事业，一心相夫教子，操持家务。

洪美英精通中西文化，擅长书法，《广东丛书》影印的《四朝成仁录》，就是她在繁忙的家务之余，精心抄录的。她秉性贤淑，为人善良，待人热情。抗战期间，丈夫在贵州遵义浙江大学任教授，月薪只有7斗米，难以养活一家七口。为了生计，洪美英常带辍学的孩子到街头摆摊，出卖家中的旧衣物。就在如此艰难的环境下，偶尔小小改善一下生活，做点好吃的，她都不忘丈夫的学生，总要把几位经济最困难的学生叫来分享。若干年后，当年的学子有的成了海内外知名学者，都一直念念不忘昔日师母的"营养菜"。

新中国成立后，洪美英走出家庭，又参加了革命工作。她先在杭州岳王路

洪美英乘机时留影（图十二）

担任妇联主任，后调市妇联工作，曾被选为杭州市人大代表、市妇联职委。1953年，洪美英调至浙江师范学院卫生院当主任。其间，经常深入病房，看望从朝鲜前线转来的伤员，用她那颗慈母般的爱心，温暖了一个又一个"最可爱的人"。不少伤员伤愈出院后，常写信感谢这位"洪妈妈"。

1954年，丈夫调到北京人民教育出版社任历史编辑室主任，洪美英也调至该社任编辑。1955年，洪美英不幸患了乳腺癌，做了切除手术，1958年退职休养。退职后，在北京人民教育出版社做家属工作。虽然报酬微薄，但她仍与正式上班一样工作，甚至更加忙碌，大伙儿都称赞她是位闲不住的热心人。1973年6月，洪美英因癌细胞扩散辞世，终年73岁。

从上述简历看，洪美英一生与飞行沾不上边，那为何将一位与飞行毫无关系的女性，冠以中国第一位女飞行员的头衔？这事又与著名飞行家谭根有关。前文提到，谭根应孙中山之邀，1915年5月回国，募集资金筹建航空机队，为革命培养航空人才。他携带水上飞机由美国出发，途经古巴、菲律宾等地，于8月初抵达香港。此时正值广东发大水，灾情严重。谭根为筹款救灾，决定于8月7、8日两天，在香港沙田水面举行载人飞行表演。8月7日，礼拜六下午3点，3000多人前往观看。谭根当天共飞了5个起落，每次都载一名乘客，第5次的搭乘者就是洪美英。

一百多年前，飞机还很原始，安全系数很小，常有飞机坠毁，3年前中国著名飞行家冯如就是在广州做飞行表演时，飞机坠毁遇难的。一名只有15岁的姑娘，那时敢于乘坐表演的飞机，需要有过人的勇气和胆识，因此她的壮举受到了各方好评和嘉奖。当她走下飞机时，全场掌声雷动，受到英雄般的欢迎。南洋烟草公司总经理简照南，当场将航空纪念金牌和一副金链赠予洪美英，多人争相与她合影。她的乘机飞行时间只有6分钟，但就是这短短的6分钟书写就了中国航空史的新篇章。洪美英成了国内第一位飞天的真"嫦娥"。当地《华字日报》《中西日报》等都报道了当天的盛况，文中对洪美英都充满了溢美之词：洪美英"当为女界第一流人物……""谭君此次之高飞创中国空前之特色，而洪女士此次搭飞如是之高，亦为我国女界航空第一人也"。事后，"女界第一流人物"和"我国女界航空第一人"的美称便传开了，逐渐演变成了"中国妇女航空第一人"，进而被误认为"中国第一位女飞行员"。

第一章 八年开创

洪美英是国内第一位乘飞机飞行的女性，这一历史事实是不会错的，有当时当地多家媒体的详细报道为证。但有一疑点需要澄清，即洪美英乘坐飞机时的身份，一说是尚志学校的教员，另一说是南洋烟草公司的干事。关中人在《第一位在东方上天的中国妇女——洪美英》一文中写道，洪美英是1900年出生于香港。洪美英之子陈智超在他写的《第一位上天的中国妇女——洪美英》一文中，既没提母亲的出生年月，也没提母亲享年多少岁，可能他记不清母亲的出生年

晚年洪美英（图十三）

月，也可能是疏忽。笔者为何质疑洪美英的年龄问题？如按关中人所说，洪美英出生于1900年，那么她乘机上天时才15岁。15岁还是小姑娘，不可能是尚志女校的教员，也不可能是烟草公司的干事。关中人文中必然有一处是错的，不是出生年份有错，就是乘机时的身份有误。这个细节与洪美英是不是中国第一位女飞行员的关系虽然不大，但既然是写史，细节也应准确。

为了弄清这小小细节，笔者又仔细阅读了洪美英儿媳曾庆瑛著的《陈垣和家人》一书。该书第174页写道："年仅16岁（虚岁笔者注）的少女洪美英自愿搭乘谭根的飞机一同上天……""洪美英是孝充第五女，1900年出生于香港"。曾庆瑛与婆母洪美英一起生活多年，两人情同母女，她写的书应该是真实的、可信的。洪美英1900年出生是没错的，那乘机时的身份肯定有误。洪美英当时的身份很可能是尚志女校的学生而不是教员。当天与洪美英在飞机前合影的是飞行员谭根、南洋烟草公司总经理简照南和尚志女校的同学。一个15岁的学生有如此勇敢行为，更值得赞扬，她如学飞行一定是名优秀的女飞行员。

张侠魂　内地第一位乘飞机上天的名媛

张侠魂，原名振亚，1890年出生于湖南湘乡的书香门第。父亲张伯纯，1905年12月加入同盟会，辛亥革命后曾任临时大总统府秘书，一生著述颇丰；母亲何承徽，是位少有的才女，通今博古，善诗词歌赋，有海内女师之称，著有《仪孝堂诗集》。张侠魂有4个哥哥，3个姐姐，她是幺妹老八。二姐张默君是与秋瑾齐名的革命家。张侠魂在父母的熏陶下，在二姐的引领下，从小饱读诗书，也是一名才女。但不是一位循规蹈矩的"淑女"，她自幼胆大好动，正直开朗，勇于冒险，具有男孩子性格。除读书练字之外，还崇尚武术，常跟哥哥们练拳习武，立志长大后行侠仗义，上阵杀敌，是远近有名的桀骜不驯的张四小姐。

张侠魂毕业于上海神州女子学校画图专科，后来成为我国著名地理学家、气象学家、教育学家、中国科学院院士竺可桢的妻子。

张侠魂杂志封面照（图十四）

张侠魂的三姐张宏楚，丈夫蒋作宾是位军人，1912年任南京临时政府的陆军部次长。后受孙中山、黄兴的委托，在北京政府内任陆军次长。1916年夏，张侠魂到北京三姐家做客，住在蒋宅。当年9月的一天，南苑航校举行飞行表演，邀请蒋次长一家前往观看，张侠魂自然不会错过这千载难逢的机会，也一同前往。

当天的表演对社会开放，有300多人到南苑机场观看。一百多年前，飞机还属新生事物，飞行表演更难见到。张四小姐见一架架飞机冲天而起，一会儿冲入云霄，一会贴树梢而过，时而翻滚，

第一章 八年开创

时而翻跟斗，看得她热血沸腾，激动不已。激动产生行动，她竟向校长提出要坐飞机。校长秦国镛一时愣住了，不知如何回答次长小姨子的请求。他沉思片刻后以风大不安全为由拒绝了她。谁知张四小姐是位难缠的主，她说，风大飞行员敢飞我就敢坐。他只好请示次长，希望他出面阻止，不承想次长了解妻妹的脾气，她想干的事，谁也拦不住，他竟点头同意了她的请求。校长无奈，只好安排飞行技术最好的一姚姓飞行员带她飞。

张侠魂兴高采烈地跨进座舱，飞机在姚机长驾驶下，呼啸着腾空而起，瞬间便掠过南苑镇，向远方飞去。初次乘机的四小姐，不但不害怕，还学"天女散花"的仙女，向座舱外抛撒鲜花。姚机长自然不会带她做特技，在南苑上空转了两圈后就由南向北准备降落，眼看就要进跑道了，似乎上帝有意教训一下这位不把老天爷放在眼里的张四小姐，飞机遇到"风切变"，飞行员来不及反应，飞机触地坠毁。万幸的是张侠魂和飞行员都只受了轻伤，她的左脚骨折。

张侠魂乘机受伤一事，媒体进行了报道，并配有照片。大标题有"破天荒中国女子之凌空""天际飞鸿"等。她的照片还上了《妇女时报》等刊物的封面。甚至有记者说她在空中曾驾驶过飞机，故称她为"中国第一位女飞行员"，这种说法显然违背飞行常识。凭她的好奇心，在空中也可能动过驾驶杆，但飞行员绝不会让她操纵飞机。如果首次乘飞机她就能开飞机，就成了"中国首位女飞行员"，那真是"破天荒"的奇迹。

前文说过，中国第一位单独驾驶飞机的是卢佐治夫人，时间是1915年；第一位坐飞机上天的女性是洪美英，时间也是1915年。都比张侠魂早一年。因此说她是中国第一位乘坐飞机的妇女是不准确

年轻时的张侠魂与竺可桢（图十五）

的。不过她倒是中国大陆乘坐飞机升空的第一位女性，而且只比洪美英晚一年。1916年，她敢坐飞机，的确和洪美英一样值得赞颂，没有超强的心理素质与冒险精神是不敢跨进飞机座舱的。她的这种不怕死的冒险精神，不仅受到媒体的推崇，刚上任的总统黎元洪还专门给她发了奖状。远在美国的未婚夫竺可桢后来得知此事，也是大加赞赏。

张侠魂夫妇与孩子（图十六）

关于张侠魂与竺可桢之间的恋爱经历，在名人圈子里，称得上是一段罕有的佳话。民国名媛，多属新潮女性，反对包办婚姻，婚恋大事都由自己做主。按张四小姐的个性，终身大事更不会让他人干预。但谁也没想这位自由女神的婚事，竟让二姐给包办了。前面说过，二姐张默君是张侠魂最崇敬也是最亲密的人。二姐也最关心小妹的个人问题，快30的大姑娘，还没嫁人，在那个年代，更是"剩女"了，因此急于为她择婿。有一次张默君去美国波士顿考察时，了解到在哈佛大学攻读气象学博士的竺可桢，又名藕舫，浙江绍兴人，与张侠魂同岁，1910年留美。竺可桢不仅年轻英俊，学业有成，志向高远，而且性格内向，处事沉稳，在性格上和小妹正好互补。她便自作主张，征得"竺君"同意后，替妹妹与竺可桢订立了婚约。张侠魂得知此事后，对二姐有所怨言，但和未婚夫通过几次书信后，才知道二姐是"慧眼识郎君"，两

第一章 八年开创

位从未谋面的年轻人慢慢地在"信纸"上热恋开了。因为从未见面,张侠魂在上海港码头上演了一出"君在眼前不识君"的喜剧。

1918年,竺可桢学成后乘邮轮回国。张侠魂以前与竺可桢都是"纸上谈爱",没见真君。此次爱人回国,自然要去码头亲自迎接。为了去码头接竺可桢,张侠魂激动得一宿没合眼,竺可桢的照片总在脑海里沉浮。早上一起床就开始梳妆打扮。直到母亲催她,才与管家去码头接人。邮轮靠岸后,张侠魂就开始搜寻心上人。也许是激动的泪水太多,朦胧了双眼,乘客快走光了,也没寻找到竺君。还独自拿着一本有竺可桢照片的杂志在等,同时开始着急,他是不是发生了意外?正在她心慌意乱之时,一个带有磁性的声音在耳旁响起:"你是张侠魂女士吗?"她顺声一看,脸唰的一下全红了,这不就是竺君吗!竺可桢此时主动伸出手臂,张侠魂紧紧地挽住了,并顺势将头靠向爱人的肩头。两位深爱的情侣,首次感受到对方的温暖。没走多远,张侠魂停下脚步,从手提包里取出一支写过多封情书的钢笔送给竺君,竺可桢也从上衣口袋里抽出使用多年的法国威文牌自来水钢笔,回赠给自己心中的女神,这既是见面礼,也是爱情的信物,一生的信物。

1919年12月27日,张侠魂与竺可桢在上海南京路东亚旅社举行了婚礼。婚后,张侠魂便全力支持丈夫的事业,一直陪伴左右,跟随他在武汉、南京、上海、天津、杭州等城市之间奔波。其间他们生有两女两男,即竺梅、竺津、竺安、竺衡。1937年"七七卢沟桥"事变后,中日战争全面爆发。随着战局的恶化,1937年11月11日,时任浙江大学校长的竺可桢率全校师生员工被迫西迁,张侠魂也带着孩子随校流亡。

1938年1月20日,浙大在江西泰和安顿下来,继续办学。同年8月,张侠魂与次子竺衡同时得了痢疾。抗战时期,缺医少药,母子二人重病不起。此时竺可桢正在广西寻找浙大新的避难所,等他闻讯赶至泰和时,次子竺衡已病逝。8月3日,一代名媛侠女张侠魂也魂断泰和,撒手人寰,年仅48岁。8月10日,在泰和萧氏宗祠(浙大临时礼堂),浙大全体师生员工,为他们敬仰的师母益友举行隆重的追悼会。会上哭声不断,师生们忘不了她对他们的关怀帮助,特别是那些家境贫寒的女生,更是放声大哭,望着经常资助她们的恩人遗体久久不愿离去。

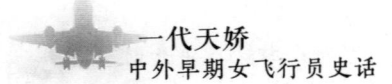

竺可桢半月内连失亲子爱妻，更是悲痛欲绝。下葬那天，他将见证他们20年情爱生活、首次送给她的那支法国钢笔放进棺椁之中，希望她在天堂继续为他书写缠绵的情书。竺可桢也用爱妻的"见面礼"，写下了《续成步放翁原韵悼侠魂绝句两首》的悼亡诗：

生别可哀死更哀，何堪凤去只留台。
西风萧瑟湘江渡，昔日双飞今独来。

结发相从二十年，澄江话别意缠绵，
岂知一病竟难起，客舍梦回又泫然。

竺可桢的这两首悼亡诗，真挚感人，充满了他对爱妻张侠魂的无限眷恋。因为只有他最清楚，他之所以能成为气象学家、地理学家、教育家、中国近代地理学和气象学的奠基人，中国物候学的创建人，这一顶顶桂冠中，都浸透着爱妻的汗和血，情与爱。她是用牺牲自己的事业和健康，成全爱人的事业与荣耀，这是真爱、大爱。张侠魂之所以如此，正如她自己所说，"藕舫的事业，是造福天下的事业，我要全力支持他。"

一代名媛张侠魂，至今长眠在江西泰和的松毛岭上。

王桂芬　中国第一位留学回国的女航空工程师

王桂芬，又名王灿芝。1901年10月7日，出生于湖南省湘潭十八总由义巷（现为秋瑾故居。另有人称王桂芬出生在湘乡，今为双峰县荷叶冲老铺子。此处有双峰县人民政府设立的"秋瑾故居遗址"牌子）。母亲是著名革命家秋瑾。王桂芬两岁时和母一道随父亲到了北京。第二年，母亲去日本留学，王桂芬被寄养在谢姓亲戚家，受尽歧视，常忍饥挨饿，身体羸弱。6岁时母亲遇害，她被送回湘潭老家，8岁时又失去父亲，靠祖母抚养长大。15岁时，为打抱不平，替母报仇，她拜拳师习武，学得一身好武艺，自命"小侠"。她行侠仗义，乐善好施，急人所难，千金不惜。一次友人因经营武馆不善，欠人钱财，王桂芬得知后，当即到当铺变卖了母亲留给她的珍贵玉镯，替朋友还清了欠款。另外她还是个孝女，念念不忘替母报仇，准备赴东北手刃杀母凶手贵福，后因受阻未能如愿。

1920年，王桂芬与哥哥王源德在母亲生前好友资助下，前往上海读书。哥哥进正风大学，王桂芬进以母亲名字命名的竞雄女校，校长是徐自华。王桂芬中学部毕业后，留校协助校长

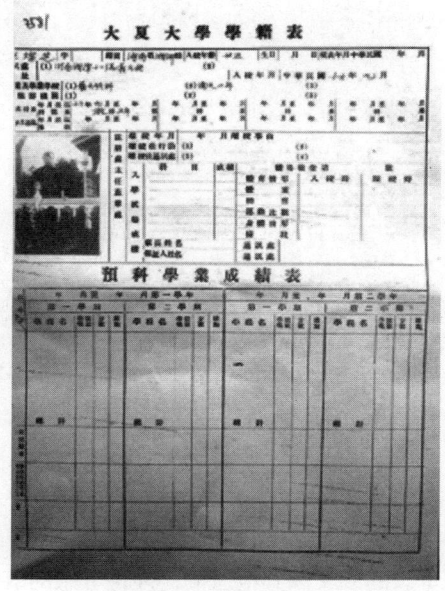

王灿芝大夏大学学籍表（图十七）

处理校务，1925年由徐自华推荐她接任自己的校长职务。王桂芬办事认真勤快，深受师生好评，很快美名传遍上海。

1927年，王桂芬考入上海大夏大学（现为华东师范大学）。有文章写道，该校档案馆保存有王桂芬写的留学申请与请求学校出具的成绩证明信。笔者何孝明于2018年9月13日，前往该校档案馆查询核实，该馆负责人包梅芳女士亲自进库查找，没有找到王灿芝出国留学申请，只有一份大夏大学学籍表与一份大夏大学本科学业成绩表。两表填写虽不完整，但可证明王桂芬的确在该校学习过（图十七）。

1928年王桂芬返回湘潭，筹得数千元资金后，去美国留学。去美之前，她并没打算学航空，她考的是华盛顿大学。抵美后，"观彼邦人士对航空兴趣，狂热异常，不觉亦心倾，即决意入美国纽约大学航空科。"（摘自王桂芬的《留美学习航空之回忆》）。王桂芬进入纽约大学后，学习了飞机制造、航空教育、驾驶学（飞行原理）、气象学、机械工程、无线电等课程，学制两年。学习期间，王桂芬经常到寇狄斯等著名飞机公司参观学习。1931年5月，王桂芬以优异的成绩毕业回国。回国后先在国民政府航空署教育科任职，后调至军政部下

1931年8月10日《中央日报》（图十八）

属的航空学校任教。她是我国第一位在国外学习航空工程的女专家，也是第一位从事航空教育的女教官。王桂芬任教期间，深感所学知识跟不上国内形势变化的需要，准备再赴美国深造，但因年龄已大，尚未成家，被同事好友劝阻住了。

1932年王桂芬与广东爱国人士黄公柱喜结良缘，两人志同道合，一边为社会效力，一面开始搜集编订母亲的诗文和其他遗稿，并将母亲的事迹用英文介绍到欧美各国。还编纂出版了《秋瑾女侠遗集》。1939年年末或1940年年初，丈夫黄公柱去世。1948年5月，王桂芬在上海举办了"秋瑾烈士遗迹展览会"，轰动一时，被誉为孝女。

王桂芬生有一女，名叫王焱华。1951年她经周恩来总理特许，离开唯一的女儿移居香港。临行前，她将收集到的母亲的珍贵资料，全部捐给了上海博物馆。1953年1月转去台湾。到台湾后，她以"秋灿芝"之名创作了历史小说《秋瑾革命传》（英文书名为《伟大的牺牲》），先后由台湾兴台书局和三民书局出版，共17回12.4万字，书末附有她的诗作10首，抒发她对母亲的思念与钦佩。1967年王桂芬因脑溢血去世，享年66岁。

从以上简历很容易判断，王桂芬不是中国第一位女飞行员，因为她是1928年才去的美国，就算她学过飞机驾驶也比卢佐治夫人晚13年，比吴德明晚12年，比欧阳英晚9年，比朱慕菲也晚7年，中国第一位女飞行员的桂冠怎么也戴不到她的头上。出现这种张冠李戴的现象并不奇怪，因为除极少数研究中国航空史的专家学者外，绝大多数人并不知道卢佐治夫人、吴德明、欧阳英、朱慕菲为何许人也，只能听信当时权威媒体《中央日报》的宣传。

1931年8月10日，国民政府的《中央日报》在"京都新闻"版的显要位置，刊登了一篇题为《中国第一女飞行家王桂芬女士由沪抵京》的新闻稿。

第一章 八年开创

文中说:"中国第一女飞行家,秋瑾女烈士之女公子王桂芬女士,留学美国纽约大学航空科数年,业已学成回国,于五月间由美安抵上海,于昨晨由沪抵京"(图十八)。《中央日报》为何称王桂芬为中国第一女飞行家,不得而知。但这则新闻的影响力却非同小可,不亚于现在的女航天员首飞太空。之所以有如此大的震动,首先是《中央日报》是官方最权威的报纸,发行量大,遍及全国。其次是给人印象深刻。中国第一女飞行员,别说是 80 多年前,就是今天,也属热点新闻,也会吸人眼球,过目不忘。再次,该新闻打出中外闻名的秋瑾烈士的旗号,更是令人顿生敬仰之情。另外上海《申报》《东方杂志》《航空杂志》《空军月刊》等报刊也刊发过类似文章,还说王桂芬在美国就被誉为"东方女飞将"等。正是这些新闻报道误导了广大读者,使谬误久传不衰。湖南省某县 2008 年所建女杰广场上,有一座王桂芬石雕像,头戴飞行帽,身穿制服。文字说明如下:

"(1901—1967)王灿芝,字桂芬,别号'小侠',秋瑾之女。双峰县荷叶镇人⋯⋯ 入美国纽约大学航空专科,勤学苦练,成绩优异,被美国航空界人士誉为'东方女飞将',成为中国第一个女飞行员。学成回国,从事航空教育。全国解放前夕去台湾,继续从事航空教育"(图十九)。(上述文字介绍虽短,但失实之处颇多。)

1985 年 1 月 23 日,北京一家大报仍称王桂芬为"我国第一位女飞行员";2012 年 7 月 2 日,香港一家极具影响力的名报,也以"中国首位女飞行员王灿芝"的醒目标题,用较大篇幅介绍了王桂芬的事迹。不仅如此,有的报刊还编造了王桂芬回国后没再飞行的理由。如南京

作者在王桂芬塑像前留影(图十九)

一家报纸1984年12月29日刊文说：王灿芝归国后再也未能亲自驾机飞上蓝天，因为在当时的中国，是不允许女子开飞机的，于是她不得不改行而在航空学校从事翻译和教育工作。该文作者的出发点也许是好的，文章也有"想当然"的道理，却违背了历史事实。抛开在国外学飞行的中国女性不算，国内1921年就有了自己培养的女飞行员，到王桂芬归国的1931年，国内已有朱慕菲、李玉英、权基玉、吴琼英、杜光昭等10多名女飞行员。王桂芬回国后没有飞行，并非当局不让她飞，而是她根本就不会飞。

王桂芬不是飞行员，她在美国没有学过飞机驾驶。但为何至今仍有专家学者认为她是女飞行员呢？他们有何依据？他们的主要依据是王桂芬在纽约大学学的是航空专业，其中有一门驾驶学。顾名思义，飞机驾驶学自然是学飞机驾驶，王桂芬学过这门课程当然是飞行员，这似乎是无可置疑的事。对这个问题，黄严、姜长英、关中人等专家做过调查。他们指出：王桂芬在自述中和接受记者采访时，从未提及自己学过飞行；据了解纽约大学没有飞行科，除飞行航校外，其他大学也没有；20世纪30年代之前，所有华侨女飞行员学飞行，都是请教练带飞，没有一人是航校培养的。另外，"驾驶学"课程名称翻译值得商榷，是否是"飞行原理"课。为了验证专家们的观点，2018年7月初，笔者给美国国会图书馆发了封问询函："上世纪二三十年代，美国纽约大学包括分校有无教学生驾驶飞机的专业？有无女生学开飞机的？"他们复函很快，摘登如下："纽约大学没有航空系，只有航空工程系，是培养航空工程师的，与

美国国家图书馆复函首页（图二十）

飞行专业无关。航空工程系曾经招收过女性学员。第一个取得航空工程师资格的女性叫伊莎贝尔，她是1932年从麻省理工学院毕业，取得航空工程科学学士学位。1934年又从纽约大学分校——丹尼·格根海姆航空工程学院拿到航空工程师的学位"（图二十）。以上调查充分证明，王桂芬没学过飞行，不是女飞行员。

王桂芬虽不是女飞行员，更不是中国第一位女飞行员，但丝毫不影响她的伟大，不影响后人对她的敬仰与怀念。妇女对航空事业的贡献可以在蓝天，也可以在大地。王桂芬在地面对中国航空事业的贡献并不比其他女飞行员逊色。她是我国第一位在国外学习航空工程的女专家，也是第一位从事航空教育的女教官，是中国妇女航空事业的开拓者。王桂芬和她母亲秋瑾一样，都是中国妇女的榜样，中华民族的骄傲，祖国的优秀女儿。

附一点说明：关于王桂芬的出生地的两种说法，与本文主题关系不大，不做过多论述。笔者去两地考察过，都有根据（王桂芬自己在大学学籍表上也是这么填写的，籍贯：湖南省湘乡县；永久通讯处：湖南湘潭十八总由义巷）。双峰县是王桂芬的祖籍，湘潭市是王桂芬的出生地。《秋瑾年谱》（齐鲁书社版）第31页至32页上，清楚记载了王桂芬的出生时间和出生地点："一九〇一年，二五岁。瑾居湘潭。八月二十五日（十月七日），生女桂芬，字灿芝。"另有秋瑾孙女王玉琳写给关中人的信也证明了这一点："……我家的高祖，即姑妈的曾祖父一代，是住在湘乡县荷叶塘（乡）神冲（村），即现在的双峰县属。到姑妈祖父一代，已移居湘潭十八总由义巷。姑妈和我父亲都是在湘潭出生长大的（包括我们几姊妹，都是在湘潭由义巷出生长大的）。因此，我父亲和我们的籍贯，都是写湖南湘潭的。至于姑妈的籍贯怎样定，你们可以根据上述情况做出判断了。秋瑾的孙女——王玉琳1987.10.30"（摘自关中人所著《中国妇女航空钩沉》第159页）。

武秀梅　中国第一位奶奶飞行员

武秀梅是共和国的首批女飞行员，1951年才开始学飞行，比1915年就驾机升空的卢佐治夫人整整晚了36年，怎么会把中国第一位女飞行员的桂冠戴到她的头上？要澄清这个误会，需要了解武秀梅的人生经历。

武秀梅，河南开封市人，1931年11月出生，1951年1月还在读高中二年级的她，便瞒着父母报名参了军，进东北牡丹江老航校学飞行，成为共和国首批女飞行员。毕业后先分到北京西郊机场专机部队，后调到通县北空运输团。历任飞行副中队长、团副参谋长、副团长、飞行学院副参谋长等职。荣立二等功一次，三等功多次。武秀梅1984年3月停飞，共飞行33年，近4000小时，1989年5月退休，现在北京与老伴安度幸福的晚年。

武秀梅在33年飞行生涯中，出色地完成过专机、军事、科研、抢险救灾等多种飞行任务。特别是在繁重艰险的救灾任务中，她表现尤为出色，尽显巾帼英雄本色。

1963年8月初，山东、河南、河北三省部分地区连降暴雨，造成特大洪涝灾害，党中央命令空军运输部队到灾区空投食品和药物。武秀梅率机组投入了这场持久艰险的战斗，每天要飞2至3次，4至6小时。最多时，一天要飞10多个小时。在近一个月的连续飞行中，她经受了考验。有一次，武秀梅机组到河北省雄县空投。飞临目标上空时，她将高度降低到500米，飞机还没出云，她再次降到200米，但还是看不见空投目标。这时空中的强大气流，冲击着她驾驶的里-2飞机。飞机在强气流作用下，上下颠簸很厉害，如再降低高度，飞机随时有被强气流压入洪涛中的危险。但她想到地面有成百上千群众急盼着飞机上的大饼充饥，等着药品和救生器材救生时，她勇敢地驾驶飞机穿出云层，朝着滔天洪波飞去，这时无线电高度表指示的高度是70米，她终于看到了老百姓用

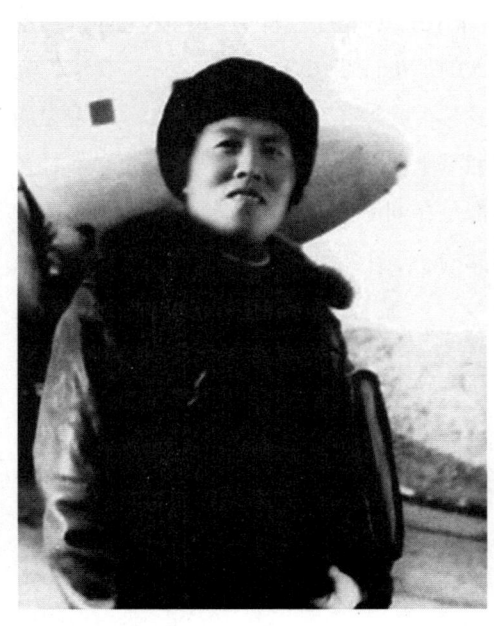

共和国首批女飞武秀梅（图二十一）

第一章 八年开创

一块白布做标记的空投场。武秀梅用力地揿响了空投铃,将食品准确地投向目标区,数千名灾民因她的勇敢无畏而得救。

1976年7月28日3点42分,河北唐山、丰南一带发生了我国历史上罕见的强烈地震,当天8点多钟,武秀梅奉命紧急冒雨起飞,送北京军区领导和机关人员去唐山。9点多钟飞临唐山机场,因唐山机场的通信中断,不掌握机场震后的任何信息,不了解地面的情况。武秀梅在机场上空盘旋一圈,仔细察看跑道情况,发现跑道基本完好,可以降落,跑道南头的导航台虽已震坏,但北导航台还有信号。弄清机场情况后,武秀梅做了一个小航线,冒着余震的危险,大胆地向跑道落去,圆满地完成了任务。武秀梅所驾驶的飞机,是唐山大地震后第一架在唐山机场降落的有机翼的飞机。

武秀梅最令人敬佩的品格之一是不怕牺牲。飞行事业是一种高风险的事业,只要飞机一离地,就有遇险的可能。"死亡"是每一个飞行员必须面对的现实问题,也是对每个飞行员的严峻考验,武秀梅经受了三次大的考验。

新中国空军女飞行员自飞天以来,先后有6人在空难中牺牲,她们是陈志英、潘隽如、徐保安、马杰、王春、余旭。其中两人与武秀梅关系密切,一名是陈志英,是与她同一批的姐妹,两人在一起生活工作16年之久,感情异常深厚。陈志英牺牲后,武秀梅悲痛欲绝,好几天睡不好觉,吃不下饭。生与死的问题曾在她脑子里斗争过,然而那时她想得更多的是如何继承大姐的遗志,完成好大姐未竟的飞行事业。

1962年2月9日,西郊机场发生大空难时,她也在场,亲身体验到了生命的脆弱,瞬间十名战友化为灰烬,她真切感受到了飞行的危险性,但她没有感到害怕,丝毫没动摇事业心。有一年的一个大晴天,第四批女飞行员马杰飞超低空课目,她驾驶运-5型飞机迎着阳光飞行,由于那天骄阳似火,光线太强,她没看到前方的高压线,结果飞机撞在高压线上坠毁,机组人员全部遇难。马杰是武秀梅手下的兵,航校毕业后就分到了她所在的单位,当时她是团副参谋长。马杰等人牺牲后,部队情绪低落,对武秀梅也是一次考验。马杰的遇难与前两次不同,这时武秀梅已超过空军规定的女飞行员最高飞行年限,自己申请随时可以停飞。是保一生平安而要求停飞,还是冒着一定的风险继续飞行?她处在人生的十字路口。有人劝她见好就收,给自己画一个安全圆满的句号。再加上双膝骨质增生，何苦还要到蓝天上去拼搏，去玩命？飞机失事后，有人想停飞，苦于找不到理由，她有的是停飞理由，却犯傻不用。武秀梅不愧是空军树立的飞行事业心强的一面旗帜。经过认真思考之后，她选择了继续飞行，并主动要求飞一些不少人不敢再飞的超低空课目，直到停飞前一天，她还在飞超低空课目。

　　武秀梅为了延长飞行生命，保持身体健康，从不放松体育锻炼。无论是三伏酷暑，还是数九寒冬，一年四季坚持晨练，从没间断。有天早上，武秀梅像往常一样在营区的马路上跑步，有几个上小学的孩子从她身边经过时，很有礼貌地与她打招呼："奶奶，早上好！"

　　"小朋友好！"孩子走远了，她却站在原地没动，望着孩子们的背影发愣。"奶奶！"这是她第一次听到有人这么叫她，这声本来很亲切的呼唤，却像钢针一般刺痛了她的心。"奶奶？"难道自己真的老了吗？老到了当"奶奶"的岁数了吗？年已半百的武秀梅，最怕最怕的就是别人说她老。她不服老的原因很简单，就担心领导因年龄关系让她停飞。那时空军规定女飞行员的最高飞行年限为48岁至50岁，她已超过了规定年限，本该停飞。但领导上考虑到她的身体情况与本人强烈的求飞欲望，延长了她的飞行年限。处在延长期的武秀梅自然对年龄最敏感，"奶奶"二字正好刺中了她这根敏感神经。

　　武秀梅无心跑步了，回到宿舍找出镜子，对着镜子仔细端详自己的面容。岁月不饶人，长空的风霜雪雨更不饶人，这一照还真发现自己老了，眼角有了鱼尾纹，头上有了白头发。于是她对着镜子拔头上的白丝，她

共和国首批女飞武秀梅（图二十二）

第一章 八年开创

要消除显老的特征。拔了几根后她泄气了，白发太多，无法拔完。奶奶就奶奶吧！只要身子骨硬实，奶奶也能争风流。佘太君不也是奶奶吗，100岁不照样挂帅出征！埃德娜不也是奶奶吗？81岁还参加飞行表演比赛拿冠军。别说100岁，我离81岁都远着哩，她想着想着带着微笑进入了梦乡。（埃德娜1902年12月出生于美国加登城，1928年开始学习飞行，是美国第四位女飞行家。她参加过无数次国内国际比赛，获得过128项冠军，她在蓝天飞行了30000多小时，曾任3所航空学校的校长，培养了4000多名飞行员。在55年飞行生涯中，先后驾驶过58种型号的飞机。）

武秀梅一生很平凡，很少有轰动性的事例，但平凡中包含着不平凡，她对飞行事业的那份挚爱、她高度的飞行事业心是很不平凡的。她是空军树立的无比热爱飞行事业的一面旗帜。《空军报》这样评价武秀梅："我们应当珍惜'飞行员'这一光荣的职称，牢记党和人民的殷切期望和关怀，始终以革命利益为第一生命，个人利益服从革命利益，像武秀梅同志那样把全部心血都用在飞行事业上。"（摘自1978年7月27日的《空军报》）武秀梅的确是把她的全部心血用到了飞行事业上。正因为如此，她赢得了很高的荣誉。由联合国教科文组织赞助、中国少年儿童出版社出版的《中华女豪杰》一书中收录了她的事迹。该书一共收录了15位中华女英豪，其中有宋庆龄、秋瑾、赵一曼、刘胡兰、林巧稚等名人。武秀梅能与她们并列，足见她的社会影响力之大了。

武秀梅于1984年3月停飞，时年53岁。她共飞了34年，总飞行时间3865小时。她创造了两项中国第一。首先，她是当时中国历史上年龄最大的女飞行员，民国时期的所有的女飞行员和共和国首批的其他女飞行员都没飞到53岁。其次，她是当时中国飞行年限最长的女飞行员，其他女飞行员都没有33年的飞行纪录。正因为她创造了两项中国"女飞"之最，有文章就用了《中国"女飞"第一人》和《中国第一"女飞"》这样醒目的标题，不了解中国妇女航空历史，又不认真领会标题含义的读者就误认为武秀梅是中国第一位女飞行员（武秀梅的这两项全国纪录已被厦门航空公司的底建秀打破。她飞了43年，22600小时，飞到60岁。包括笔者在内的不少人写文章称她为"中国第一'女飞'"）。

本节小结：谁是中国第一位女飞行员的问题并不复杂，为什么争论了近一个世纪，至今仍形不成共识？笔者分析有以下原因：

首先，绝大多数人，对中国早期妇女航空史不了解，很少有人知道她们的业绩，说出她们的名字。这是主要原因。

其次，政治思想的束缚，不少人认为中国早期，也就是以前常说的旧社会、旧中国，妇女受压迫、受剥削最深，饱受歧视，在地上都难有立足之地，"鸡毛还能上天"？旧中国不可能有女飞行员。所以很多人只知有武秀梅，不知有卢佐治夫人。

再次，媒体人员自身对中国早期妇女航空史缺乏了解，又不做深入的调查研究，人云亦云，相互抄袭，传播不实信息，所以才出现了若干个假的中国第一"女飞"，闹了不少历史笑话。

再着，有些地方为了给本地争名人，明知某人不是中国第一位女飞行员，但为获取名人效应，硬要给她加上中国第一位女飞行员的头衔。这种争名人、名花、名地等怪事并不少见，地下的女飞行员也中枪。

最后，中国早期女飞行员的后人，在一些回忆文章或采访谈话中，有的因不了解中国女飞行员的历史，有的记忆有误，有的被报刊误导，也有的为抬高先辈身价，无意或有意将自家的祖辈说成是中国第一位女飞行员。

综上所述，谁是中国第一位女飞行员之争，看似简单，实则复杂，要想统一认识，除对中国妇女航空史开展深入研究外，还要及时大力宣传推广科研成果，对失实的宣传报道和展品宣传品进行清理。有关部门应将此项工作，提高到尊重历史、尊重先辈的高度来认识。

中国早期的女飞行员，除了上述五位之外，还有一批在美、英、法、加拿大、意大利等地学习飞行的中国女性，她们的生平事迹不详，有待进一步调查了解。

第一章　八年开创

主要参考书目：

《中国妇女航空钩沉》，关中人编著；《中国机长》，张聿温著；《华侨妇女旧闻录》，方雄普编著；《民国空军的航迹》，高晓星、时平编著；《岭南才女》，黄昏著；《香山文化》，王远明主编；《神鹰凌空——中国航空史话》，孟赤兵、李周书编著；《中山文史——香山航空人物传》，赵荣芳编撰；《中国大百科全书》（航空航天）卷，邹家骅主编；《二十世纪中国大博览》，夏东元主编；《中国近代航空工业史》，中国航空工业史编修办公室；《广东文史资料第二十六辑》《广东文史资料第五十八辑》，广州文史资料研究会编；《开平名人录》，广东省开平县政协文史资料委员会编；《近代广东名人录》（第二辑），广东政协文史资料委员会编；《中国妇女运动史》，全国妇联编；《华侨航空史话》，方雄普著；《中国航空史》，姜长英著；《中国航空史》，刘亚洲、姚峻主编；《名流沧桑》，名人传记编辑部编；《前尘旧梦》，郑逸梅著；《秋瑾年谱》，郭延礼著；《胡适之先生晚年谈话录》，胡颂平编著；《竺可桢日记》第一册，竺可桢著；《那些中国人》，萨苏著；《共和国首批女飞行员》，苗晓红著；《求实万里行》，作者调研日记；等等。

主要参考文章：

《旧中国的女飞行员》，黄严、姜长英；《中国第一位女飞行员探讨》，际显增；《民国的女飞行家》，周松新；《巾帼凌空豪情在》，谢础；《我国第一位女飞行员》，袁春荪；《民国女飞行员的人生轨迹述论》，韩东珍；《民国时期5名杰出的广东籍女飞行员》，刘植荣；《中国第一位女飞行员安娜卢夫人照片》，2018年6月26日，美国加州大学图书管理员伊莱娜提供；《湘潭涌杰女，灵秀有流芳》，陈青；《〈三藩市号角邮报〉的历史》，2018年5月29日美国友人提供，李小溪翻译；《云霄芳踪　红颜英名》，刘沛贤；《上世纪二三十年代纽约大学专业设置》，2018年7月4日，美国会图书馆提供，李小溪翻译；等等。

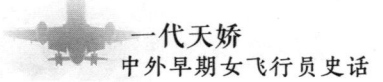

第二章 八年发展

20世纪30年代的中国，正处在大动荡时期，军阀割据，内战不断。各路"诸侯"为争夺地盘，称霸一方，都非常重视航空事业，纷纷进口飞机，开设飞机制造厂，修建飞机场，开办航空学校，组建空军部队等。中国时局的大动荡，带来了航空事业的大发展。1913年创办的中国的第一所航校，即北京南苑航校，1926年停办之前，培养了大批飞行人才。1918年，北京政府海军部在福建马尾创建了中国第一家正规的飞机制造厂。第二年自行设计制造出了我国第一架水上飞机——"甲一"。1919年，山西从国外采购了全国第一架飞机。1920年，广东孙中山在大元帅府下设航空局，1922年建飞机制造厂。1922年云南成立航空学校。同年东北成立了中国第一个常设航空机构，即航空处。浙江也在这一年成立了航空教练所。1923年江苏成立航空队，1924年成立了航空处。1925年山东也成立了航空教练所。除上述省外，北京、湖北、湖南、四川、广西、贵州、新疆等地，也先后建立了空军。一时间，全国群雄四起，出现了争相办航空的局面。其间也涌现出了一批对中国航空事业做出过重大贡献的女性。

第一节 宋氏姐妹与中国航空

中国近代史上，有一个左右中国历史变迁的显赫家族，即宋耀如（又名宋嘉树，洋名宋查理）的宋氏家族。宋嘉树与妻子倪桂珍所生的三男三女，在民国舞台上施展拳脚，演绎出了一幕幕惊天动地的历史剧。宋霭龄、宋庆龄、宋美龄三姐妹更是叱咤风云的女中豪杰，她们在政治、经济、军事、外交等领域各领风骚，都是历史星空中的璀璨明星。在中国航空领域里，二姐宋庆龄，三妹宋美龄虽不是女飞行员，但都留下了闪亮的航迹。

宋庆龄　中国早期的"航空女杰"

有国母之称的宋庆龄，虽没有驾机升空，不是女飞行员，但她对中国航空事业却做出过卓越贡献，对中国妇女航空也有较大影响，被国人尊称为"航空三女杰"之一。

宋庆龄与中国航空事业结缘，与她的爱情婚姻有关。

宋庆龄，1893年1月27日出生于上海。其父亲宋嘉树，1894年与孙中山结识，不久便加入了孙中山创建的中国同盟会。因家庭殷实，宋嘉树在物质上给了孙中山很多援助，深得孙中山的信任，是孙中山早年进行革命活动的同志、挚友。由于父辈的关系，受其影响，宋庆龄从小就视孙中山为大英雄。随着年龄的增长，思想的成熟，她对孙中山的认识由粗浅变为深刻，由盲从变为自觉。感情上也发生了很大的变化，由崇敬发展为爱戴和仰慕。孙中山发动武装讨袁的"二次革命"失败后，袁世凯下令通缉他。1913年8月初孙中山被迫到日本避难，宋嘉树夫妇陪同。这年春天宋庆龄从美国威斯里安女子学院毕业，为了看望父母，也为了见到渴望已久的心中偶像孙中山，她决定回国之前先去日本。1913年8月29日宋庆龄抵达日本横滨，父亲前往迎接，从此她与孙中山有了直接的接触。1914年3月，她接替姐姐宋霭龄的工作，正式成为孙中山的英文秘书。

1915年10月25日，22岁的宋庆龄不顾家人的强烈反对，与49岁的孙中山在日本东京结婚。宋庆龄为了与孙中山结合，不惜违背父母之命，是因为她深爱孙中山。她之所以如此，很重要的原因就是被孙中山的崇高理想所征服，包括孙中山提出的"航空救国"思想。

孙中山的一生是伟大的一生，他领导中国各阶层人民进行民主革命，推翻

年轻时的宋庆龄（图二十三）

了中国数千年的封建统治，建立了共和体制。在民主革命斗争的实践中，他在政治、经济、军事、教育、文化等方面都有所建树。在航空领域也不例外，他是中国航空事业最早的倡导者和领导者。

孙中山为推翻清朝统治，到世界各国游历考察，其间他耳闻目睹了第一架飞机的制成试飞，第一次飞越伦敦海峡，第一次空战，第一次轰炸等。特别是第一次空战战例，留给他的印象最深，影响最大。此战发生在1911年的墨西哥，作战双方各买了一架飞机，空中相遇后用手枪向对方射击，这是人类历史上的第一次空战。空战使用的武器和作战方式虽然原始，却充分显示了飞机在战争中的特殊作用。此战后，孙中山得出了"飞机将是未来战争决胜之武器"的结论，提出了"航空救国"的思想。为在革命战争中实践这一理论，他拟定了建设中国空军的计划，对机场建设、飞机制造、聘请外教、人员培养以及陆海空协同作战等都有明确规划，对军用飞机制造尤为重视。

孙中山的航空理论与实践，对日夜伴随左右的宋庆龄所产生的影响是巨大的，她不仅赞同先生的理论，而且积极参与实践。1917年，孙中山为建立我国的航空事业，派杨仙逸去美国学习飞机制造技术。杨学成归国向孙中山汇报在美学习情况，宋庆龄也在场，她听完汇报后分外激动："中国人驾驶着自己制造的飞机，飞翔在祖国的蓝天上，那该多好啊！"孙中山颇有信心地说："会的，夫人！我们一定会有自己制造的飞机。"

1922年12月，孙中山指令航空局长杨仙逸担负制造军用飞机的重任。杨仙逸即在广州大沙头建立飞机制造厂，制造军用飞机，他兼任工厂厂长。这里空旷平坦，面临珠江，是建设水陆机场的理想基地。杨即从广州、澳门招聘本国工程技术人员，同时聘请威劳特（Wild）、哥威尔（Colwell）两名美国工程师，设计制造飞机。宋庆龄十分关注飞机的设计制造，多次同孙中山到工厂视察、慰问。1923年6月，飞机厂制造出第一架飞机。这是一架双翼机，机身主要由木质结构和钢管焊接而成，装有一台90马力水冷式活塞发动机，巡航时速120公里，设前后座舱，装有炸弹架，可载4枚25千克炸弹。这是我国第一架国产军用飞机，飞机制成后，进行多次试飞和改进，认为合格后，于同年7月23日举行试飞典礼。

宋庆龄与孙中山飞机前合影（图二十四）

试飞典礼在广州郊区大沙头机场进行，那天宋庆龄陪同孙中山亲临机场，主持试飞典礼。当天试飞员是黄光锐（归国华侨，中国早期的著名飞行家，时任飞机队一队队长）。起飞前，黄光锐邀请在场观众报名和他一起飞。由于当时人们对飞行既渴望又惧怕，对国产飞机更无信心，加上1912年8月25日，有"民国第一飞行家"之称的冯如，在本市表演时失事的阴霾还未散尽，因此无人报名。这时，一向文静的宋庆龄离开孙中山向飞机走去。一看孙夫人要上飞机，不少官员忙劝孙中山，"总统，这样太危险。这毕竟是试飞，万一飞机失事……"孙中山很镇定地说："飞行员一样危险。'万一'是存在的，夫人已做好了准备，她说，'万一失事，也是值得的，因为这是我们自己制造的飞机。'"（摘自《天下为公——孙中山传》第238页，《宋庆龄传》第20页）从孙中山的答话可以看出宋庆龄乘飞机是有备而来，是事先经过慎重考虑的，绝不是一时的感情冲动。正如孙中山所言，"夫人已做好了准备"，很明显这个准备，就是准备牺牲。宋庆龄的这个将生死置之度外的准备，饱含了她对丈夫的深情，以及准备为他领导的民主革命献身的精神。她在给妹妹宋美龄的信里曾这样写道："我情愿为他做一切需要我去做的事情，付出一切代价和牺牲。"（摘自《孙中山

作者摄于中山市孙中山纪念堂（图二十五）

画传》第240页）

宋庆龄为了促进孙中山所热衷的航空事业，毅然跨进了第一架国产飞机的座舱，在黄光锐的帮助下戴上飞行帽、太阳镜，系上安全带。螺旋桨很快转动起来，在马达轰鸣声中腾空而起。飞机在黄光锐驾驶下，在空中盘旋两圈后，平稳降落。试飞成功了，宋庆龄笑着走下飞机，孙中山和文武官员拥上前去，祝贺试飞成功，众人纷纷向她投去崇敬的目光。宋庆龄则拉着孙中山的手激动地说："我们有了自己制造的飞机，逸仙，自己的！"（引自《宋庆龄传》第30页）而后孙中山与宋庆龄在飞机前合影留念（图二十四），留下了宋庆龄与孙中山一生中最值得纪念的日子，留下了一段中国航空史上的传奇佳话。宋庆龄特别珍惜这张写满大爱的照片，她在照片上亲笔用英文简单介绍了照片的内容："这是中国制造的第一架飞机，1923年5月出厂，1923年7月试飞，乐士文，以孙逸仙夫人名字命名。"1956年11月10日，《人民日报》刊登了这张极为珍贵的历史照片。首架国产飞机试飞成功，孙中山最为高兴。为此他做了两件载入史册的大事。第一件事，为表彰宋庆龄对航空事业的关心支持，将第一架国产飞机用爱妻的英文名（Rosamonde）"乐士文"（粤语译音，也有人译为"洛士文"）命名。第二件事，为庆贺试飞成功，他为工厂题写了"航空救国"四个大字。为表彰和鼓励杨仙逸，特为他赠题了"志在冲天"的条幅（图二十五）。8月14日他在写给友人的信中，讲述了他高兴的根本原因："至于飞机……此后当陆续自造，不须外来矣。"（摘自《神鹰凌空——中国航空史话》第33页）

宋庆龄的这一惊人举动，对在场的观众、飞行员和航空工程技术人员是极大的鼓舞，对中国航空建设产生了巨大影响，对中国青年女性也起到了极大的激励作用，为中国妇女航空树立了榜样。

各种版本的《宋庆龄传》中，对宋庆龄乘坐飞机的细节描写虽有差异，而主要情节基本一致。但也有人对此事提出质疑，他们的疑点是：当时在场的人，包括飞行员黄光锐从未提及带国母飞行一事；虽有孙中山与宋庆龄在飞机前的合影，但没有宋庆龄坐飞机升空的照片；宋庆龄冒险乘机应属爆炸性新闻，但未查到当时媒体的报道。为了弄清真相，笔者请教了马毓福教授，他说："当年我采访过试飞飞机的机械师，他是广东人，现已过世。他介绍了当天试飞的情况：'当天宋庆龄的确在现场，也上飞机进驾驶舱看过各种仪表等设施，还试戴过飞行帽。但她没有乘飞机上天。她乘飞机上天是后来有人根据她在驾驶舱戴飞行帽的照片编出来的美丽故事。'"马教授的话可供参考。但宋庆龄纵使没有坐飞机，也不影响她的形象。她对中国航空事业的一贯关心支持，有目共睹。

这架"乐士文"号飞机被编为1号，交飞机队使用。1923年7月，在讨伐军阀的战役中，立下战功。但同年10月3日，敌特深夜潜入机库纵火，不仅"乐士文"1号被烧毁，整个工厂损失惨重，飞机制造厂因无再建资金，被迫关闭，给起步中的中国航空事业造成了无法弥补的损失。直到1935年才在广东韶关建立了新的飞机制造厂，有员工500多人，是当时国内一流飞机制造厂，设计生产"复兴"等型号的飞机，西安事变时周恩来由延安去西安乘坐的就是该型飞机。

后人为纪念宋庆龄对中国航空事业的关心与支持，将"乐士文"号飞机复制了3架，一架在北京航空博物馆，供游人参观，两架在台湾空军司令部大堂和空军航教馆。两岸中国人都没有忘记，为中国航空事业做出过重大贡献的国母宋

宋庆龄副主席在空军专机上（图二十六）

庆龄。

1981年5月29日20时18分,伟大的"爱国主义、民主主义、国际主义、共产主义战士宋庆龄同志"与世长辞。6月4日,北京西郊机场候机楼前,停着一架银白色的空军专机,这正是笔者所在部队的飞机,机组成员都曾多次执行过国母的专机任务。清晨,党和国家领导人邓小平、李先念、彭真、胡耀邦等来到机场,为宋庆龄送灵。邓颖超、廖承志等生前老友,最后一次陪伴她遨游蓝天,为她的人生航线画上圆满的句号。当年的"航空女杰",最后一次乘坐中国空军的专机回归故里上海,与当年试飞的第一架"乐士文"号飞机,相隔整整58年。58年间,她所热衷的祖国航空事业与中国空军,发生了翻天覆地的巨变,她这位"航空女杰"可含笑九泉了。

宋美龄 "中国空军之母"

宋美龄,1897年3月5日出生于上海虹口朱家木桥(今东余杭路),祖籍海南省文昌县。1903年,6岁的宋美龄进上海三一堂读书。1908年11岁时与宋庆龄同往美国留学,1917年回国。1920年蒋介石开始追求宋美龄,1927年12月1日两人在上海结婚。

宋美龄被称为"中国空军之母",不仅仅因为她是蒋介石夫人,而是本人对民国空军建设确有卓越贡献。宋美龄未出嫁之前,受姐夫孙中山"航空救国"思想的熏陶,在姐姐宋庆龄榜样作用的激励下,对航空事业情有独钟。她曾在上海《英文晚报》上发表过《中国航空》一文,文中强调:"一切促进中国统一的新发明,或许要推飞机的功绩,最为伟大。"(摘自《宋美龄传》第128页)。宋美龄与蒋介石成婚后,就特别关心中国空军的建设。民国空军创建于1932年,由广东和南京等地空军合并而成。当时飞机不仅数量少得可怜,不足200架,而且多数老旧破损,能升空作战的不到100架。面对如此惨景,宋美龄毛遂自荐,向蒋介石请缨,愿亲自出马重建空军。蒋介石也深知空军在战争中的重要性,更了解空军的现状与夫人的能力，当面应允宋美龄的请求，1936年2月，正式委任她为航空委员会秘书长，统管空军事务，实际上相当于中国空军的"司令"，成为中国历史上唯一的非军人女性"空军司令员"。

宋美龄临危受命后，开始施展她特有的才能。俗话说新官上任三把火，宋美龄的第一把火从自己烧起。她深知重建空军必须先懂空军，在此之前她只受过音乐、文学和社会美德等教育，没有学过航空知识，上任后便系统地学习航空理论、飞机设计等航空教材，并大量阅览介绍各型飞机性能的刊物，了解国内外各型飞机的优劣。

她的第二把火，招揽人才购置飞机，以改变空军人才特别是将才缺乏、飞机缺少而老旧的现状。宋美龄接手空军后，她专门远赴美国。在美国，她施展罕有的人格魅力与特有的外交才能，赢得了美国总统罗斯福夫妇的信任与支持，得到了120多架飞机的援助，同时还聘请了一批顾问和教官，以及大量的飞机修理和维护人员。回国后，她还亲笔给因病离开美国空军的著名飞行家陈纳德写信，问他是否愿意到中国当空军顾问。陈接到中国第一夫人的信后，喜出望外，当即由旧金山乘船来华，宋美龄高规格地接待了他。陈纳德当面保证，两个月内向宋美龄提出对中国空军的考察报告。宋美龄当即任命陈纳德为航空委员会顾问。从此陈纳德开始了中国的辉煌生涯，成了世界闻名的"飞虎将军"。1947年，他与在抗战中结识的中国战地记者陈香梅结婚，成为中国女婿。

宋美龄任航委会秘书长之前，民国空军主要由意大利提供飞机和培养飞行员，但机型落后，飞行员素质差。她上任后即大批购买美国较为先进的飞机和航材，一出手就订购了2000万美元的飞机，从此中国有了较为先进的战机，为民国空军的发展奠定了基础。在宋美龄的促成下，中国成了美国飞机的最大进口国。

为解决购买飞机的资金问题，宋美龄发起并参与了著名的献机活动。1936年10月31日，是蒋介石50岁诞辰。宋美龄为了扩充空军，购买更多飞机，便利用给蒋介石祝寿的机会，发动国内各届和海外华侨用飞机做寿礼，开展大规模的献机运动。因中华民族正面临强军入侵，国内各界和各地方政府以及海外侨胞均积极响应，踊跃捐赠。宋美龄不仅策划了这次捐赠活动，自己还带头捐款。此次捐献活动非常成功，共收到捐款 650 多万元，能购买 100 多架飞机。1936 年农历九月十五日，蒋介石生日这一天，宋美龄动用 50 架飞机，进行飞行表演，在南京上空组成"中正五〇"四个大字。场景异常壮观，轰动南京市，是古今中外最奢华的生日庆典。

购机之事并非一帆风顺，中日战争爆发后，美国为保持中立，不再向中国提供飞机，已购飞机也不许运往中国。一向亲美的宋美龄一反常态，对美国限制飞机向中国出口事件极为不满。1937 年 10 月 12 日，宋美龄发表文章猛烈批评美国的做法，指责他们是在间接帮助侵略者，是助纣为虐的可耻行为。这篇义正词严的文章，引起了国际舆论的广泛重视，为引进飞机和器材起到了积极作用。

提高空军战斗力，光增加飞机数量还不行，更重要的要有高素质的飞行员，宋美龄注重航校建设，开办了多所航校。但中日战争迫在眉睫，而培养合格的飞行员则需要时间，为解燃眉之急，宋美龄向陈纳德提出，在中国飞行员还未大批培养出来之前，让他出面从美国等西方国家雇用飞行员，这才有了"美国志愿队"的来华参战。抗日战争的实践证明，在抗击日本空军方面，除了苏联空军发挥重要作用之外，美国志愿队是与敌作战的另一支重要力量。

宋美龄的第三把火，立军威，整肃军纪。民国空军组成后，蒋介石非常重视空军的纪律建设。1933 年 1 月，亲自制定了《空军训条》。训条共 12 条，第 9 条为："质素朴实，为空军救国光明磊落的本色。"但他的训条并没有得到贯彻，特别是盗窃军用物资走私现象严重。宋美龄接手空军后便以此为突破口，立军威，整肃军纪。她规定："凡在这支精英部队中行窃者，将被处以极刑。"（摘自《宋美龄画传》第 61 页）不过宋美龄的这最后一把火，并没延续下去，空军腐败之风愈刮愈烈。

宋美龄的三把火收到了一定效果，中日第一次空战就是证明。1937 年 8 月 13 日晚，日军进犯上海，"八·一三"抗战拉开序幕，第二天我军奋起反击。当天，中国空军出动飞机 8 批、76 架次，除炸伤炸沉多艘军舰外，还在空战中首战告捷，取得了击落敌机 6 架、自己无一伤亡的 6：0 战绩。这是中国空军对日空战的第一个胜利。这一战具有历史意义，它粉碎了日本妄图把我空军扼杀在摇篮中的梦想，戳穿了日本空军不可战胜的神话，极大地鼓舞了全军的士气,增强了全国军民战胜日本侵略者的信心。作为航委会的负责人、空军统帅的宋美龄自然是兴奋不已,她提议将8月14日定为中国空军节。8月22日,宋美龄乘车去上海前线视察慰问。她的行程被间谍泄露给日军,车至苏州郊外时,突遭日本飞机扫射。司机为躲避敌机炮火,猛然加快车速。因路面遭到破坏,正巧又赶上爆胎,汽车失控,冲进路旁的水沟中。宋美龄虽没生命危险,但伤势不轻,摔断了几根肋骨,被送往医院救治。宋美龄送院就诊之前,先在一农民家,洗去脸上泥土,擦净衣上脏物,坚持按时会见了前线指挥员。她还经常冒着生命危险出入各地机场,慰问空战归来的勇士,鼓舞飞行员士气。有一次空战失利,4名飞行员阵亡,另有5架受伤飞机落地时坠毁,宋美龄当场放声痛哭。有位美国飞行员在日记中写道:"……她是一位非常非常勇敢的女性。她在战时一直冒险犯难,仿佛她自己就是战士。空战之后,她总是一马当先赶到机场,计数有多少健儿平安回来。她坚持要为他们备妥咖啡,试图尽力让这些健儿方便,因为他们的确是逆势作战,无可替补。"(摘自《宋美龄传》209页)

1938年春,宋美龄因身体等原因,辞去了航空委员会秘书长职务,前往香港治病休养。她的辞职只是从幕前走向幕后,她仍始终关心着空军建设,牢牢控制着采购、训练、作战等大权。因此,她被称为"中国空军之母"。宋美龄一生最喜爱的胸针是金色的民国空军军徽,她在公开场合总是佩戴着这枚军徽(图二十七)。1986年蒋介石诞辰100周年纪念会上,她仍佩戴着"空军飞行徽章"。她认为这枚军徽象征着她对中国空军的贡献和热爱,她常将中国空军称为"我的空军"。

宋美龄掌管空军之后,虽补习过

佩戴空军徽章的宋美龄(图二十七)

晚年宋美龄（图二十八）

一些航空知识，但她毕竟不是军人，更没当过空军，而空军是一个现代化军种，国民党内又有严重的派系斗争。宋美龄在策划、指挥、管理空军等方面，都有过重大失误。她虽然对民国空军的腐败顽疾用过"重典"，但收效甚微，腐败之风愈演愈烈，这与她疏于管束有直接关系。但宋美龄的确为民国空军建设付出了很多心血，抗战期间，民国空军所取得的战绩中，应有她一份功劳。她对民国空军建设所做的贡献，是无人能比的，她不愧为20世纪的伟大女性之一。

民国空军为感谢宋美龄，专机队以一架美制C-47型飞机命名为"美龄"号，以表示对她的崇敬。1963年2月1日，蒋介石在一次军人大会的致辞中，总结了宋美龄一生对民国空军建设所做的贡献："为我国空军建军，展布新猷……惠爱朝野，简册留芬，允垂世范。"（摘自《宋美龄传》中华书局版第145页）

2003年10月23日晚11点17分，宋美龄在睡梦中安详辞世，享年106岁。

第二节　中国第一所培养女飞行员的航校

20世纪二三十年代，中国各地涌现出了众多航校和飞行训练组织，但其中培养过女飞行员的航校只有云南与广东两所。广东航校只招收过一名女学员，而且还未放单飞就草草毕业了，实际真正成批培养过女飞行员的只有云南航校。

　　1922年12月，云南督军兼省长唐继尧创办了云南航空学校，地址设在昆明南郊4公里处的巫家坝，跑道长800米，云南航空处处长刘沛泉兼第一期校长。该校学制两年，头半年学员须到陆军讲武堂接受严格的军事训练。航校成立后，聘请参加过第一次世界大战并有作战经验的法国空军上尉阿尔彼德为顾问，少尉弗南希斯与准尉马尔丹为飞行教官，还请了12名越南地勤人员维修飞机。航校使用的飞机，是从法国购买的新式"高德隆"初级教练机和"贝勒格"高级教练机。学员不仅学飞机驾驶，还要学习飞机维修。云南航校是当时中国开办较早、规模最大的一所航校，号称亚洲第一。办校宗旨明确，就是培养一批不怕牺牲的蓝天勇士，校门的对联生动鲜明地体现了这一宗旨。上联为"升官发财请走别路"，下联是"贪生怕死莫入此门"。在教学实践中，航校较好地贯彻了这一宗旨，培养出了一大批英才，在北伐和抗日战争中发挥了积极作用。

　　云南航校于1922年创办，1935年停办，历时12年之久。共招收四期学员，培养飞行员和地勤机务人员200多名。第一、第三期学员中均有女学员，第一期有夏文华、尹月娟、权基玉3人，均为飞行员（夏文华、尹月娟中途淘汰）。第三期有11人（有文说是13人，但《云南航校第三期同学录》中只有11人，两人被淘汰），其中杜光昭、吴琼英、李若芝、张竹轩、柏武芳5人为飞行员。后鉴洲、柏亚辉、李玉珍、王美兰、赵月松、赵碧芝为机械员。

权基玉　中国航校培养的唯一一位外籍女飞行员

　　权基玉，又名林国英，1901年1月11日出生于朝鲜平壤，父亲权敦阁，母亲张文明，兄妹5人，1男4女，权基玉排行第二。由于家庭贫穷，权基玉11岁就到工厂打工。1910年，日本帝国主义侵占了朝鲜半岛，朝鲜人民沦为亡国奴。朝鲜民族生性刚强，有着强烈的爱国之心，他们不甘心受日本殖民者的统治奴役，纷纷起来反抗，抗日运动不断发生。

1918年第一次世界大战结束之后，美国总统威尔逊提出"民族自决"，朝鲜人民受其鼓励，掀起了席卷全国的抗日高潮。1919年3月1日，朝鲜人民利用光武帝出殡的机会，在汉城宝塔公园集会，发表《己未独立宣言》，而后进行有数十万人参加的请愿大游行。游行遭日寇武力镇压，日军向游行人群开枪扫射，7000多人惨死于侵略者的枪口之下。但是朝鲜人民没有被敌人的枪炮吓倒，各地纷纷起义，直到同年6月，起义运动才被镇压下去，有130多万人参与了爱国独立运动。

权基玉（右）与教官合影（图二十九）

那年，权基玉18岁，正在崇义女中读书，她目睹了侵略者的残暴行径，对日寇产生了无比的仇视与愤恨，萌发了一股强烈的复仇复国激情，毅然参加了朝鲜近代史上最著名的"三·一"独立运动。她因参加爱国游行被捕入狱，6个月后被释放。为寻救国之道，在友人的帮助下，她乘渔船渡海来到中国。

"三·一"独立运动失败后，朝鲜一批爱国人士来到中国，继续进行反日活动。1919年4月3日，"大韩民国临时政府"在上海法租界宝昌路成立。领导组织抗日力量，以便日后赶走侵略者、光复祖国，权基玉也是临时政府成员。她立志为光复祖国做贡献，决定先学习文化知识，随即进杭州弘道女子中学读书。上学期间她遇到很多困难，特别是汉语，入校初期成绩很差，但在她的不懈努力下，1923年以优异成绩毕业。毕业后她回到上海，在私立仁成小学教书。教书不是她人生的目标，她的志向是当一名飞行员。她说：我要学会飞行技术，将来轰炸日本侵略者。为实现飞天梦，她曾报考北京南苑和保定航校，但都因她是女性而被拒之门外。后来权基玉听说云南航校招收学员，便要求临时政府介绍她去云南航校学飞行。大韩民国临时政府也认识到飞机在未来光复大业中的特殊作用,不仅同意了她的请求,还决定派李英茂、李春、张志日等男性青年与她一道去云南航校学飞行。临行前权基玉加入了中国国籍,籍贯为江苏省上海县。

1923年,权基玉与同伴乘船从上海出发,沿海道经海南、越南辗转到达昆明。到昆明后,他们拿着介绍信直接拜见唐继尧。唐看过介绍信后,又仔细看了一遍几位远道而来的朝鲜青年,当看到权基玉时便问道:"你一个女孩子家,为什么要学飞行?"权基玉便详细陈述了她航空报国的宏愿。唐继尧对她的回答非常赞赏,当即批准他们入校学习。当他们手持唐的批件到航校报到时,却遭到刘沛泉校长拒绝,他对送他们来的副官连连摇头道:"不行!不行!不行!已开学半年,安排他们插班,整个教学计划都要打乱。"刘沛泉校长还特意打量了权基玉一眼,见她个头不高,还戴一副近视眼镜,根本不是学飞行的料,便补充道:"女孩子学飞行没有先例。"副官见校长拒收这批朝鲜学员,便用唐继尧来压他:"既然督军批准了,你还是让他们入校学习吧。"军令难违,刘校长只得勉强同意他们入校。

航校没有女生,便赶忙修盖女生宿舍,还专门雇请了一位女佣人照料她的生活。权基玉入航校学飞行的事,很快传开了,轰动了整个昆明市。一些名门望族的小姐和梦想飞天的女青年,也纷纷要求报名学飞行。后经考核,从中挑选了夏文华、尹月娟两人。她们入校后和男学员一样,都要接受近乎残酷的训练,讲武堂有句名言:"合理的要求是训练,不合理的要求是磨炼!"女学员要剪掉满头秀发,像男学员一样剃光头(也有人说是剪短发),穿同样的军装,打同样的绑腿,一同出操站岗,一同进行野外生存训练和夜间紧急出动。云南航校还开设了一门自行车特技课。该课程要求学员掌握快、慢、停,以及跨越障碍等

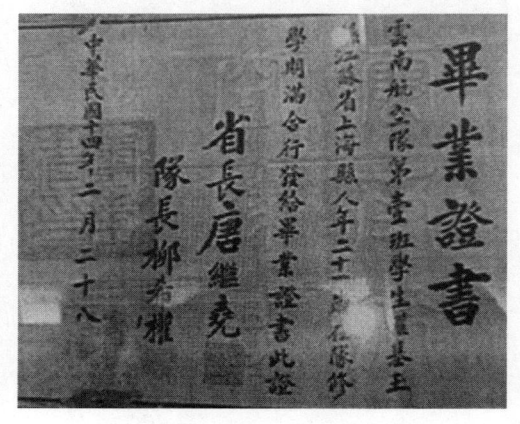

权基玉的毕业证书(图三十)

技术,不达标不能学飞机驾驶。权基玉学习飞行的目的明确。因此她能吃苦耐劳,不惧怕任何困难,航校的种种严格训练不仅全都坚持下来了,而且各项考核成绩均为优秀,甚至超过了多数男飞行学员,多次受到法国教官弗南西斯的赞扬。毕业考试时,她以全优成绩毕业,而其他两名女飞行学员则被淘汰。

1925年2月,权基玉从云南航校毕业,获得了由唐继尧颁发的毕业证书(图三十)。她也有幸成为中国历史上也是亚洲历史上第一位由航校培养出来的女飞行员。权基玉在航校的出色表现,不仅得到教官同学的赞赏、钦佩,更颠覆了刘沛泉校长对她的看法,成为他最得意的门生,也改变了他认为女性不适合飞行的旧观念,云南航校第三期又大批招收了女学员。权基玉毕业后,经友人介绍,到北京冯玉祥国民军航空队飞行,曾奉命参加过各种战役。在北京飞行期间,权基玉认识了朝鲜老乡李汕隐。此人曾留学日本,学习政治法律和中国历史。日军占领朝鲜半岛后,他也来到了中国,加入了国民军,任军法处处长。他乡遇故人,两人便由老乡变成情侣,不久权基玉就成了李汕隐的新娘。

1927年3月21日,国民革命军东路航空司令部在上海成立,原云南航校校长刘沛泉任司令员,权基玉的同期同学陈栖霞任参谋长。校长没忘昔日的高徒,权基玉应召加入了该司令部所属的航空队。蒋介石给她颁发了委任状:"委任权基玉为航空委员会第三处八科科员,授予空军上尉军衔。"权基玉报到前,一方面给航校同学写信,邀请他们一同赴沪参加北伐;另一方面亲自去杭州,将孙传芳所散留的空地勤人员及飞机,全部招揽到上海。权基玉加入中央空军后,多次驾机在津浦铁路等空域执行侦察轰炸任务,屡立战功,是北伐战争中唯一参战的女飞行员,

晚年权基玉(图三十一)

第二章 八年发展

共飞行1200多小时，超过飞行队的多数男飞行员。

民国时期是一个新旧婚姻观念交替的时期，新知识群体推崇西方观念，主张自由恋爱，文明婚礼等，反对父母之命，媒妁之言；反对迷信、烦琐、费时、耗财等弊端的传统婚礼。空军飞行人员自然属于新知识群体之列，于是才有了权基玉导演的"空中婚礼"的喜剧。

权基玉在国民革命军东路航空兵部队飞行期间，当了一次红娘。她见自己的恩师、航校时的校长刘沛泉，虽然当了东路航空兵司令，但还是单身，便给他介绍对象，以报师恩。女方是位大学生，毕业于上海沪江大学的王素贞。她不仅学历高，有才，相貌也很出众。俗话说英雄爱美人，美人爱英雄，此话不假。经权基玉牵线，两人一见钟情，相互倾慕，很快就到了谈婚论嫁的阶段。权基玉为啥飞得好，一个重要原因，就是遇事爱琢磨，喜欢动脑子。空军司令的婚礼得有空军的特色，于是她想出了一个在空中、在飞机上举行婚礼的新招。1929年圣诞节这一天，一架运输机从上海江湾机场缓缓升空，客舱里的一对新人，新娘王素贞、新郎刘沛泉在空中举行了婚礼。证婚人是沪江大学校长刘湛恩，还有介绍人权基玉。别出心裁的空中婚礼，成了当时最时髦、最浪漫也是最奢华的婚礼，轰动大上海。但羡慕者都只能望天长叹，谁都无法效仿复制。这是权基玉留在中国的最佳杰作，也是绝唱，盖过了她的其他传奇故事。

北伐战争胜利后，国民政府定都南京，已是少校的权基玉，随中央空军进驻首都。不久，她从航空队调到军令部所办的由将校军官参加的高级训练班（即陆军大学的前身）任教，参与培养了一批民国高级军官。抗日战争爆发后，权基玉改飞运输机，配合飞虎队，主要负责飞柳州至桂林航线，晋升为中校军衔。飞行中她多次遇险，但凭高超的飞行技术和丰富的航行经验，均化险为夷，有"不死鸟"之称。然而，她能躲过空中的风险，却难逃地面的厄运。1944年，丈夫李汕隐身患重病，虽经多位中西医名师诊治，仍未能挽留其生命，不幸于重庆去世。爱人的离去，是权基玉人生中最沉重的打击。但一贯坚强的她，很快振作起来，不久又投入蓝天的怀抱，继续为中国的抗日战争效力，直至1945年8月日本投降。抗战胜利后，民国政府于当年10月特授予她忠勤勋章，以表彰她在中国空军服役20年间所付出的心血。第二年，尽管她已回国（抗日战争结束后，由于意识形态等政治原因，她没回故里平壤，而是回到了韩国汉城），民国政府并没忘记她对中国民主革命和抗日战争所做的贡献，再次给她颁发了抗战胜利勋章。1971年，台湾当局还重新授予她"空军飞行胸章"。权基玉回到韩国后，参与了韩国空军的组建工作，担任过国防部专门委员等要职（《云南文献》第二十期载文说她曾任韩空军参谋长），有韩国"空军祖母"之称。退役后她主编过《韩国年鉴》。权基玉回国后一直住在汉城（现为首尔）长忠洞2街191-4番池一栋古旧的两层楼里，1988年春在这幢楼里因病去世，享年87岁，她的遗体安葬在爱国者墓地。

关于权基玉的经历，史学界有两个问题尚有分歧。一是她回韩国的时间，多数认为是抗日战争胜利后的1945年，少数人认为是韩国政府正式成立后的1948年。二是她有没有加入中国籍，算不算中国女飞行员。中国史学界认为她在上海加入了中国籍，有航校毕业证所写籍贯为证，应为中国航校培养的首位中国女飞行员。而韩国史学界人士则认为她一生都是以韩籍身份参与各种革命活动，例如在重庆期间，她就积极参加了"留渝韩国爱国妇女会"的一系列活动，她入航校时填写的籍贯只是假托，从未变更国籍。笔者认为该问题无关紧要，因此本书未做详细考证，主要以中国多数史学家的文献资料和笔者的调研成果为依据（笔者何孝明曾到昆明"云南陆军讲武堂""昆明市档案馆""云南省档案馆""云南省图书馆"等单位查阅过有关资料）。

与权基玉同期的夏文华、尹月娟被淘汰的时间说法不一，一说是军训时因经受不住严酷考验，主动要求退学。另一说是外场飞行阶段因跟不上训练进度而淘汰，此种说法是准确的，有照片为证，照片上除权基玉外还有一名

权基玉（左二）与教官同学合影（图三十二）

穿飞行服的女飞行员（图三十二）。

吴琼英　一朵过早凋谢的蓝天之花

吴琼英，1913年出生于云南易门县兴文镇，毕业于云南省立昆华女子中学初十二班和高九班（现为昆明女中），1931年7月进云南航校第三期。吴琼英进航校之事，有一段小插曲，她有一个舅母，名叫杨玉菇，是名医生。当时云南省督军龙云的夫人是她的同学。吴琼英为进航校学飞行，便让舅母带她去龙府拜访。龙云得知她想学飞行，十分赞赏，为她进航校开了绿灯。

吴琼英进航校后，要经过半年军训，这期间女生要剪短发（有说剃光头），这对女生来说是入校后的第一次考验。《孝经》中写道："身体发肤，受之父母，不敢毁伤，孝之始也。"头发代表生命，象征爱情，中国人有惜发如命的传统。女孩子爱美，更加珍视自己的一头秀发。听说要剪掉发辫，个别女孩当场吓哭了，提出退学。也有的用手护着长辫，拒绝理发师剪发。这时吴琼英主动走到理发师面前，坐到椅子上，第一个剪掉了一对乌黑的发辫。在她的带动下，其他10人也都剪成了短发。吴琼英的非常举动，令人敬佩。她的确与众不同，从入学一开始，吴琼英就表现出了特有的个性和气质。整个学习期间，无论空中飞行还是地面训练，她都始终走在其他姑娘前面。飞行并非想象的那么浪漫，开飞第一天，外国教官带她们体验飞行（第

吴琼英戎装照（图三十三）

三期只有一名外籍飞行教官，名为施米德）。天公不作美，当天正遇上气流不稳，轻型双翼教练机极易受气流影响。飞机上下颠簸，如同巨浪中的一叶小舟，首次上天的姑娘们都吐了，吴琼英吐得最厉害，苦水都吐出来了。剪发辫只是难看，身体并无不适，呕吐不仅使漂亮的脸蛋狼狈不堪，更主要的是头晕目眩，肝肠欲断，难以忍受。下飞机后吴琼英还在吐，更可气的是带她的外国教官不但不安慰她，反而说风凉话："你们中国女人是不适合飞行的，不要浪费汽油了，回家生孩子去吧。"吴琼英生性好强，见教官如此轻视中国女性，一咬牙，自己跨进后座，要求教官继续带她再飞。精神的力量有时是难以估量的，第二次起飞后，她竟强忍着没再吐。第一个飞行日的计划是教员带学员飞4个起落，吴琼英硬是坚持下来了。她的表现感动了教官，得到了教官的赏识和信任，第一个飞行日就建立起了良好的师生关系。由于吴琼英特能吃苦，又有教官的精心传帮带，吴琼英成了学习尖子，教练组一致同意她第一个放单飞。由教官带飞到自己单独驾驶飞机飞行，对飞行员来说，具有里程碑的意义，是由学员向飞行员转变的标志性的分界点。由于吴琼英是云南航校第一个单独驾机升空的中国女性，因此有人称她为中国第一位女飞行员。看过前几章的读者，都知道这种提法不准确，但吴琼英确实是占有一项中国之最，她是我国第一位经过系统训练，由正规航校培养出来的女飞行员。在她之前除权基玉和李玉英之外，所有在国内外学飞行的中国早期女飞行员，都没进过正规航校，她们学飞行都是个人行为，都是靠"师傅"带出来的。而权

左四为吴琼英（图三十四）

第二章 八年发展

基玉虽假托过中国国籍,终究不是中国人。《中国大百科航空航天卷》第597页中提到说李玉英是广东航校第二期学员,是中国国内训练的第一批女飞行员。此说不准确,李玉英在航校未放单飞,不能算飞行员,只能是飞行学员。由此可见,吴琼英是中国第一位拥有正规航校毕业证书的女飞行员,此说是准确的。

吴琼英还有一大特点,乐于助人。她不仅自己飞得好,各科成绩优秀,她还是只带头雁,经常给其他姐妹排忧解难,不让一个姐妹掉队。在她的帮助下,1932年12月毕业时,学飞行的碧空5姐妹无一人淘汰,全部获得了龙云省长颁发的航校毕业证书。龙云对航空三期学员所取得的成绩非常满意,毕业典礼那天,亲自莅临,给飞行学员颁发毕业证书,并检阅了学员队伍,还在省政府驻地五华山的光复楼宴会厅宴请全体毕业学员。

吴琼英航校毕业后,被编入云南第十路军总司令部任飞行员,授少尉军衔。在部队飞行期间她出色地完成了侦察、巡逻、训练等飞行任务。正值她大显身手的金色年华,意外事故降临到她的头上。一次着陆时,刹车失灵,飞机冲出跑道,陷到农田里,飞机损坏,她不幸多处受伤。后来伤虽然治愈,但已不适合飞行。在部队只飞了一年多的蓝天之花凋谢了,令人惋惜。她过早的停飞,是中国妇女航空事业的一大损失。

吴琼英离开空军后,受在日本东京留学的二姐吴汉英之邀,前往日本留学,考入东洋音乐学院攻读西洋声乐专业。学习期间结识了中国著名作曲家聂耳(有文说吴琼英在国内就认识了聂耳,并一道演唱爱国歌曲,宣传抗日,但《聂耳日记》中没有记载)。从聂耳所写的日记分析,吴琼英与他的友谊深厚。聂耳在1935年7月7日的日记中这样写道:"这天有老侯和吴琼英,请我吃了日本食'大虾饭',在'银座'(日本东京最繁华的街区名)散步后上吃茶店。借吴的光才有上二阶(日文二楼)的资格,否则便是在一阶做'单身'。后来上跳舞场……于是吴琼英开始和我们选择舞女了。……吴希望我抱一个穿和服的跳一次,结果,这最后一员打破了前四员的纪录。吴看了很感兴趣……"(摘自《聂耳日记》第441页)不幸10天后,即1935年7月17日,聂耳在日本藤泽市游泳时溺水身亡,去世时年仅23岁。国歌作曲者,一代音乐奇才就此夭折。聂耳不幸猝死后,吴琼英与其他几位留日学生,护送聂耳的骨灰回到昆明，埋葬在风景秀丽的西山之上。

"七·七卢沟桥事变"后，吴琼英回到上海，不久与任全国经济委员会专员的于百溪结婚，生有一子一女，后来两人移居香港，1996年于百溪在香港病逝。吴琼英人虽入住香港，但心一直关注祖国的蓝天。载于《云南文献》第42期的"谁披彩云当空舞"一文中，作者简单介绍了吴琼英晚年多次给内地航空组织捐款的事迹。在一次大型义卖暨希望工程募捐活动中，她幸运地遇到了参加该活动的著名空军战斗

吴琼英之子（右）向博物馆捐赠文物
（图三十五）

英雄韩德彩将军，两人一见如故，相谈甚欢。当有人称韩将军为老前辈时，将军谦虚地指着吴琼英道："吴老妈妈才是我们的老前辈。"韩老还将自己书写的"寿"字和"蓝天女将"横幅送给吴老妈妈，作为给她祝寿的贺礼。吴琼英十分珍爱韩将军的墨宝，一直挂在自己的卧室里。两代空中英杰，共同演绎了一出喜相逢的航空佳话。2009年，新中国成立60周年大庆时，当歼击机女飞行员驾驶战鹰，从天安门飞过的画面出现在电视荧屏上时，吴琼英异常激动，当即挥笔写诗祝贺："少女蓝天强国梦，甲子大庆遂夙愿。"该贺诗刊登在《香港商报》上。

2010年11月7日，吴琼英因病辞世，享年97岁。2017年5月9日，吴琼英的儿子于平东先生，将母亲用过的水晶印章、戴过的眼镜、各个时期的照片等珍贵文物，捐赠给了云南陆军讲武堂历史博物馆（图三十五）。

杜光昭　中国最早的空军女教官

云南航校招收的第二批女学员中，有5人学习飞机驾驶，她们都学成毕业。但由于多种原因，除吴琼英外，只有杜光昭能查到少量的文字资料，其他3人没留下信息。据云南陆军讲武堂历史博物馆李建坤副馆长介绍，他们正与云南大学合作，共同挖掘研究云南航校的历史，女飞行员是重点研究对象。相信他们会取得丰硕成果，让更多"女飞"事迹拂去尘埃，重放异彩。

杜光昭，1914年出生，云南蒙化大街人，1929年1月从云南省立昆华女中初8班毕业后，考进云南东大预科班，1930年12月毕业后，被云南空军航校第三期录取，学飞机驾驶。航校毕业后编入云南讨逆军第十路军总司令部，授少尉军衔，除飞行训练外，执行通信、侦察等飞行任务。坊间传说，杜光昭长得特别漂亮，省主席龙云看上她了，想纳她为妾，被她拒绝。为摆脱龙云纠缠，1935年她离开云南昆明，考进中央航校柳州分校，毕业后又回昆明空军军官学校任飞行教官，是中国第一位女飞行教官（坊间传她是英国训练出来的女飞行员，显然是误传，可能是因英国教官带飞过她，就说她是英国训练出来的）。杜光昭在一次着陆时，发生事故受伤（有人推测她着陆时发生了撞人事故，那时巫家坝机场也是陆军训练场，飞行时常有人穿越跑道，发生过几起撞死人事故），因受刺激引发心脏病而停飞。停飞后改学医，未学成，又进北京师范大学英语系学习，取名罗茜·杜。她大学毕业后，到中国航空公司就职。二战期间杜光昭结婚，丈夫是北京大学毕业生，在

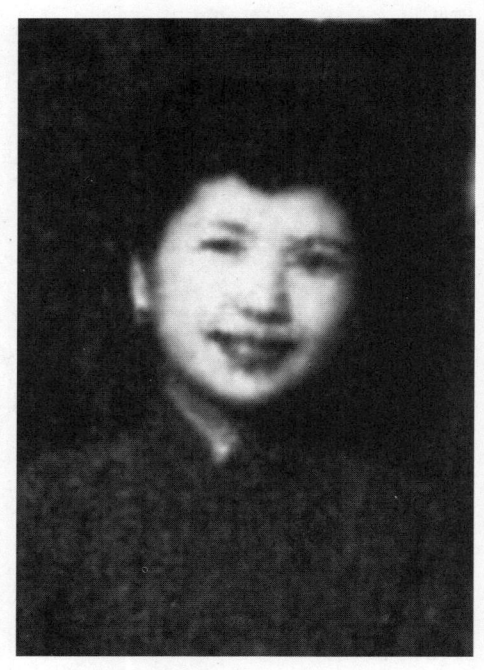

杜光昭小照（图三十六）

南开大学教英语。婚后生有一儿一女,长女辛意明,儿子辛意云。因战争原因,夫妻分居两地。杜光昭带着儿女在上海,丈夫独自在天津生活,只有寒暑假期间,一家人才能团聚。儿子4岁时丈夫离家出走,杜光昭独自将儿女哺养成人,1948年年底,她带着子女去了台湾。

儿子辛意云,著名哲学家与汉学家,师承钱穆大师,在台湾传承儒学精神,发扬中国传统文化。曾任教于台北市立建国高级中学、台湾艺术大学,常回内地讲学。

1969年杜光昭因心脏病发作在台湾去世,终年55岁。

李玉英　广东航校培养的唯一女飞行员

20世纪二三十年代,除云南航校招收过女飞行员外,广东航校第二期也招收过一名女飞行员李玉英。

李玉英着军装小照（图三十七）

李玉英,广州中山大学预科生,由于立志飞行,经朋友推荐,1926年9月转入广东航空学校第二期学习飞行,是该校唯一的女学员,与徐介藩、李乾元、毛邦初、张廷孟、龙文光、常乾坤（新中国成立后为人民空军副司令员,1955年被授予中将军衔）、余世沛等人学习飞行。因飞机多在东江前线,学校只有两架破旧"詹尼"教练机。实际飞行时间很少,故李玉英没能放单飞。

1926年6月,常乾坤、毛邦初等人去苏联深造。李玉英和余世沛没去苏联,1927年1月没放单飞就毕业了,以后也没再飞行。《中国大百科全书·航空航天卷》称她"是中国国内训练的第一批女飞行员"有误，应为第二批，且未单飞，严格说来，她算不上合格的飞行员。

第三节 海外学飞行的大批爱国女青年

20世纪二三十年代，除国内航校培养出一批女飞行员之外，在国外华侨中，继卢佐治夫人、欧阳英等中国最早学飞行的女性之后，又有一大批爱国女青年响应孙中山"航空救国"的号召，投身于航空事业，驾机翱翔蓝天。她们发扬前期"女飞"的优良传统，为强我中华，固我国体，在学海拼搏，在云海奋进，创下了光辉业绩，英名传扬国内外。

林鹏侠 第一位著书立说的中国"女飞侠"

林鹏侠，原名林淑珠，1907年5月17日出生于福建莆田城内坊巷。她从小崇拜古代花木兰和近代革命家秋瑾，立志航空救国当飞行员，故改名鹏侠，霄冲。林鹏侠兄弟姐妹共8人，5男，3女。林家十分富裕，是莆田城里有名的望族。父亲林心香，人如其名，一生心地芬芳，勤劳创业。年轻时为渔民，后到基督教会打工，卖洋油。20世纪20年代，去新加坡打拼，经营橡胶园。因经营有方，业绩超群，成为当地的龙头企业，有"橡胶大王"之称。母亲杨玉英，是位了不起的东方女性，身为教师，处处为人师表。她爱国爱家爱乡亲，她给家乡哲理中学捐款助教，给莆田基督教堂捐资重建；在莆田坊巷购屋，创办"杨玉英恤婺院"，无偿供养50多位无依无靠的老年寡妇，让她们安度晚年。此举在社会上引起轰动，时任民国政府主席的林森闻讯十分赞赏，特为她赠送了自己题写的"懿德慈型"烫金横匾。出生于这样一个富裕开明家庭的林鹏侠，从小就树立了热爱祖国、报效祖国的意愿，为她日后的成长奠定

林鹏侠玉照（图三十八）

了坚实的思想基础。

　　林鹏侠小时除接受开明的家庭教育外，还受到西方文化的熏陶。她从私立铸益小学毕业后，考上了本地的哲理中学，这是所教会学校。林鹏侠在这里学到了一些自然科学知识，开始了解外面的世界，特别对发达国家所提倡的女性解放自由最感兴趣，她期盼自己也能成为不受中国封建礼教羁绊的女性。除此之外，她热衷于学校开设的体育课，是操场上的活跃分子，在哲理中学她练就了一副健美身材。中学毕业后林鹏侠先后到天津、上海等地的高校求学，但她心高志远，国内大学满足不了她强烈的求知欲望，决定远走他乡，出国留学。1925年，林鹏侠与妹妹林荫民一道漂洋过海到达美国，一面学习经济学，一面坚持体育锻炼，使自己的身体更健壮，身材更健美，这时的林鹏侠已出落成婀娜多姿的东方美女。

　　20世纪一二十年代，英、法的航空事业走在世界前列，妇女航空也是如此，世界第一位女飞行员就出在法国。1929年，林鹏侠结束美国学业之后，考进英国军事航校，学习驾驶战斗机。林鹏侠为什么要学习驾驶战斗机？可以从她改名的故事中找到答案。她原名林淑珠，到英国学飞行时，自己将用了22年的淑珠改为鹏侠，字霄冲。她觉得淑珠太淑女气了，不能表达自己凌云壮志、侠肝义胆的雄心豪情。她不愿做一名循规蹈矩的小家淑女，她要做一只鹏程万里、直冲云霄的雄鹰，做一名肋生双翼、挥剑长空的侠女。她的改名绝非心血来潮，有其坚实的思想基础和现实的社会背景。首先，林鹏侠在美国学习期间，耳闻目睹了西方科学技术的迅猛发展，航空技术在军事领域里的广泛应用；其次，孙中山提出的"航空救国"口号，更加深入国人之心；再次，国内外从事航空事业的女性越来越多，不少中华女儿已翱翔蓝天；最后，也是最

第二章 八年发展

重要的一点，日本帝国主义的侵华气焰日益嚣张。上述因素都是林鹏侠选择蓝天，选择学战斗机的动因。林鹏侠考航校时，有一个小插曲，这所航校招生有个与众不同的考试项目，即考胆量。考生其他条件合格后，由教官带飞10分钟，飞行中教员会出其不意地做些惊险动作，如果学员惊恐尖叫，说明心理素质不好，不适合飞行。林鹏侠从小就是个天不怕地不怕的假小子，教员的惊险动作不但没吓住她，反而感到很刺激，她更迷恋飞行了。（摘自《淑女飞行家林鹏侠侠事》，《金刚钻》1932年11月27日）

女性学飞行，尤其是学习驾驶战斗机，自然不是一件易事，前辈们学飞行时所遇到的种种困难，林鹏侠同样绕不过。但既然选择了飞天报国杀敌的路，再多的艰难险阻也得咬牙克服。学飞行期间，她受过教官的骂，挨过教官的"打"（有些教官带飞学员时，当学员动作

林鹏侠（右）在飞机前（图三十九）

报载林鹏侠离沪原因（图四十）

063

不到位时，就用驾驶杆猛打学员的双腿内侧）。林鹏侠凭借刻苦的精神和聪颖的悟性，终于掌握了驾驶战斗机的技术，以优异的成绩毕业，成为一名合格的战斗机飞行员（有人称她是中国空军第一位女飞行员，此说有误）。为庆贺她航校毕业，一友人写诗赞曰："数载航空汗漫游，壮怀洗尽女儿羞。关心家国修才技，留取他年击寇仇。"

1932年，身怀航空绝技的林鹏侠，舍弃新加坡的万贯产业，为了抗日救亡，毅然回到祖国，直奔抗日前线上海，她要加入空军，驾机升空杀敌。可是当她回到上海时，"一二八"淞沪会战已经失败，国民政府与日本侵略者签订了丧权辱国的《淞沪停战协定》。停战了，自然也用不着参战了，她的满腔报国杀敌的热血，被一盆停战冷水浇灭。林鹏侠虽壮志未酬，但仍然受到国人的热烈欢迎，不少团体、学校邀请她做报告，电台也请她演讲。《东方日报》《上海商报》《新闻报》以及《大亚画报》等，对林鹏侠在上海的活动情况进行了报道。在上海停留一段时间后，她突然匆匆地离开了，回到故里福建莆田。林鹏侠突然离开上海的原因，有家报纸进行了报道，标题为：《女飞行家竞争第一，林鹏侠匆匆离沪之原因》，文章写道，各报均称林鹏侠为"中国第一女飞行家"，没想到这八个字引起两位女飞行家的不服，她们是黄克强、秋瑾。论二人之资历，她俩不在林氏之下。故见沪报后，通过有关单位，约林鹏侠到虹桥机场竞技，以决高下。有人征求林鹏侠的意见，问她愿不愿意参加。林鹏侠当即表示，自己从未说过是中国第一女飞行员，自然不会为争毫无价值的第一参加比赛。林鹏侠谢绝后，担心有人纠缠，因此匆匆离开了上海。某报的这条新闻可信度极低，因为秋瑾根本不是飞行员，她女儿也不是，而且早已就义了，她怎么可能向林鹏侠提出挑战呢？至于黄克强，在中国早期女飞行员名单中，从未见过该人的名字，她如当真是飞行员，也绝不会是中国第一。由此推断，此条新闻是不真实的。林鹏侠在上海的经历，她自己是这样描述的："一日奉母电，召余迅速归国服务战地。欣然命舟，至则《淞沪协定》已成，失望不可言说。乃废然买棹，省亲于莆田故乡。"（摘自甘肃版《西北行》正文第一页）

林鹏侠回到莆田之后，用她的话说，享了一段"天伦乐趣"。但全家仍念念不忘"淞沪之辱"，其母更甚，"减食废眠，寝成不起"。一天她召集八个子女训话："吾平时节衣缩食，培养尔兄妹八人，欲使受高等教育者（余兄妹卒业英、美各国者凡五）。非冀尔等出仕荣宗，或经商致富，不过为国家成就人才，以备及时之用耳！今国危矣殆矣，正尔等受恩报国之年。生为大中华国民，苟不能为国雪耻分忧，是为厚颜偷生，宜不齿于同类，在家为不孝之子，在国为不忠之人。尔等其永志吾言，勉力迈进！"（摘自甘肃版《西北行》正文第二页）。多么无私的大义，多么博大的爱心，多么激昂的言辞，多么殷切的期盼！普通

林鹏侠所著"两行"（图四十一）

民女杨玉英，作为母亲她是伟大的，作为教师她是崇高的。正因为有这样伟大的母亲和崇高的教师，也才哺育出了林鹏侠这样的蓝天侠女。

林鹏侠决定实践母亲忠言，准备"往投东北义勇军，以偿杀敌复仇之愿"。但此行被母亲否定了，母亲有更重要的使命让她承担。杨玉英不仅有爱国之心，爱国之胆，更有爱国之智，她将目光投向了战略大后方，祖国的大西北。

在救亡图存的背景下，杨玉英和许多有识之士一样，开始关注甘肃、新疆等地。林鹏侠对此事经过有详细记录，她写道："母子兄弟姊妹，旦夕研讨西北问题，孜孜不辍，余母尤觉兴奋，命余弟入市中遍索有关西北史地图籍，逐日参究，几忘寝食。经两月之久，余母于西北情形，已具相当认识。一日，召余兄妹曰：'吾国之国防当在西北，而非全在东南。盖沿海地域虽美，既为帝国主义者据为逐鹿之所，使吾无西北为后盾，终恐难于保全。复兴中华民族，完整锦绣河山，舍巩固西北之国防，则无由植其基础。……政府及人民，不早并力关心，吾恐一角版图，仍将随时易色。一旦大战再起，我且尽失根据，永入沉沦。'言时老泪滂沱，频挥不止。"伟大的母亲自有伟大的见解，短短一席话，透彻地论述了开发大西北的重要意义，准确地预见了未来局势的发展。她的这番挥泪家训，胜过专家学者的万言论文，以及政府媒体的宣言和动员令。最后伟大的母亲又做出了伟大的决定，让林鹏侠只身深入大西

北考察："儿乎！尔体力强健，且素持不畏难，不苟安，不自私三义，今日事舍尔奚择？且尔为一女子，如作西北壮行，尤能打破国人大畏难之心理，则所助于国家开发西北者，其效匪浅。儿如发愿考察者，亦不枉余以往培植之初心。"（摘自宁夏版《西北行》正文第二、三页）。知女莫若母，女儿虽然告别了蓝天，失去了双翼，但蓝天留给她的过人胆识，宽阔视野，敏捷反应，健壮体魄，以及泼辣作风等飞行员所特有的品质都依然如故。她相信自己的女儿，在蓝天是雄鹰，在地面是金凤。林鹏侠"聆母之训，深服所见远大，逐谨跪受命而垂泪诺之"。自此林鹏侠只身一人，告别母亲等亲人，1932 年冬天，征服过长空风云的蓝天侠女，从上海出发，信心满满地踏上了去西北的路，开始了新的万里长征。她之所以如此自信，因为她曾是叱咤风云的蓝天女斗士。

唐僧去西天取经是从长安出发，经过了九九八十一难，取回真经。林鹏侠去西北考察也是从长安出发，也是历尽千难万险，写出了一字千金的《西北行》真经。唐僧去西天取经有三个神通广大的徒弟和一匹白龙马保驾护航，而且都是男性。林鹏侠却是孤身一人，还是个弱女子。可想而知，她的西北之行有多苦、多累、多难、多险了。林鹏侠在兵荒马乱的考察途中所经历的艰难险阻，2015 年 8 月 4 日，中央电视台 4 频道在华人世界栏目里，以"华侨林鹏侠：中国早期女飞行员不做淑女当侠士"为题，进行了介绍，其中讲述了一则她西北历险的故事。有一天晚上，她借宿一农家，半夜突然被房东大娘推醒，告诉她土匪正在隔壁打劫。林鹏侠面对突发的匪情，临危不乱，她急中生智，用两块银元买了一套大娘的破衣服和破头巾换上，化装成穷家村姑，躲过了一劫。该故事改编自《西北行》中的"一夕化村姑"一节。最为惊险的是"危崖坠马"，一天，林鹏侠正骑行在贺兰山羊肠小路上，坐骑突然受惊，她"卒脱镫直堕深崖，堕时，余自念此番休矣！忽身为草石所拒"，林鹏侠捡回一命（摘自《西北行》，宁夏版第 238 页）。《西北行》《新疆行》中此类故事不少，但都未能阻止她前行的脚步。

林鹏侠不辱母命，历时半年多，行程万余里。途经西安、临潼、咸阳、凉州、兰州、祁连山、嘉峪关、玉门、西宁、青海、肃州，然后从肃州返回，再经兰州、宁夏、河套、包头、五原、绥远、北平回到上海，完成了陕、甘、青、宁、绥等地区的考察。她将沿途所见所闻，所思所想，写成时而犀利时而优美的随笔，分期发表在《女子月刊》及《良友》画报上，1934年结集成《西北行》一书出版。该书收录随笔172篇，包含民族、环保、交通、教育等四方面的内容。

《西北行》发行后，在全国各地产生强烈反响，好评如潮。众多专家学者争相发表评论，有文赞道："事事以开发资源，调和汉回感情为先务，立国家百年之基。""《西北行》读来振奋人心，体现作者鲜明的爱国情怀，渊博的文史知识，求实的处事作风，不凡的坚强意志，扎实的文字功底，为国人提供了一份开发大西北的珍贵资料。"同盟会元老仇鳌见书十分兴奋，即题诗曰：

　　碧海青天月一弯，西征记取领空还。
　　谁家娘子军无敌？争向云中识玉颜。
　　艳绝人间姊妹花，一枝春满自横斜。
　　因风直入重宵里，姑射山头映落霞。

（仇鳌孙女仇君好，为作者讲述了爷爷题诗经过，见图四十二）

妹妹林荫民也题诗祝贺出版成功，其中有以下诗句：

凌云曾解作双飞，不信平生志力微。
一事无端全让汝，穷边探得海山归。

《西北行》的出版，不仅社会反响强烈，也引起了政府的重视。在东北沦陷、华北危机、华东吃紧的背景下，西北地区的稳定和发展与抗战的胜利、民族的复兴紧紧地连在了一起，于是蒋介石提出了西南为抗战基地，西北为建国基地的

仇君好（左）和作者（图四十二）

图右自上至下三为林鹏侠（图四十三）

政策。政府先后制定了10多份开发大西北的文件，其间参考了林鹏侠的考察成果。

《西北行》面世后，林鹏侠成了"鲲鹏侠女"，知名度与日俱增。当时上海最具影响力的《良友》画报，1934年12月评选出了中国当时的十大标准女性，她们是：宋美龄、何香凝、胡蝶、丁玲等，林鹏侠也赫然在列（图四十三）。她之所以能入选，除西北考察的贡献外，还有一条独特的优越条件——女飞行员。女飞行员当时在人们心目中是最勇敢的女性。《良友》画报给予林鹏侠的评价是"有林鹏侠之冒险精神"，配图是一架翱翔天空的双翼机。1935年，林鹏侠与胡适、陶行知等人在上海发起成立"中国普及教育助成会"，提倡普及教育。1937年，卢沟桥事变之后，全国性的抗日战争全面爆发。林鹏侠积极参加各种抗日活动。

为抗日救亡，奔走于上海、南京、广州、武汉、重庆等地。1938年1月她与妹妹林荫民在莆田创办了《莆田新报》，当年10月改名为《福建新报》，弘扬民族正义，呼吁民众抗日救亡；在莆田创立了"莆青中学"，自任校长，培育抗日人才。1941年林鹏侠加入了中国民盟，被选为民盟中央委员。1948年至1949年夏，林鹏侠实现了16年的夙愿，行程两万里，走遍天山南北，完成了对新疆的考察。考察成果《新疆行》，1951年在香港首印。后来林鹏侠移居美国，中华人民共和国成立时，她应邀回国参加了庆典。1979年，林鹏侠因病在夏威夷去世，享年72岁。

林鹏侠的一生，是充满传奇的一生，也是布满亮点的一生，她是名副其实的巾帼英豪。作为飞行员，虽未能在蓝天建功杀敌，但蓝天风云培育出的特有

第二章 八年发展

品质，却是助她完成日后伟业的重要因素。对大西北的两次考察，是林鹏侠一生中最亮、最红的闪光点，其成果《西北行》与《新疆行》，是她献给祖国的两大瑰宝，也是她留给后人最有价值的遗产。至今，它们在改革开放的大潮中，仍闪烁着耀眼的光芒。

附一点说明。

《福建党史月刊》1995年第9期上，刊登的《抗战中的福建妇女》一文中写道："一些华侨妇女还离开温暖的家庭，抛弃优裕的生活条件，奔赴抗日战场。福建籍侨胞林鹏侠，曾在英国学习航空飞行，抗战爆发后，毅然回国参加空军杀敌。"2015年8月4日，中央电视台4频道，在华人世界栏目中播出的"华侨林鹏侠：中国早期女飞行员不做淑女当侠士"专题片片尾也说："抗日战争爆发后，林鹏侠立即加入航空战斗队伍，驾机长空，英勇地歼灭日寇。"（其他类似文章不再列举）。这些文章和讲话都只说林鹏侠抗战爆发后，即驾机升空歼敌，但都未提及此说的来源依据。既无参战时间，也无参战地点，更无参战经过。据笔者目前掌握的资料，林鹏侠回国后确有北上抗日的意向，1933年1月18日的《东方日报》刊登过一篇《北上作战之女将林鹏侠》，文中只写她准备北上抗日，并没写她在北方如何抗日。同年8月24日《锡报》也登过一篇《闽女飞行家林鹏侠返籍待命抗敌》也没涉及升空作战的内容。倒是有一家小报刊登了一篇文章，写了林鹏侠回国后飞行的事。文中写道："林鹏侠独自驾机作西北行，创吾国女子驾机至边疆的新纪录。"这篇文章显然是杜撰的。林鹏侠在《西北行》《新疆行》中，没一处提到她是开着飞机去大西北的。据笔者所知，抗战期间，国内除权基玉、郑汉英等女飞行员曾在空军服役外，未见有其他女飞行员参加空军，更无女飞行员升空作战的史料，只有几位女飞行员要求驾机升空歼敌，被空军拒绝的记载。如真有女飞行员驾机升空歼灭日寇，那将是与苏联"空中魔女"齐名的爆炸性新闻，必然是举世震惊，不可能不留半点历史痕迹。到底有无此事，有待进一步调查考证。

林鹏侠就是没有升空作战，也丝毫不影响她的光辉形象，林鹏侠并不比其他蓝天巾帼逊色。中国妇女航空已有一百多年的历史，已有一千多名女性翱翔蓝天。然而这一百多年内独闯过大西北、出版过考察成果的女性有几人？林鹏侠是第一人。这就是林鹏侠的伟大之处，奇特之处，可贵之处，辉煌之处。只有站在这样的历史高度,评价林鹏侠才是客观的,公正的。林鹏侠永远值得尊重,值得纪念,值得宣扬。她是后人学习的楷模,是中华民族最优秀的女儿,是祖国的骄傲。

张瑞芬 第一位誉满全球的中国女飞行家(后加入美国籍)

著名女飞行家张瑞芬,又名张蕙莲,1904年12月12日出生于广东恩平县君堂区藜塘乡大兴里。母亲聂清兰,父亲张舜炳,旅美华侨。张瑞芬小时在广州真光女子学校和东山陪道女子高中上学。她聪颖好学,成绩优异;她为人纯朴,热衷公益事业,关心国家大事,具有侠骨义胆;自小便立志"航空救国"。

1921年高中毕业后,张瑞芬经中国政府教育部考试及格,取得赴美留学护照,在父亲陪同下到美国留学。张瑞芬到美国后,开始在洛杉矶康纳域多利音乐学校学习钢琴,后进加州理工大学和南加州大学深造,在那里又学了3年钢琴。1924年与机械工程师杨观宝结婚,婚后她没随丈夫姓,而改名张凯瑟琳,婚后生了两个女儿,杨玉衡与杨玉瑛。

1931年,张瑞芬从报纸上看到一条消息(有人说是从广州友人来信中看到),广州航空学校招生广告中明确写道拒招女生,理由是"女子难为飞将军"(此说不实,可能是误传,广州航校招收过女生李玉英,广州空军出个"女飞将军"朱慕菲)。张瑞芬得知后,为女性受歧视愤愤不平,她认为"男女平等,何得有意偏倚,湮没壮志?"并赋诗反驳道:"莫谓闺中无杰出,一飞直上九重天。"这

张瑞芬小照(图四十四)

第二章 八年发展

短短两句诗，充分显示了她巾帼不让须眉的英雄气概。张瑞芬说到做到，尽管她已是两个孩子的母亲，但仍然于第二天清晨，驾车进了林肯航空学校的大门，她要报考航校学习飞行。

校方被她的决心所感动，破例录取了她这位东方女性，从此张瑞芬开始了长达11年的飞行生涯（有文说张瑞芬开始是跟表哥学习飞行，此说与张瑞芬自说矛盾。她说自己是"由林肯航空学校毕业后，再从陆军飞行专家教授各种飞行技术，费五年的时间，实地练习，领得国际飞行执照"）。

张瑞芬学飞行看似是为女性鸣不平而赌气，但纵观她的一生，她之所以学习飞行不光是为中国妇女争光，更主要的是为祖国效力。她在给友人的信中写道："鉴于祖国多事之秋，认定航空救国是唯一目标，将来得机会，将效力疆场，以尽'匹妇救国'之责。"她是带着为妇女争光，尽"匹妇救国"之责进航校学飞行的。因学习目的明确，学习异常刻苦，教练带飞12个小时后她就单飞了。一年后张瑞芬以优异成绩毕业，获得了美国私人飞行执照，她是获此执照的首位中国女性。

张瑞芬学飞行并非一帆风顺，曾遭到父母的反对。她知道父母是怕飞行不安全，便给父母宣传学飞行的重要性，并动员父母乘坐她驾驶的飞机，让父母体验乘坐飞机遨游蓝天的乐趣。这一招很有效，父母乘坐她驾驶的飞机后，不但不再反对她开飞机，反而成了飞机迷。母亲下飞机时还拉着她到飞机前合影留念。更让张瑞芬意外的是，为了支持她飞行，父母还给她买了一架红身白翼的单翼的新飞机，机身两旁用中文写有"张瑞芬"三个大字。

在父母支持下，张瑞芬航校毕业后，为掌握更复杂的飞行技能，她开始向在一战中立有赫赫战功的退伍飞

专家介绍航线，后排中为张瑞芬（图四十五）

行专家学习特技等复杂课目的飞行。1932年3月,张瑞芬经国际飞行协会考核合格,光荣地成为中国历史上第一个获得国际飞行执照的女飞行员。张瑞芬的这一成就当时轰动美国,各大媒体纷纷发表评论赞颂。有侨报说:"查国际飞行执照,非易给远东人。张女士第一名获得此执照,足证其平日积学之功。……故对张女士之成绩咸表惊异与钦羡之意。"中国记者钟雨写了篇《中国第一位女飞行家》的通讯,文中曰:"向来有一部分中西人士俱认为中国女子身体柔弱,绝不宜于学习航空。事实胜于揣想。因张女士之成功,这种无根据的揣想遂不攻自破。"英文报纸对张瑞芬获得国际执照也大加赞扬:"自此而后,张瑞芬可以'海阔天空任翱翔'了。"正如外报所言,飞行执照的获得,成了张瑞芬飞行生涯的转折点,从此开始了一系列享誉世界的特技表演和飞行比赛。

1932年张瑞芬刚拿到驾驶执照不久,便参加了洛杉矶市的航空表演。有位英文杂志记者,描述了她的精彩演出:"1932年洛杉矶市航空表演期间,广大观众被一架细小的双翼飞机的惊险表演吓呆了。更加令他们惊奇的是,从机舱里走出来的,竟是一个令人注目的娇小的东方姑娘,因为他们中的大多数人从未见过一个戴航空盔的中国女飞行员。"张瑞芬初次亮翅,便一鸣惊人,大获成功,为中国妇女争了光。

为感激侨胞的支持,张瑞芬还为他们进行专场飞行表演。有一次她在三藩市关路斯机场驾驶父母为她购置的飞机,给当地华人进行特技飞行,她时而俯冲,时而盘旋,特别是她的翻滚和翻跟斗动作,令观众目瞪口呆,惊叹不止。她不仅为当地侨胞表演特技,还邀请他们免费乘坐飞机升空观光,乘坐者都交相称赞:"人生难得此回游。"这次飞行表演历时3个多小时,结束时,观众点燃烟花爆竹,以示庆贺。她

张瑞芬(左)与美国同行(图四十六)

的此次表演,不仅让当地华侨目睹了中国女飞行员的风采,观赏了中华巾帼的飞行绝技,还大大提升了他们作为中国人的自豪感,他们为中华民族有这样的航空女杰而骄傲。1936年年初,著名抗日将领蔡廷锴将军访问洛杉矶唐人街时,专门会见了张瑞芬,并亲笔题赠了《女界之光》四个大字,以表彰她的航空业绩。

张瑞芬不仅经常进行飞行表演,还多次参加航空比赛,并争得好名次。在奥斯纳比赛中她取得过一次亚军,这次比赛的冠军本来是她,全程都是她领先,也是她第一个到达机场上空,由于她不清楚规则,以为谁先到达机场上空谁就是第一,因此她飞临机场上空后没马上着陆,而是在机场上空盘旋了一圈。就在盘旋的过程中,尾随其后的飞行员乘机抢先降落了,结果她得了第一,张瑞芬屈居第二。她还在洛杉矶至圣地亚哥的比赛中获得第四名,参加这次比赛的女飞行员共10人,全是美国航空界的高手,包括5年摘取25次比赛桂冠的格蕾迪斯·奥登奈尔(Gladys O'Donnell)。在所有比赛中,令张瑞芬念念不忘的并不是这两次名列前茅的比赛,而是一次"名落孙山"的比赛。

1936年8月,张瑞芬参加了由克利夫兰至洛杉矶的飞行比赛,奖金5000元。这是张瑞芬首次参加长途飞行比赛,参赛者共37人,其中女飞行员10人,都是美国航空界的精英,张瑞芬是唯一的外籍女飞行员。而且其他选手驾驶的都是飞机制造厂提供的新型飞机,唯独张瑞芬驾驶的是一架只有125马力的老旧飞机。

起飞前,航行专家给女选手介绍了航线情况,举办方还在机场举行了隆重的开赛仪式,不少华侨代表到场为张瑞芬祝贺助威。29日上午10时31分,张瑞芬第一个驾机升空。有一美国记者拍下了这具有历史意义的镜头,照片发表时,他配的说明词是:"克—洛飞行比赛,中国女子领航。"但张瑞芬却没能领航到底,她在飞行途中发生了意外。关于这次历险,用张瑞芬自己的话说更加真实:我想起当年参加洛杉矶的飞行比赛,最困难的一段赛程,是通过洛杉矶。我的飞机飞行高度只达一万英尺,而很多山峰的高度是大大超过一万二千英尺的,这意味着我只能朝较矮的山头飞越。在那时,飞机上供导航的只是指南针,根本没有无线电。要是飞机迷失方向或坠毁,是无从寻找的。

过洛杉矶时,惊险万状,我的飞机小,山间风力大,随时有撞山的危险。我从未飞过这条航线,便在高山中迂回前进。但是,意想不到,遇到了危险,差点出事。因为汽油用光了,又遇风雨交加,能见度极低,找不到着陆点,当时情况十分危险。就在这千钧一发的刹那间,我影影绰绰发现前面有一块空地,而要进入这块空地,只能靠滑翔了。滑翔则是一次艰巨而复杂的尝试,幸而,飞机滑到空地上去了。这时,我才松了口气。(摘自《航空女杰》第26至27页。笔者飞行30多年,遇此情况也不一定安全着陆,张瑞芬创造了航空史上的奇迹。)9月4日的洛杉矶机场,参赛的选手相继安全降落,唯独不见张瑞芬的踪影,开始只以为她飞得慢,落后了,可是两小时过去了,仍不见她归来,机场所有的人便开始着急,准备迎接张瑞芬凯旋的华侨代表更是心急如焚,都担心她的安危。正当人们绝望时,张瑞芬驾驶那架老旧飞机出现在天际,顿时机场沸腾了。当她安全着陆后,人们纷纷将她围住,那场面比欢迎冠军归来还热烈。张瑞芬成为此次比赛不是冠军胜似冠军的大赢家,受到了各大媒体的追捧,成了风靡全美的新闻人物。

有篇题为《张瑞芬:林肯航空学校的第一位女生》一文中,生动详细地记述了她迫降的经历,摘编如下:宾逊基地是军事禁区,戒备森严。一天,一架飞机正朝基地飞来。飞机停下后,一群荷枪实弹的官兵围了上去。这时从飞机中走出一位娇小娟秀的东方女子。她用英语介绍自己在参加飞行比赛,因油料用光而迫降。说完递过自己的飞行执照。军官士兵们传看着飞行执照,上面写着:"张瑞芬,女,中国籍。经考核,完全合格做商业飞机驾驶员,证号24717。"看完执照军兵们惊叫起来:"我的天!这是张王牌!"原来张瑞芬所持的商业飞行执照,是美国航行局颁发的最高规格的国际性执照,在美国男飞行员都很难考取,女飞行员更是寥寥无几。他们很难相信眼前的中国女子能取得这种"王牌"执照。官兵们弄清真相后,为她装满了二十加仑燃料,几名军官还热情地招待了她一顿午餐。

另有一美国记者对张瑞芬的这次精彩降落,刊发了一张题为《迫降》的照片,文字说明为:"张瑞芬,23岁,洛杉矶女飞行员,在奢打顿飞行大比赛中,因燃料用罄,并适遇暴风雨交加,被迫在宾逊机场降落。张小姐飞完她的航程,比其他飞行员多用两个多小时"。

张瑞芬由于飞行技术过硬，经验丰富，航行业绩显著，先后被一些航空协会或俱乐部吸收为会员，其中名气最大的是"99俱乐部"（美国妇女航空协会）。顾名思义，该俱乐部是由全美最优秀的99名女飞行员组成的，会长是阿美利亚·埃尔哈特，世界闻名的女飞行家。张瑞芬作为一名华人女飞行员，要是没有超强的飞行技能和骄人的成绩，是进不了美国女飞行员最高殿堂的。

张瑞芬在美国的声誉虽然越来越大，但她仍时刻关心着祖国的安危和命运。1936年，她在当地一家华侨报纸上刊登了一则《张瑞芬启事》，再次表达了航空救国的决心。她写道：

宣扬张瑞芬的招贴画（图四十七）

"航空救国，小妹生平志愿，况国难当前，更须急图挽拯。"1937年"卢沟桥事变"后，张瑞芬的救国之心更加火热，恨不得立即驾机回国杀敌。但她清楚仅凭一己之力，是不能救国的，"航空救国"必须有大量的航空人才。于是她决定回国办航校，为抗战培养男女飞行员。为实现回国办航校的计划，她驾驶自己的飞机，日夜兼程，从一个城市到另一个城市，飞遍美国华人聚集地，以满腔热情，宣传抗日，募集资金。当时有篇题为《张瑞芬飞游全美之壮举》的报道，该文除介绍此次长途飞行的经过外，还指出了张瑞芬此次飞行的重要意义："张女士此游，对于唤起华侨航空救国之视线，不无小补，同时为国争光，诚一举两得。"

记者说张瑞芬的全美飞行是一举两得，其实他少说了很重要的"一得"，即经济效益，这也是张瑞芬此次飞行的目的之一。此次全美飞行她募集到了7000多美元，她即用这笔钱购买了一架"莱恩S·T"型教练机，准备回国办航校时使用。张瑞芬曾对记者表示："拟于学成回国后，细察国内飞行人才及

搬螺旋桨的张瑞芬（图四十八）

军部航空状况，然后设法组织平民航空学校，兼授男女生徒，尤注重提倡女界练习。""女子学习航空，最重要者在有决心。有决心，即可抵抗困难。"可惜好事多磨，张瑞芬回国办航校的美梦，被一次意外的飞行事故破灭了。关于此次事故的说法较多，一说是一名同僚在交接前坚持试飞，因操作不当，机毁人亡。另一说是从工厂提取飞机的途中坠毁。第三说是一学员飞行时发生事故，机毁人亡。以上说法都不实，张瑞芬自己的说法才是实情，她说："他（学员张祝文）是被一个华裔飞行学员所鼓动，驾机去飞游的（偷开飞机玩），但降落时，因缺乏经验，控制不当，遂撞毁了。"这次机毁人亡事件对她打击虽然很大，但没有将她击倒，她想振作起来，重返蓝天。没想到命运多磨，厄运接踵而至，先是弟弟焯荣在国内故去，英年早逝，接着父亲思子心切而病危。父亲临走前，嘱托她停止飞行，专心照顾母亲，并让她当着他的面发誓，"永远不再飞行"。极为孝顺的张瑞芬向父亲发了誓，不再飞行。这就是她为什么停止飞行的真实原因。为了安慰病危的父亲，1942年，张瑞芬告别了蓝天，结束了长达11年的飞行生涯。张瑞芬的停飞不仅改变了她的人生轨迹，对中国的航空事业、空军建设以及妇女航空都是一大损失。张瑞芬虽然停飞了，但她的心仍在翱翔，每隔一些时日，她都要驾车去附近的机场，看看飞机，望望机场上空留有她航迹的蓝天、白云。同时她仍坚持为祖国的航空事业做贡献，为抗战效力。抗战期间，她受中国政府委托，以中英双语飞行教官的身份，在美国盐湖城空军基地，培训来自祖国的空军飞行员，以加强中国空军建设。同时她还积极宣传抗日，为国内抗战筹集资金，为抗战胜利做出了卓越贡献，赢得祖国人民和广大侨胞的肯定和赞赏。至今她的事迹还在国内外广为流传，有国内外的报刊文章为证。美国英文报刊登载的主要文章有：《开中国之新风》《中国女飞行员赢得荣誉》《著名女飞人再聚头》《著名的东方女飞行员》《妇女之光》《她将在中国上空飞翔》《飞行先锋》《非同寻常的张瑞芬》《华人女飞行家到埠》《中国女子首先起航》《中国女子带领洛杉矶的参赛者》《迫降》等百多篇文章。国内发表的主要文章有：《世界女飞行家到香港》《中国第一位女飞行家张瑞芬》《张瑞芬回港纪实》《航空今昔》《张瑞芬女士访问记》《一飞直上九重天——介绍中国第一位女飞行家张瑞芬》《张瑞芬——第一位轰动美国的华裔女飞行家》《航空女杰张瑞芬》《世界上第一个华侨女飞行家张瑞芬》《第一个华人女绝技飞行家》《中国的一位女飞行家》《五十年前驾机上青天其乐逍遥，老祖母张瑞芬谈往事眉飞色舞》等百十篇。上述每一篇文章都是一块坚实的砖瓦，垒出了张瑞芬这座蓝天丰碑，而下列数字则是镌刻在丰碑上永不褪色的金字碑文。

张瑞芬（中持旗者）回国时的欢迎场面（图四十九）

11年的飞行生涯中，张瑞芬创造了"八个中国第一"，即：第一个获得国际飞行执照的女性；第一个进行特技飞行表演的女飞行员；第一个在国际飞行比赛中获奖的女选手；第一个加入美国航空协会的女飞行员；第一个为抗战募捐的女飞行员；第一个在暴风雨中靠滑翔安全迫降的女飞行员；第一个轰动美国的中国女飞行员；第一个事迹被载入美国史册的中国女性。除此之外，她还是当时飞行年限最长，飞行时间最多的女飞行员（3000多小时）；是拥有美国三种飞机执照的唯一中国女子；是美国政府以其名字给街道命名的唯一中国女性；张瑞芬也是国内外媒体报道最多的中国女飞行员。91岁时，有一天她到机场看望正在学习飞行的曾外孙。一见飞机，她就按捺不住手痒，她要开飞机。停飞多年不摸驾驶杆，又是91岁高龄，谁敢让她飞。但经不住她一再要求，只好由一名飞行经验丰富的教练带她飞了半小时。

张瑞芬的一生是辉煌的一生，传奇的一生，她为华人争了光，为女性争了气。特别是为中华民族、为祖国赢得了荣誉。祖国和人民也没有忘记她这位爱国游子。1989年，85岁的张瑞芬回到阔别68年的祖国省亲时，所到之处都受到英雄般的欢迎。广东省航空联谊会向她赠送了"航空女杰"的条幅。2001年3月4日，中国驻洛杉矶总领事，代表中国政府向张瑞芬颁发了奖牌，表彰她为世界航空事业所做的突出贡献。

2003年9月2日，张瑞芬在美国洛杉矶家中病逝，享年99岁。张瑞芬人走了，但其影响仍在。2003年，美国"人类飞行100年"纪念委员会，将张瑞芬列入"人类飞行史上最有影响的人物"名录。

2017年3月，宣扬张瑞芬事迹的电影纪念片《航空女杰：张瑞芬》在美国多地展映。随后，美国现任总统特朗普，在说明亚太裔传统文化精神时，特别提到张瑞芬，他说，1932年，在美国飞行员中只有1%是女性的情况下，张瑞芬成为第一个拿到飞行执照的华裔美国女子，也成为女性飞行员组织的成员，为后来成千上万名女性飞向天空铺筑了道路。特朗普的这番话，足以证明张瑞芬在美国有着极其深远的影响力。

最后用张瑞芬孙女朱迪思·L·黄（丽荧）的感言结束本文，她说："我作为一个第四代的美籍华人妇女和孙女，对祖母钦佩之情和自豪感，确实是笔墨难以形容的"，笔者同感。（本节引文除注明出处外，其他均引自《航空女杰》一书和《恩平文选》第三、六期。）

这一时期的中国女飞行员，有事迹记载的还有以下几位：

鲍会秩夫人　中国第一次邮政飞行的女飞行员

世界上第一次邮政飞行是1911年2月22日，由法国飞行员亨利·佩斯将一批信件由印度的阿拉哈巴德市送到奈尼·章克申。中国第一次邮政飞行则是由一名女飞行员完成的，她就是鲍会秩夫人。

鲍会秩夫人，1927年学习飞行，1929年1月，她驾驶"瑞安"型民用飞机，携带邮件从汉口飞抵广州，完成了中国历史上第一次空中邮政运输。这位名不见经传的中国早期的女飞行员一鸣惊人，创造了中国航空史上的新纪录，开了中国航邮的先河。1929年，上海《良友》画报航空事业版刊登了她此次创纪录飞行的一组照片。从照片上可明显看出，鲍夫人的此次邮航首飞非常成功，在广州落地后受到热烈欢迎。

《良友》画报上刊登的这组极其珍贵的历史照片，虽真实地记录了鲍夫人到达广州后，人们为她喝彩叫好的场面，却忽略了鲍夫人创造的另一项中国第一，即国内女飞行员长途飞行的新纪录。这项纪录在中国妇女航空史上更加灿烂，更有价值，更值得钦佩赞颂。它证明中国妇女不仅能飞，而且能飞得很远。

90年前的飞机都飞得很慢，一般时速不超过200公里。从汉口到广州的距离约1350多公里，按最高时速不间断飞行算要飞6个多小时，这样长距离飞行，在鲍会秩夫人之前的国内女飞行员朱慕菲、李玉英、

穿飞行服的鲍夫人（图五十）

权基玉当时都无此纪录。这样长距离长时间飞行，在90年前是异常艰难的。那时飞机无导航设备，更无地面引导指挥，全凭地图地标和一个简单指南针似的磁罗盘飞行。而且航道上多崇山峻岭，地形复杂，没有丰富的航行经验，极易迷航。当时没有密封座舱，南方一月的空中气温很低，尽管有皮飞行帽和呢飞行服，也难挡空中的严寒。没有超人的耐寒意志和体质，不可能完成这次创纪录的远距离飞行。

可惜这位蓝天巾帼，除留下这次闪光的航迹外，其他生平事迹不详。不过仅此一次，也足以体现鲍会秩夫人的英雄本色了。

张海伦　只为表演学飞行的"公主"

张海伦是国民党元老张静江之五女，1927年陪同蒋介石前妻陈洁如入美留学，后在美学会飞行。当时上海有名的《申报》，1927年8月22日登过一篇《黄浦江头送别声》一文，该文详细介绍了张海伦陪陈洁如去美国的情景。

《良友》画报1934年第93期（图五十一）

张海伦学会飞行后，便开始在美国各地进行飞行表演。

1934年她在芝加哥的一展览会上进行飞行表演后，国内《良友》画报进行了报道，刊登了她的照片并称她为中国女飞行家（图五十一）。有关张海伦学飞行之事，国内很少报道，因此鲜为人知。

邢莉亚 爱佩戴"我是中国人"胸徽的侨女

邢莉亚（Leah Hang，有人译成李凤麟或李亨），1907年出生于美国俄勒冈州波特兰市，祖籍广东台山。父亲开始经营酒店，后开办农场。她有一个哥哥，两个妹妹。她们家住在拉德附近的高级社区，邢莉亚在这里长大，受过良好的家庭教育。从小知道自己是中国人，要热爱自己的祖国。

高中时她参加了中国女子俱乐部，是俱乐部篮球队的队员。在比赛时，常被美国女队员嘲笑，骂她们是黄种矮瓜，她就以快速灵活的球技让她们闭嘴，用胜利令她们俯首称臣。邢莉亚多才多艺，不仅篮球打得好，还会玩铜管乐器，善吹萨克斯和长号，后来她还组织过管弦乐队到美国各地演出。邢莉亚也是舞场高手，曾和17名中国女孩参加过波特兰市有名的玫瑰节舞会，这些舞伴都成了她终生的好友，其中有后来成为著名女飞行员的李月英。

高中毕业后，邢莉亚考进西北商业学院。后来她用商学院所学知识，自己开了一家茶园酒店。启动资金由父亲提供，算是投资入股。

1932年3月，她一面经营酒店一面学习飞行，她的飞行教练是泰克斯·兰肯。邢莉亚聪颖过人，悟性极高，掌握飞行原理很快，不到半个月兰肯就带她到机场飞行。只带几个起落，她就能自己驾驶了。兰肯让她自己操纵时，怕她紧张，便鼓励她："不用紧张，大胆操作，做得不对的地方我会帮你纠正。"结果大出兰肯的意料，从起飞到着陆，邢莉亚的一杆一舵都把握得很精准，在他带飞过的所有学员中，首次自驾她是飞得最

穿飞行服的邢莉亚（图五十二）

完美的。他给她打了满分,这是他第一次给学员打满分。在往后学习特技飞行的过程中,邢莉亚再一次显示了她特有的天分。俯冲、拉升、盘旋三个操纵动作,一般学员要反复练习多次才能掌握,而邢莉亚只用10分钟就完全掌握了。兰肯不得不佩服她的接受能力,夸她的动作十分完美,称她为不同寻常的学员。

邢莉亚学会飞行后,首先想到的是报效祖国,她希望自己成为一名中国女性的飞行教练,为中国培养一大批女飞行员。她说:"我相信女人会像男人一样,很容易地学会飞行,将来中国会飞行的女人会像男人一样多。""九一八"事变后,为了将日本侵略者赶出中国,各地华侨在美国创办了多所航校,为国内培养战斗机飞行员。其中邢莉亚所在地波特兰就有一所有名的"美洲华侨航空学校",这所航校自1932年创办以来,为国内输送了一大批飞行员,她的好友李月英和另一名女飞行员黄桂燕就是从这所航校毕业的。因此邢莉亚想到这所航校当一名专职教练。

邢莉亚的这一美好愿望被她父亲阻止了,她父亲虽有爱国之心,但他毕竟是位商人,要考虑自己企业的收益。而邢莉亚有自己的企业,如果她去当专职教练,她的企业无人管理,只有关门,他的投资将严重受损。邢莉亚无心当老板,她是为报效祖国才学飞行的,她要用所学飞行技术为祖国的抗日做贡献。她与父亲发生了冲突。最后父亲妥协,答应给她买架飞机,让她一面管理企业,一面驾机到各地进行飞行表演,为国内抗战筹集资金。无奈,邢莉亚只能求其次,答应了父亲的条件。

从小淘气的邢莉亚,长大了也是小淘气。在飞行表演过程中,她上演了一幕恶作剧。在亲人中,她与哥嫂最亲,哥哥娶嫂嫂时她是伴娘。嫂子也很欣赏她,常对人说:"在莉亚身上总会发生一些有趣的事,她能让每个人开怀大笑。她聪明能干,足智多谋。"她哥嫂在俄勒冈州办了个家庭农场,一天邢莉亚开着飞机向农场飞去,她要给哥哥嫂子一个惊喜,她先在农场上空盘旋一圈。她的驾机造访,自然引起哥嫂好奇,都从屋内走出门观看。邢莉亚低空从哥嫂头顶掠过,彼此都能看清对方的脸,邢莉亚冲他俩做个鬼脸后飞走了。哥嫂以为她离开了,不一会儿又听到飞机的轰鸣声,举目一望,愣住了,原来妹妹开着飞机在他家麦地里降落了。二人赶紧向麦地跑去,喜迎天外来客愣头

第二章 八年发展

青妹妹。嫂子本想请调皮的小姑子进屋喝喝茶，聊聊天，两人久别重逢，想和她说说知心话。她最关心她的婚姻大事，邢莉亚都成大龄剩女了，每次见面都要做她的工作，劝她选个可心人嫁了。向邢莉亚求婚的人不少，但都被她拒绝了。她这只鹰在蓝天自由翱翔惯了，不愿进"围城"受约束。邢莉亚与嫂子拥抱过后，还没等嫂子开口，便匆匆登机要走，嫂子紧跟过去，正想问她那事，她话未出口，莉亚先开口了："嫂子，管好农场，管住哥哥，别管我。"说完风风火火登上飞机，开着飞机起飞了，临走没忘做哥嫂最熟悉的鬼脸。

飞行是一种离地三尺有风险的事业，邢莉亚虽然飞行技术精湛，航行经验丰富，但在她的飞行生涯中也发生过两起严重事故。一次她超低空飞行时，撞上了河道边的一个深坑，机身被撞翻，机背着地，飞机严重受损，万幸她只受伤，没生命危险。这次坠机事故，并没让邢莉亚害怕，飞机修好后又继续飞行了。还有一次，她在华盛顿波音机场准备降落时，飞机发动机突然发生故障，邢莉亚操纵失去动力的飞机降落，接地瞬间，机翼触地，飞机严重损坏，但由于她处置果敢得当，她和乘客都仅受了点轻伤，她又躲过一劫。

太平洋战争爆发后，邢莉亚便专门从事一系列航空服务工作。她在波特兰空军基地当过检查和维修飞机的仪表员；在西海岸民间航空巡逻队，执行过飞行侦察任务。二战后期，邢莉亚加入了"99女子飞行俱乐部"俄勒冈州分会。只有在航空事业中做出过突出贡献的女飞行员，才有资格成为该俱乐部的成员（"99女子飞行俱乐部"的具体情况，后面外国篇中将详细介绍），邢莉亚能被吸收，表明她已跻身于美国顶尖女飞行员行列。在俄勒冈州航空俱乐部，邢莉亚当上了键盘操作手，并负责检查飞行帽。在这个岗位上她一直干到60岁退休。

邢莉亚虽身在异乡，在异乡出生长大，但她始终不忘自己是中国人。对那些开口闭口称自己"我是美国人，不懂中国话"的假洋鬼十分反感，十分厌恶。常讥讽他们："去照照镜子吧，好好看看你的脸，是啥颜色。"二战期间，她积极参加"饭碗基金"募捐活动，支援祖国抗日。募捐期间，她胸前始终佩戴着"我是中国人"的徽章，以表爱国之心，并以自己是中国人自豪。

2001年7月，邢莉亚因癌症和心脏病发作去世，终年94岁。邢莉亚去世后，她的照片被挂在波特兰国际机场；2012年巴尔特诺马县图书馆展出了她的生平事迹,标题是"飞行老虎:俄勒冈州的中美华人飞行员";邢莉亚的第一架飞机在皮尔逊空军航空博物馆展出。

邢莉亚虽誉满美国,国内却鲜为人知。

露丝·洛克 美国华侨"爱国飞行队"的唯一女成员

露丝·洛克,1912年生于中国,很小便跟随父母移居美国波士顿,在那里的太乐街长大。太乐街靠近坦尼森大楼,她常去大楼玩耍,每当有飞机从天空飞过时,她都会爬到楼顶仰头观望很久,直到飞机从视野里消失,从小她就幻想自己也能驾驶飞机在无垠的蓝天里飞翔。露丝·洛克的父亲是位社会工作者,是位慈祥开明的父亲。有一天父女二人到郊外游览,正好有架飞机在高高的天上留下一条长长的白色云带。露丝望着久不消失的云带发呆。父亲便知道女儿想开飞机,便鼓励她去学飞行。

日本人侵占中国东三省后,美国华侨成立了大批爱国组织,支援国内反抗日本侵略。1932年波士顿华侨组建了"爱国飞行队",飞行员成员由弗朗希斯·P·肯德尔培训。培训地点在东波士顿机场(后来的罗根机场),飞机是用当地华侨捐赠的"可迪斯"会飞的雏鸟,机身上画有中国国旗,用中英文标示"爱国飞行队"的名字。

露丝在父亲的支持下,1932年年初,参加了飞行队的培训。她聪明勤奋,学习进度很快,5月

穿飞行服的露丝·洛克(图五十三)

她就放单飞了,是同期学员中第一个放单飞的。由于她是唯一的女学员,又是华人,因而她的放单飞,在当地引起了轰动,她成了风云人物。波士顿《环球报》记者说她的单飞,是中国女士一次迷人的飞行。露丝当年便取得了飞行驾照,她成为新英格兰的第一位华侨女飞行员。1932年6月12日,当地华侨在中国城为露丝举行了庆祝酒会,会上,她呼吁中国妇女关注航空,学习飞行,以满足国家对飞行员的需求。1933年,她被美国"99女子飞行俱乐部"吸收为该会成员,表明她已是美国女飞精英。加入该组织的中国女飞行员寥若晨星数量极少。

1935年露丝在波士顿与爱德华·恩琼结婚,婚后生有一女,取名罗兰尼。露丝于1978年5月22日逝世,终年66岁。她的遗体安葬在留波特维奇的浪琴园。"99女子飞行俱乐部"为纪念她,在国际友谊林中种植了一棵常青树。

黄伟真　身怀绝技,回国表演

黄伟真祖籍广东,1934年在法国学习飞行,1935年年初以优异的成绩毕业,获得飞行驾照和表演执照。她在法国进行的飞行表演异常成功,受各大媒体赞颂。因飞行技术精湛,被法国著名国家飞行社吸收为社员。1935年年底,回到祖国,在各地进行长途飞行表演。她的表演深受欢迎,特别受女青年热捧,对中国妇女航空事业有所促进。

王肖云　马来西亚回国考察的唯一华侨女飞人

王肖云又名王俊云,广东琼州人,1913年出生于马来西亚一华侨家庭,父亲王兆松。王肖云幼时就读于坤成女子学校,后进美国教会主办的美以美学校。她自幼对飞行感兴趣,1934年1月进吉隆坡航空俱乐部学习飞机驾驶。

上海《申报》对王肖云的跟踪报道（图五十四）

她聪慧机敏，体魄强健，胆勇过人，不到半年就掌握了飞行技术。同年6月她获得当局颁发的飞机驾驶执照，成为马来西亚第一位华侨女飞行员，航迹遍及整个马来西亚，为马来西亚华侨妇女争了光。她曾驾机载客两人由吉隆坡飞往新加坡，降落后受到当地华侨的热烈欢迎。当时在马来西亚飞行的华侨约10人左右，获得ABC三等证书的只有梁仲达、陆逸夫、王肖云3人。她是唯一获此殊荣的女飞行员。

1937年，王肖云与父亲回到祖国，受到盛大欢迎，这时她的名字改为王俊云。此次父女回国的目的，是为践行孙中山"航空救国"的思想，抗战期间为祖国的航空事业做贡献。《申报》于5月29日、30日，6月1日、4日，对王俊云在上海的活动进行了连续报道。她离沪后的情况不明。

侯恳纽　印尼首位华侨女飞行员

侯恳纽出生于荷兰东伊黎斯的爪哇岛，父亲是当地大企业家，经营加工牛奶和饮料的联合企业。母亲是土生土长的印尼妇女。她的哥哥侯和恩，是一位航空先驱，在印尼名气很大。侯恳纽受哥哥的影响也迷恋飞行，1935年开始学习飞机驾驶。1936年3月，她考取了驾驶执照，成为印尼第一位女飞行员，也是首位印尼华侨女飞行员。印尼是殖民地国家，印尼人的社会地位很低，妇女的地位更低。当侯恳纽驾驶飞机翱翔在印尼上空时，在当地乃至全国引起了轰动，她成了社会传奇人物，媒体争相报道。

第二章 八年发展

侯恳纽取得驾驶执照后，便参与哥哥的各种飞行活动。这时她哥哥购买了一架印尼制造的涡尔兰纷 2 型飞机，开始长途飞行。他用 20 天时间，完成了由班达到阿姆斯它坦达，再到欧洲各地的长途飞行，创造了印尼飞行距离的新纪录。这时兄妹俩准备成立航空公司，开辟印尼至欧洲各大城市的航线。但计划因哥哥在 1938 年的一次空难中死去而搁浅。

哥哥遇难后，侯恳纽接管了整个侯氏企业，成了大企业家。她接管企业后，进行了一系列改革，使企业得到了扩展，并在巴波巴丹、苏克波尼亚等地新开了 3 家分店。侯恳纽不仅是印尼首位女飞行员，也是首屈一指的华侨女企业家、女强人。

在国外学习飞行的中国女飞行员还有一大批，她们是：

李安妮、薛锦回、黄惠兰、张倩英、官露丽、爱士德胜、杜丽丝、陈淑珍、万钟奇、顾基、黄外程、李雅琴、陈秀芬、程天信夫人、玛格丽特·钟、孙贞、徐孝扬等人（另有文说陈克宣在重庆中央大学航空工程系，学习飞行，是中国新一代女飞行员。未见有关史料，待考）。

主要参考书目

《中国大百科全书》航空航天卷，邹家骅主编；《中国近代航空工业史》，中国航空工业史编修办公室编；《中国航空史》，姜长英著；《风起伶仃洋》，王远明主编；《香山文化》，王远明主编；《广东文史资料第五十八辑》，广东文史资料研究委员会编；《近代广东名人录第二辑》，广东政协文史资料研究委员会编；《香山航空人物录》，赵荣芳编；《辛亥风云录》，任光春著；《总统的无奈》，周秀明、王莹编著；《民国春秋》第二卷，刘凤舞编著；《民国空军的航迹》，高晓星、时平编著；《民国空军》，姜根金著；《孙中山画传》，杨搏文编撰；《天下为公孙中山传》，李菁著；《宋氏家族》，马驰原编著；《宋庆龄全传》，陈廷一著；《宋庆龄》，蒋洪斌著；《宋庆龄》，陈兆丰主编；《蒋介石传》上下册，何虎生著；《蒋介石后传》，师永刚、方旭著；《蒋介石日记揭秘》上下册，张秀章编著；《宋美龄大传》上下册，何虎生、于泽俊编著；《宋美龄传》，陈廷一著；《宋美龄全传》，佟静著；《宋美龄画传》，师永刚、林博文编著;《宋美龄侧写》,刘文朗、王朝实编辑;《宋美龄传》,林家有、李吉奎著;《宋美龄传》,(美)汉娜帕库拉著;《宋美龄传》,徐峰驰编著;《讲武风云》,昆明玉云翔文化传播有限公司编著;《百年巫家坝》,郭培松主编;《云南陆军讲武堂》,李安民主编;《百年树人》,昆明女子中学建校100周年校史资料选辑;《云南文史资料选辑》第一辑;《云南文献》第24、42期;《盘龙文史资料》第27辑,昆明盘龙区政协文史资料委员会编;《华侨航空史话》,方雄普著;《华侨妇女旧闻录》,方雄普著;《聂耳日记》,李辉主编;《西北行》,甘肃版,林鹏侠著;《西北行》,宁夏版,林鹏侠著;《新疆行》,林鹏侠著;《仇鳌诗选》,仇君好编注;《莆田文史资料》第一辑,莆田政协文史资料研究委员会编;《都会遗踪》,张岚主编;《航空女杰》,梁惠卿等主编;《中山文史》,第七、八、九辑合刊,中山政协文史委员会编印;《台山文史》,第八期,台山政协文史委员会编印;《恩平文选》第6期,恩平县文史组编印;《前尘旧梦》,郑逸梅著;《广州文史资料》第26辑,广州政协文史资料研究委员会编;《艺苑花絮》,厦门教师进修学院编;《神鹰凌空》,周日新主编;《长空风云录》,王工一、栾开明著;《中国妇女航空钩沉》,关中人编著;《那些中国人》,萨苏著;《民国民媛的婚姻大事》,陈宁骏、欣辰编著;《中国机长》,张聿温著;《中国空姐》,张聿温著;《求实万里行》,作者调研日记;等等。

主要参考文章

《孙中山先生与中国航空》,作者关中人;《孙中山、宋庆龄与我国航空》,作者姜长英;《"乐士文"号飞机命名、试飞的启示》,作者邢海帆、陈炳道、李裕;《杨仙逸事迹考略》,作者黄光锐;《妇女与航空事业》,作者徐同邺;《中国航校第一位女飞行员毕业》,作者王立新;《民国时期5名杰出的广东籍女飞行员》,作者刘植荣;《民国女性的蓝天梦:宋美龄曾被誉为"中国空军之母"》,作者王开林;《"匹妇救国":民国女飞行员的壮举》,作者陈晓丹;《民国女飞行员的人生轨迹述论》,作者韩东珍;《周松芳新作:民国的女飞行家》,作者周松芳;《中国早期的飞行员》,美国侨报网;《官露丽——美国第一位中国女飞行员》,作者岑戴

第二章 八年发展

维;《广东航空学校初期情况回忆》,作者陈兆机;《回忆广东空军》,作者陈晋、刘锦涛、郭玉麟、黄严;《黄浦江头送别声》,1927年8月22日《申报》;《谁披彩云当空舞》,作者东禾;《韩国空军祖母权基玉的故事》,作者盛良瑞;《查询原云南航校的女学员》,作者金碧坊;《旧中国的女飞行员》,作者黄严、姜长英;《莆田抗日巾帼英雄林鹏侠传奇》,作者郭大卫;《试论民国女飞行家林鹏侠新闻实践之路》,作者刘芬;《民国白富美开飞机、闯西北、写专著——福建侠女林鹏侠》,作者张柏芳;《中国首次邮政航空》,1929年《良友》画报;《北上作战之女飞将林鹏侠》,1933年1月18日《东方日报》;《闽女飞行家林鹏侠返籍待命抗敌》,1937年8月24日《锡报》;《淑女飞行家林鹏侠侠事》,1932年11月27日《金刚钻》;《张静江女公子张海伦女士》,《良友》画报第93期;《中国标准女性》,《良友》画报第99期;《华侨林鹏侠:中国早期女飞行员不做淑女当侠女》,作者陈鸿鹏;《抗战中的福建妇女》,《福建党史月刊》1995年第9期;《华侨林鹏侠:中国早期女飞行员不做淑女当侠士》,2015年8月4日,中央电视台4频道;《林鹏侠的抗日救亡情怀》,作者涂雨;《张瑞芬自传及有关函件》,作者张瑞芬;《中国的一位女飞行家》,作者仲雨;《海阔灭空任翱翔,无限江山故国心》,作者林丽莲;《五十年前驾机上青天,其乐逍遥;老祖母张瑞芬谈往事,眉飞色舞》,作者冯鸣台;《印尼女飞行员侯恩纽》,美籍华人鲁照宁供稿,段善权翻译;《美华侨"爱国飞行队"》,美籍华人鲁照宁供稿,李小溪翻译;等等。

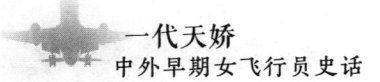
一代天娇
中外早期女飞行员史话

第三章　十四年抗战

抗日战争时期，中国女飞行员人数虽然不如苏美英法等国家多，也没有成建制的组织，不仅得不到政府的支持，相反的还被空军拒之门外。然而就在这样不利的条件下，她们仍凭着高昂的爱国热情，利用掌握的飞行技术，通过各种渠道，采用不同形式，积极参与反侵略者的正义战争，主动为抗战胜利奉献自己的一切，包括宝贵的生命。

第一节　被空军拒之门外的精英

抗日战争时期，中国女飞行员本来就很少，本应得到珍惜重用。然而受几千年形成的"男尊女卑"思想的束缚，几位历尽了千辛万苦，冒着千难万险才学会飞行的精英，她们的翅膀却被封建桎梏捆死了，上演了一幕幕人间悲剧，令人叹惜。

黄桂燕　被折断翅膀的"海归燕"

广东省台山市是闻名遐迩的侨乡，有"中国第一侨乡"之称。台山也是有名的飞行员之乡，盛产空中健儿。女飞行员就有3名，她们是李月英、黄桂燕和朱美娇。男飞行员更多，仅从美国回国参加空军的台山男飞行员就有50多

第三章 十四年抗战

名。空战中台山籍飞行员共击落日机22架,创造了辉煌战绩。之所以有众多的飞行员回国参战,首先应归功于华侨在美国各地开办的多所航空学校。1931年,"九·一八"事变后,为了"航空救国",美国广大爱国侨胞,在美国各地开办航校,为祖国培养飞行人才。计有旧金山旅美中华航空学校,芝加哥华侨飞行学校,纽约华侨航空学校,旅美华侨航空学校,波特兰中华航空学校等,其中较为突出的是旧金山的旅美中华航空学校和俄勒冈州波特兰的美洲华侨航空学校。

台山回国的飞行员中有一名女飞行员黄桂燕,又名秀眉,她就是波特兰华侨航空学校毕业的飞行员。她是1932年考进波特兰中华航空学校第二期的,与她同班的还有一位华侨女学员李月英,她们是该校仅有的两名女学员。黄桂燕学飞行的目的很明确,就是学成后报效祖国,驾驶飞机打击日寇,将侵略者赶出东三省。

后排左六为黄桂燕,左七为李月英(图五十五)

1933年,黄桂燕以优异的成绩毕业,并取得驾驶执照。毕业后便与一名女同学和11名男同学,远涉重洋回到祖国。黄桂燕与12名同学一样,满怀激情到航空署申请加入空军。当工作人员看过他们的申请书和飞行履历表后,对他们自愿回国的爱国举动表示欢迎,并将他们安排住下,等他们报告上司研究

黄桂燕与李月英在航校时合影（图五十六）

后，再将结果通知他们。黄桂燕以为她会和以往的台山同乡飞行员一样受到欢迎。万万没想到，11名男飞行员全留下了，而她和另一名女飞行员李月英虽同意留下，但不是进航校飞行，而是做地面工作，理由是航校不接受女学员。黄桂燕与李月英一听顿时全傻了，满腔热血全凝住了，半天说不出话来。黄桂燕自然不甘心，但初次回国人生地不熟，举目无亲的她，除了接受航空署的安排外别无他法，因为她身无分文，返回美国的路费都没有了。李月英则没有接受当局的安排，愤然离去（她的人生经历后文详述）。黄桂燕被迫告别蓝天，分到杭州航空署器材科当了一名打字员。从飞行员到打字员，这种巨大的落差，把黄桂燕摔疯了，很长一段时间她神情恍惚，有人说她得了精神病。她这只回国杀敌的"海归燕"的翅膀，被无情地折断了。别说是远渡重洋回国的女孩子，就是铁打的男子汉，也难以承受这样的打击。

不久，黄桂燕随航空署迁至南昌。黄桂燕眼看日寇越来越嚣张，日机愈来愈疯狂，恣意狂轰滥炸，屠杀无辜百姓，自己虽有一身杀敌本领，却无用武之地。成天抑郁的黄桂燕，身体一天天虚弱。到南昌后，就含恨而死。

关于黄桂燕的死亡时间和死因，史学界有多种说法。死亡时间有3种，即1934、1935和1937年；死因除因病死亡外，也有3种，有的说她是因中瘴气而死，有人说她是游赣江时溺水而死，有人说她是因手术开刀失败而死。

尽管人们对黄桂燕的死亡时间与死因说法不一，但她满怀报国之心回归祖国，壮志未酬，客死南昌，则是一致公认的事实。

"海归之燕"，折翅早逝，在中国航空史上留下了悲凄的一页，令人扼腕痛惜。

第三章 十四年抗战

袁明君　一身绝技无用武之地，因郁闷终身未婚

袁明君，1909年出生于湖南长沙。1932年她在上海劳动大学学习时，正赶上"一·二八"事件。中国空军飞机与日寇空军飞机激战的情景深深印在脑海里，那时她就下定决心，毕业后一定"做一些女人不大敢做的事情——航空救国"。

1933年，袁明君独自乘邮轮来到巴黎。到巴黎后，经人介绍，自费进一所机务航校学习航空机械，包括航空机械原理和飞机维护、修理和装配等操作课，学制3年。1937年7月，抗日战争爆发后，袁明君抱着航空救国的志向，开始在一所航空俱乐部主办的民航学校学习飞机驾驶。为尽快掌握飞行技术，早日回国效力，她学习特别刻苦用功。但尽管她付出了比其他男学员更多的心血和汗水，考试成绩也门门优秀，是同学公认的优等生，当地记者还报道过她勤学苦练的事迹。但是一年过去了，教练却迟迟不放她单飞。飞行学员总不能单飞，就意味着被淘汰。袁明君慢慢明白，戴着种族和性别歧视墨镜的教练们，不可能让她展翅高飞。急于学成回国的袁明君，不愿再耗下去了，她采取断然措施，转到法国南部的一所飞行学校继续学习飞行。在这里袁明君有幸遇到了一位好教官马兰珂，他是法国有名的特技飞行员。该教官不仅自己飞行技术过硬，带飞学员也很有经验。袁明君在先前教练手下，学了一年也放不了单

袁明君小照（图五十七）

飞,然而马兰珂只带她飞了一个星期,袁明君就放单飞了,单独驾驶飞机在蓝天自由飞翔。

单飞后,马兰珂便教她一些仪表着陆和长途飞行的方法。袁明君胆大心细,加上聪颖刻苦,很快便学完全部课目,各项成绩都是优秀,眼看就要毕业了,没想到考试时出了事。那天考试课目是长途转场飞行,计划到3个机场降落,每次落地后,用电话向教练报告飞行情况,前两次着陆都安全降落。按计划袁明君该第三次着陆了,可迟迟接不到她的报告,一小时过去了,两小时过去了,仍无她的音信,马兰珂着急了,自语道:"完啦!完啦!袁出事了,回不来了。"他的话音未落,袁明君来电话了,说发动机故障,她在一小山村迫降了。她话没说完,马兰珂急问道:"你人怎么样?伤得重不重?"袁明君告诉他,迫降很成功,人机都安全。袁明君创造了奇迹,马兰珂在电话里"狠狠"地把她表扬了一番。在该校毕业后,袁明君本想继续留在马兰珂身边,跟他学习特技飞行,但该校没有高级教练机,她只好回到巴黎,到一所高级航校,学习筋斗等特技课目。

1939年7月,袁明君告别侨居了6年的法国,回到祖国,想用所学飞行技术为保卫祖国领空、打击侵略者做贡献。当时中国抗日烽火遍地,袁明君以为很快就能加入空军,驾驶战机与日寇飞机厮杀,没想到被航空部门拒收。她不死心,便找到法国驻华顾问蒲琪将军,请他向中国航空部门说情,但蒲琪不久被召回国。她的愿望又一次落空。但袁明君仍不死心,她又找到蒋介石侍从室主任贺跃祖,以及董显光、康泽等军政要员,表明自己在法国三次转校,千辛万苦学习战斗机驾驶,为的就是报效祖国,升空杀敌,但她的诉求都没有下文。

袁明君身怀杀敌绝技,国难当头,又正是用人之际,为何有翅难展,壮志难酬?只因为她是个女人。最后,还是留法同学会出面推荐,袁明君才被安排到航空研究所担任助理试飞员。名为助理试飞员,其实也是挂名,并不给她试飞任务。不久,有名无实的试飞员也不让干了,将她转到空军机械所当了一名机械工程师,成为中国第一位留法机械官。

自回国后,袁明君一天也没放弃重返蓝天的梦想,一直在为实现梦想而努力。但就因她是女人,她的梦想最终破灭,她在机械所一干就是10多年,抗战胜利了,她也没能重返蓝天。

第三章 十四年抗战

抗日胜利后,袁明君转到铁道部上海两路管理局任绘图员,新中国成立后留用。她 1971 年退休,终身未婚,1973 年在上海病逝,终年 64 岁。马兰珂绝不会想到,他的得意门生,回国后会落得如此下场。

杨瑾珣　多次请缨杀敌未果,最终含冤而死

杨瑾珣小名小芗,笔名白虹,1912 年 3 月 4 日出生于湖南省长沙市一个衰败的富户家庭。兄弟姐妹四人,她是大姐。杨瑾珣从小爱好体育运动,中学时是校篮球队年龄最小的队员。高中毕业后(长沙稻田女子师范高中部),由于父亲不善经营,家道中落,无力供她上大学。于是她只身一人前往北平,自谋生计。经多方奔走,最后在一李姓家庭当了家庭教师。李家因避军阀战乱,举家南迁至武汉,杨瑾珣也随同前往。后她所教孩子上了小学,她只好另谋职业,在省府民政厅当了一名科员。不久,有同学邀她去南洋协助办学,她欣然应允。几位同学在上海集结,准备乘船去南洋。此时从南洋传来消息,因办校人突然病故而停办。无奈杨瑾珣只好在上海另寻谋生之路。上海虽大,谋职却难,很长时间没找到固定职业,只能靠当临时工糊口。她当过代课老师,帮陶行知先生整理过文稿,也给报刊写过稿,赚点稿费。混迹上海滩数年,饱受性别歧视和失业之苦。最后,经过在夜校补习英语,杨瑾珣终于在一外资书店找到了打字员的正式工作。

1935 年,在上海法租界亚

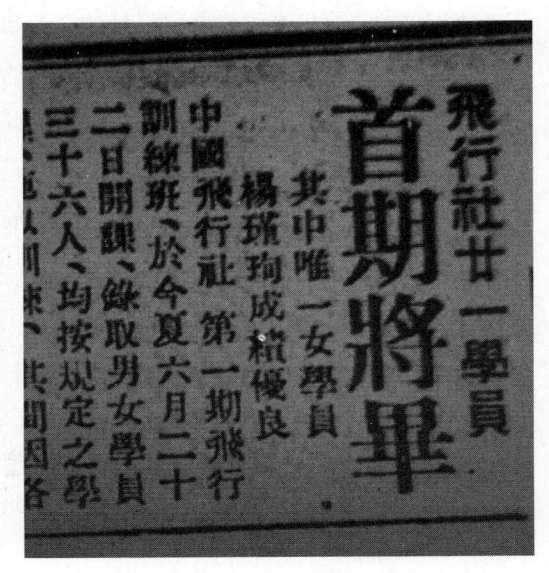

报道杨瑾珣的消息(图五十八)

杨瑾珣（左）与李霞卿（图五十九）

尔塔路（今陕西南路），成立了"中国飞行社"，公开向社会招收飞行学员，男女均可报名。杨瑾珣得知这一消息后，特别兴奋，认为这是摆脱妇女歧视的极好机会，她即前往报名。身体检查，文化考试她都合格，但要交600元学费，她一个小职员哪有这么多钱？幸有社会贤达替她说情，飞行社最后同意暂免她的学费，条件是她必须为该社创办的《航空》周刊撰稿，以稿费补偿学费。杨瑾珣自然乐意，就这样她被正式录取。

杨瑾珣格外珍惜来之不易的学习机会，学习期间特别刻苦，因此各科成绩均为优秀。出色的成绩，加上她常在《航空》杂志上发表文章，又是大名鼎鼎的女飞行家李霞卿的高徒（李的事迹后述），于是她成了大上海的名人，各路记者争相采访，报纸杂志常有宣扬她的文章和照片，她驾机的英姿上过杂志的封面。市民也常来机场看她飞行，以一睹她的芳容为幸事。杨瑾珣每当飞行在上海上空时，头顶是蓝蓝的天，白白的云；翼下是长长的江，密密的城；听风声呼啸，看阳光透明。此时此刻，此情此景，她真似九天仙女，享受着飞天的快乐，洋溢着女飞的自信。在飞行社学飞行的那一年多时间，是杨瑾珣一生中最风光也是最舒心的日子。因她成绩出众，扬名上海滩，后来有记者竟杜撰出了抗战期间，她驾机在桂林等地上空与敌作战、战果辉煌的离奇故事。

1937年春，在南京航委会派人监视下，飞行社进行了初级飞行班的结业考试。杨瑾珣考试合格，准予结业。另一女生22岁的陈淑珍中途淘汰，没有结业。杨瑾珣成为中国首位由国内航空组织培养出的唯一女飞行员。（有文说李霞卿是飞行社学员，但没参加结业考试，此说有误，李不是该社学员，而是教员，详情后述。）

初级班结业后，飞行社计划开办中、高级飞行班，在等待航委会批准的过

第三章 十四年抗战

程中，卢沟桥事变发生了。等待继续学飞行的杨瑾珣和男同学们，个个义愤填膺，18名同学商定共赴南京，向航空委员会请求参加空军，驾机升空歼敌。一路上杨瑾珣信心满满，认为中国现在最缺飞行员，他们正可派上用场。出乎杨瑾珣意料的是，17名男同学全部留下，并当即分到航校深造，唯她一人被拒之门外，理由是空军航校没有训练女飞行学员的设备和经验。

昔日上海滩的"蓝天女明星"，如今被拒之门外，对一个好强的女人来说，如同一块火红的

杂志封面上的杨瑾珣（图六十）

钢板一下掉进了冷水里，全身瞬间凉透了。只有当过飞行员的人才能体会到失去蓝天的感受，真和失去自己的孩子一般难过。杨瑾珣此刻的心情比掉入冷水的钢板还凉，凉到了冰点。她本想回上海继续飞行，可惜回不去了，中国飞行社已经停办。但她不甘心就此丢掉驾驶杆，她要抗争，她再次找航委会申诉，她搬出了有"空军司令之称"的宋美龄。她问："我为什么不能到航校继续飞行。""因为空军不用女人。""请问，去年新上任的航空委员会秘书长宋夫人，是不是女人？"这下把航委会的人吓坏了，怕事情闹大，忙连劝带哄地将她请出办公室，答应推荐她去航空公司飞行。她拿着推荐信去武汉找中国航空公司，请他们接纳，但同样被拒绝，只不过没明说她是女人，而是以抗战时期，航线减少为由搪塞。她不死心，又找到中央航空公司。结果可想而知，她又吃了闭门羹。万般无奈，她又回到南京，第三次找航委会论理。航委会担心她四处告状，影响不好，只好先将她安排在本部门工作。杨瑾珣只有强按一腔热血，重操旧业，在航空委员会做了一名准尉打字员。从飞行员到打字员，真是天壤之别，她很难适应，郁闷心情无言可表。她仍四处申诉，但当时机关、航校和空军都在调整迁移中，无暇顾及她的诉求，杨瑾珣只好委曲栖身，以后

再找机会。于是她便随航委会一路西撤,由南京、汉口、衡阳、贵阳、重庆,最后撤至成都。

抗战开始后,日本空军力量无论从数量和质量,以及飞机等装备都优于中国空军,制空权基本掌握在日本空军手里。中国虽有苏美空军的援助,但空战仍不占优势。为了加速空军力量的壮大,培养更多的飞行员,航委会决定效仿苏联做法(苏联做法,后面详述),大量开展滑翔机运动,为航校培养充足的后备力量。1940年,在重庆成立了滑翔总会,为航委会代培滑翔机运动员。于是总会在成都凤凰山开办了滑翔机训练班,由韦超负责。杨瑾珣抓住这一重返蓝天的机会,申请去训练班当拖机飞行员。训练班初建急需飞行员,便同意了她的请求。由于杨瑾珣有扎实的飞行功底,很快就适应了新的工作,她又能享受飞行的快乐了,而且是为抗日培养人才的工作。重返蓝天对杨瑾珣来说真是天大的喜事,她自然尽最大努力完成每一次拖升滑翔机的任务,很快她就成了最受学员欢迎的拖机飞行员。

重回蓝天的杨瑾珣又找到了当年飞越大上海的感觉,觉得天变蓝了,云更白了,久违的笑容又回到那张国字形的脸庞上。谁知一突发事件又改变了她的命运,滑翔班负责人韦超在一次飞行事故中不幸遇难,上面派一新人接替他,此人不仅重男轻女,还任人唯亲。杨瑾珣为人正直,靠本事吃饭,自然没去拍他的马屁。那位新领导本来就瞧不起女人,杨瑾珣又不和他套近乎,便将她打入另册,另眼相看。开始以燃油紧缺为借口减少她的飞行时间,如此时杨瑾珣"识时务"给他送礼巴结他,可能会维持现状。飞行员都清楚,"飞行飞行,不飞不行",减她的飞行时间,就等于剪她翅膀上的羽毛。可是杨瑾珣不但不低头服软,反而找他论理,和不讲理的人去讲理,只能是自找

戴飞行帽的杨瑾珣(图六十一)

第三章 十四年抗战

没趣，不但没增加她的飞行时间，反而让她彻底停飞了。再次失去蓝天的打击，杨瑾珣难以承受，她被气病了。她病后，那位领导不但不慰问她、同情她，反而落井下石，以她久病不能正常上班为由，停发她的薪金，她被解职了。这一连串的打击将杨瑾珣推到绝地，她都快疯了。同情她的亲友们，看她如此下去会彻底崩溃，便劝她离开成都，到外地旅行散心。杨瑾珣正好也想离开这伤心地，便开始游历云南、贵州等地，在青山绿水间排除心中的忧怨。杨瑾珣人虽然离开了蓝天，但心仍牵挂着蓝天。旅行期间她与一好友合译了《滑翔与翱翔》一书，将书稿低价卖给了滑翔总会，用其收入补充旅费。滑翔总会低价买到书稿后并不出版，而是让滑翔班的教员当教材使用，后来竟成了教员们的教研成果。面对残酷现实，杨瑾珣麻木了，不再做无谓的抗争。正处在人生低谷的时候，一位男青年郭玉麟走进了她的生活。他是广东航校第四期毕业生，在空军服役。飞行员最了解飞行员，他十分同情杨瑾珣的处境，决定用自己的爱去温暖她那颗冰冷的心，两人相爱了，1944年"三八节"在成都结婚。新婚之时，杨瑾珣感慨万千，当天她写了《妇女节感言》一文，大喜之日，仍念念不忘未酬的壮志。

婚后，杨瑾珣淡出社会，当起了专职家庭主妇，维系物价飞涨的家庭生活。1949年，旧政权崩溃，军政要员和军政机关纷纷撤离大陆，前往台湾、香港。杨瑾珣也随丈夫撤至香港，她劝说丈夫不要去台湾而回大陆。丈夫因长期在空军服役，回内地有顾虑，便让杨瑾珣先回内地看看再定。1950年春，杨瑾珣只身一人来到北京，见到了昔日不少由延安进京的老友，他们一致劝说她回内地，参加新中国建设。杨瑾珣回到香港后，给丈夫详细介绍了她北京之行的所见所闻，动员丈夫回大陆。在她的劝说下，1950年年底，夫妻双双返回内地。由中央统战部安排到华北人民革命大学学习。

1952年"三八节"，共和国首批女飞驾驶6架里－2型飞机，编队飞越天安门广场，接受中央领导和首都人民的检阅。她看到后热泪盈眶，既为中国妇女航空事业的快速发展而高兴、欣慰，同时也为自己生不逢时而惋惜、遗憾。

华北人民革命大学毕业之后，杨瑾珣被分到张家口市，参与察哈尔师范专科学校的筹建工作。她具体负责图书馆的建设。她尽职尽责，出色地完成了任务，保证了图书馆的如期开放，以后她一直在图书馆工作。1968年冬天的一天晚上，她下班回家的路上，遇到几名歹徒袭击，身负重伤。后来伤虽治愈，但因她在旧中国航委会工作过，是伪军官，历次政治运动都是批斗对象，"文化大革命"期间，她更是挨整的重点，家被抄了，三天两头被揪斗。1968年正值"文革"高潮期，重伤刚愈的杨瑾珣也躲不过挂牌示众等体罚。心力交瘁的她不久含冤辞世，终年56岁。直到1979年，杨瑾珣才得以平反昭雪。

第二节　为胜利而飞的巾帼

抗日战争时期虽然有少数女飞行员没被空军录用，使她们不能用所学飞行技术为抗战服务，浪费了极其宝贵的军力资源，但仍有一批爱国女航人，在无垠的天空，自觉自愿地为抗战而飞，为抗战胜利做出了卓越的贡献，包括牺牲年轻的生命，涌现出了一批蓝天巾帼。

鲁美音　中国最杰出的空姐，为救乘客英勇牺牲

鲁美音1914年出生于南京，父亲鲁士清是一位基督教长老，在南京莫愁路汉中堂基督教会传教，是南京名士。育有三子三女，鲁美音是幺女，貌美伶俐，最受父母宠爱。大哥鲁葆如，南京金陵大校有机化学教授，精通中、英、印尼、荷兰等国文字，是有名的爱国人士，后在香港遭敌人暗杀。鲁葆如深爱小妹鲁美音，她也十分崇敬大哥，以大哥为人生领路人。鲁美音受家庭成员熏陶，从小就有一颗仁爱助人之心。

鲁美音中学毕业后，考进了南京金陵女子大学，这所大学成立于1915年，是中国第一所女子大学，以全人教育、厚生人文、教学严格闻名于世。从1919年首届毕业生至合并到南京师范大学前的最后一批毕业生，共计999人，

人称999朵玫瑰，鲁美音就是其中一朵。

南京金陵女子大学之所以能培养出众多的精英学子，是因为学校有一批名师，魏特琳女士就是其中一员，她是学生们的良师益友。她有个中文名字——华群，其含意是要用毕生精力为中国群众服务。她的人生信念是：关爱生命。她是这样教育学生的，自己更是这样做的。1937年12月12日南京沦陷后，她以自己的特殊身份，建立了难民收养所，庇护了大量妇女儿童。鲁美音和两个姐姐鲁淑音、鲁琴音都曾是她的学生，关爱生命也

鲁美音赠人小照（图六十二）

成了她们共同的人生信念。魏特琳是鲁美音最崇敬的师长，是她人生里程中最好的导师。

1928年11月，金陵女子大学首届毕业生、有智慧女神之称的我国著名教育家吴贻芳任金陵女大校长，她是中国第一位大学女校长。她上任后十分注重教书育人，亲自为大学制定校训《厚生》，其中有这样的名言："人生的目的，不光是为了自己活着，而且是要用自己的智慧和能力，来帮助他人和社会，自己的生命也因之而更加丰满。"吴校长不仅要求每名学生牢记校训，更要求学生走出校门后践行母校校训《厚生》。

鲁美音就是一位《厚生》校训的模范践行者，大学毕业后，凭她的成绩才能、品貌以及家庭背景，她完全可以找一份轻松舒适、待遇优厚、"前程远大"的工作。然而出乎家人和老师同学的意料，她却选择了一份侍候人的工作，而且是侍候病人的工作——医院护士。她的选择遭到父母反对，望子成龙，是天下父母的共同心愿。为了改变女儿的选择，父母与鲁美音有一次经典对话。

"为父本不想干预你的生活，但大学毕业去当护士，实在是让为父失望。"

母亲也在一旁劝导:"你做什么事不好,为啥要去侍候病人?你十多年的书不是白读了?"

面对二老的责问,鲁美音解释道:"这些年的书一天也没白读,大学更是没白上。正是在学堂里,特别是'女大'让我学到了做人的道理。'人不光是为自己活着,而且是要用自己的智慧和能力,来帮助他人和社会……'"

"帮助他人和社会,也不一定要当护士。"父亲继续劝导。

"我想过了,这世上什么人最需要他人帮助?病人,躺在病床的病人最需要他人帮助。护士

鲁美音的三嫂,101岁(图六十三)

职业,是最能帮助最需要帮助人的职业,这就是女儿选择护士职业的原因。我意已决,望二老理解支持,也请二老放心,女儿决不会让你们失望。"(摘自鲁美音侄孙鲁照宁提供的视频《抗日英雄鲁美音》)

鲁美音就是抱着这样的人生信念,走进了北平协和医学院的大门,成为护士科的一名学生。北平协和医学院也是名校,采用英文教学,实行严格的淘汰制,淘汰两类学生,一类是考试成绩不及格的学生,另一类是对病人缺乏爱心的学生,只有德艺合格的学生才能毕业。鲁美音两项都很优秀,1938年顺利毕业(那年日本人虽占领了北平,因医学院为美国人所办,太平洋战争尚未爆发,美日没有断交,故学院并未停办,直到1942年年初,医学院被日军占领才被迫关闭)。

鲁美音从北平协和医学院毕业后,先去香港二姐鲁淑音家,二姐本想让她休养一段时间再找工作,但鲁美音不愿闲着,很快就到一家医院上班。几个月后,同学来信,邀她到滇缅公路局医院工作,说那里处于前线,医院急需护理

第三章 十四年抗战

人员。接信后她当即辞职赶赴云南。她去云南一事根本没和二姐商量，要走了才告诉她，她想挽留也晚了。

鲁美音到云南后，进保山县芒市医院工作，因她是北平名医学院毕业的高才生，又在香港医院工作过，便委任她为护士长。她的才华和口碑，还有高雅的气质，清秀的容貌，特别是贤淑的性格，引起了众多异性的注意。其中有位滇缅公路局的年轻工程师，名叫汤瑞钧。他向她发起了"攻击"，有事没事总往医院跑。他炽热的爱情火焰，很快熔化了姑娘的心。两人不久就走进了婚姻的殿堂，成为一对恩爱幸福的夫妻。

鲁美音在护士长岗位上正干得风风火火的时候，一纸调令将她推到了人生的十字路口，丈夫接到去四川工作的调令。是辞职随丈夫去四川，还是留在医院继续工作？鲁美音面临两难的选择。留下来，她舍不得离开新婚不久的丈夫；随丈夫走，又不愿舍弃她热爱的护士工作。为难时，丈夫的一番劝说，使她做出了最后的决断，随丈夫去四川。丈夫是用这番话为她指点迷津的："当前国难当头，遍地烽烟，到处是难民伤员，何愁找不到施展你爱心技能的地方。四川是抗战大后方，重庆是抗战的中心，更需要你这样的人才。"

正如汤瑞钧所料，新的工作很快就降临到鲁美音的头上。1940年年初的一天，鲁美音看到报纸上有一条招聘广告，中国航空公司在重庆招聘空中服务员（现称空姐），应聘条件，除身体合格之外，还有三条，一会英语，二会粤语和普通话，三是护士。鲁美音看完招聘条件乐了，决定应聘。丈夫回家后，她将自己的想法告诉了他。他听后摇着头说；"现而今，天

鲁美音侄子（右）、侄媳（左）、侄孙（中）（图六十四）

103

上到处是日本飞机，这些毫无人性的鬼子，根本就不守国际公约。前年8月14日，民航'桂林号'班机由香港飞重庆，在广东中山县上空被日本飞机击落，机上19名乘客，4名机组成员全部遇难（"桂林号"是世界历史上第一架被敌机击落的民航班机）。当空中服务员太危险。"

鲁美音听后没多解释，只笑着说了一句："你应该了解我，我是个怕危险的人吗？"鲁美音没听丈夫劝阻，毅然去民航应聘。凭她的条件，自然是顺利过关，成为中国首批空姐。培训期间她对空中服务员的历史、职责等有了全面了解。她知道了世界第一位空姐艾伦·丘奇的故事（艾伦的人生经历见本书外国篇），也了解了当一名合格空乘员应具备的素质和担当，她爱上了这份新工作。在重庆—昆明—广州—香港等航线上施展才华魅力，在很短时间内，她就赢得了所有乘客的赏识夸奖。当时，能乘坐飞机的多为达官贵人、社会名流、媒体人士等，接触多了，她对抗战形势和上层社会有了更多、更深的了解。她决定辞去空姐工作，专心写作。她计划辞职后，搬到重庆郊区乡间居住，在那里给读者送去优美的文字，有趣的故事，睿智的哲理，滋润他们的心灵，激励他们的斗志，启迪他们的智慧，提高他们的修养。这是对广大读者最高效的帮助，抗战时期这种精神帮助更为重要，更有意义。

鲁美音之所以敢下辞职决心，并非一时的感情冲动，因为用笔为社会服务，也是她人生的梦想之一。金陵自古多才女，鲁美音不仅貌美如花，更是多才多艺。她从小喜爱文学，早在上学期间，便在当时有名的《西风》杂志上发表文章。杂志社举办第一期征文时，共有685篇文章应征，鲁美音撰写的《淘气的小妮子》获得第6名。参加应征的作者中不乏写作高手，中国著名作家张爱玲，18岁时也曾参加《西风》杂志第二期征文，获得第13名，足见参赛作者水平之高了。鲁美音获奖后，在《西风》杂志上又发表了多篇文章，其中反映空姐生活的特写《空游》尤受读者喜爱。鲁美音凭借深厚的文学功底，加上丰富多彩的生活经历，她从事专业写作，有望成为第二个张爱玲。正因为有足够的文学自信，她才下定辞职的决心。

1940年10月中旬，鲁美音以有身孕为由，向公司正式提出了辞职申请。她的辞职理由很充分，公司尽管不想放人，但也不能让孕妇继续飞行，便很快批准了她的辞呈。不过一时找不到接替她的人员，报告批准后，还想让她应急飞一趟航班。鲁美音没有一丝迟疑，欣然领授了任务。当时二姐与她在一起，对她辞职后还飞行很不理解，她解释道："这是战争时期，我怎么能够拒绝我能提供的服务？"于是鲁美音又与机组一起，飞上了蓝天。

1940年10月29日凌晨，中国航空公司一架DC-2型"重庆号"客机由香港飞往重庆，上午7点到达重庆沙坪坝机场。驾驶这架飞机的机长是美

鲁美音三嫂、三哥、丈夫，自左至右（图六十五）

国人肯特，副驾驶徐鑫，通信员林汝良，空姐就是已辞职的鲁美音。机组准备按原计划飞往昆明，办完放飞手续，9名乘客（其中有个婴儿）上飞机后，正要开车滑行时，耳机里突然传来机场调度员的指令，说昆明有敌机活动，已拉响防空警报，让机组原地待命等昆明警报解除后再起飞。两小时后，沙坪坝机场又指示机组立即起飞，说日本飞机正经宜昌向重庆飞来。于是肯特驾机紧急起飞，向昆明方向飞去。

"重庆号"到达昆明附近时，防空警报仍然在响。肯特只好驾驶飞机在昆明城东山区盘旋。因时间过长，油量表的红色警示灯亮了，他们必须尽快降落。机长决定到最近的沾益机场落地。沾益机场位于昆明东北120多公里处，是个二级机场，没有对空联络电台。肯特驾驶"重庆"号，低空贴着山丘向沾益机场靠近，快到机场时发现有两架中国军机停在停机坪上，机组判断附近不会有敌机，否则这两架飞机早飞走了。于是肯特放心大胆地加入五边，放起落架，对正跑道准备着陆。他们没想到那两架飞机是诱惑敌机的模型，刚刚遭敌机攻击过，机场因没对空联络电台，无法通知他们。

14点30分,"重庆号"在沾益机场降落,飞机刚一落地,便被敌机发现,5架日机轮流向"重庆号"发起攻击,肯特被弹片击中心脏当场死亡。副驾驶、通信员和空姐鲁美音赶忙组织乘客疏散,但只有4名乘客离开飞机,其他乘客有的吓昏了,站不起来,有的认为待在飞机上安全。正在空姐力劝他们离开飞机时,日本飞机又发起新的攻击,飞机多处中弹,左机翼发动机中弹起火,飞机随时有爆炸的危险。没下飞机的乘客乱作一团,鲁美音让他们尽快离开飞机,找安全地带隐蔽。生死关头,她将生的希望让给他人,将死的危险留给自己,等乘客和机组人员都离开飞机后,鲁美音才最后一个下飞机。她离开飞机后,听到机上有婴儿的哭声,便立刻回到机上抱着婴儿逃离飞机。此时被一架敌机发现,飞行员追着她用机枪扫射,鲁美音身中数弹,倒在血泊之中。因失血过多,抢救无效光荣牺牲,年仅26岁,鲁美音用自己年轻的生命,完成了对他人的最后一次帮助。

鲁美英牺牲后,国内外媒体给予了很高评价,称她是舍己救人的女英雄、中国第一空姐。鲁美音曾发表文章的《西风》杂志社为纪念她,出版了征文集,并以她的代表作《空游》为征文集命名。杂志社编辑部在悼念文章中写道:"鲁美音女士的意外殉难,是无法补偿的损失。"言外之意,中国失去了一位有望成为张爱玲第二的作家,金陵失去了一位英雄才女。金陵自古多才女,可有几人是英雄?中国航空公司与金陵女子大学成都同学会,共同为鲁美音举行了隆重的追悼会。金陵女子大学吴贻芳校长亲自出席并回顾了鲁美音在校的出众表现。父亲鲁士清也撰文悼念,他在《忆亡女美音》一文中写道:"为人而死,重于泰山,为己而死,轻于鸿毛。余女美音之死,虽难说重于泰山,但也算死得其所了。"

鲁美音为抗日,献出了年轻的生命,中国人民永远怀念她,她救人的英勇行为,将载入史册,流传千古;她的英名已留在南京抗日航空烈士纪念馆的英烈碑上,是4296名中外抗日航空英烈中,唯一的一名女烈士。

鲁美音的事迹可歌可泣,值得后人学习。然而她的人生里程更有指导意义,英雄是怎样成长的?值得今人深思。

第三章 十四年抗战

李霞卿　不当影星，历险蓝天，书写传奇

　　李霞卿，1912年4月16日出生于广东恩平一革命家庭，祖母徐慕兰，是中国近代女革命家徐宗汉的胞姐。她鼓励两个儿子跟随孙中山闹革命，这两个儿子就是李霞卿的父亲李应生，叔父李沛基。她本人更是有名的民主革命先驱，是一名传奇人物，也是对李霞卿一生影响最大的一位亲人。李霞卿记忆中的第一个故事，就是奶奶给她讲的"峨眉山飞天仙女"的故事，从那时起，她就希望自己飞上蓝天，行侠仗义。

　　李霞卿1岁时随父母去了法国，3年多后回到中国，回国不久，即小霞卿4岁半的时候，母亲因肺病辞世。很快父亲为给病危的祖父冲喜，娶了继母。因与继母不睦，父亲将她送到香港奶奶身边。李霞卿的童年是在奶奶关爱下度过的。从而她对奶奶以往的革命生涯有了更多更深的了解，知道了许多奶奶闹革命的惊险故事。其中奶奶和母亲智闯海关的故事印象最深。有一次，小霞卿的祖母和母亲领授了一项危险任务，让她们婆媳二人去香港取回一批特制手表，上面刻有"自由"二字，手表是同盟会员之间联络的信物。她们二人取表后乘船返回羊城，前一段都很顺利，快到广州时，婆媳二人将手表分别藏在内衣里。快上岸时，霞卿的祖母徐慕兰发现，只要近身听，能听到手表的嘀嗒声，过海关检查时肯定被发现，怎么办？霞卿的奶奶急中生智，过关时婆媳二人一面接受检查，一面大声说笑，用说笑声掩盖手表的嘀嗒声，二人顺利过关，留下了一段"二女将说笑闯险关"的佳话。霞卿奶奶这样的故事不少，北伐时她是广东女子北伐队队长，率领队员奋勇杀敌，被北伐将士誉为"今之花木兰"。奶奶的革命经历和进步思想，在幼小的李霞卿心灵里留下了不可磨灭的烙印，祖母徐慕兰是李霞卿人生的指路人，她勇敢无私、忧国忧民的爱国精神源于奶奶的传承。

　　李霞卿在香港期间就读于圣斯蒂芬教会学校，这所学校是香港名校，教学质量上乘，但李霞卿却不喜欢这所学校。因为学校里有不少美国和英国的学

生，他们依仗自己国家的强大、父辈的强势，根本不把中国同学放在眼里，经常欺侮凌辱中国学生，李霞卿饱受他们的蔑视污辱，在她幼小的心灵里萌发了为祖国，为中华民族复兴而奋斗的决心。李霞卿10岁时回到上海，进著名的"上海中西女中"读书，这是一所贵族教会女校。李霞卿天资聪颖，成绩优异，14岁时，她不仅通晓唐诗宋词，还熟稔英文法文。李霞卿活泼顽皮，爱好广泛，骑马、开车、跳舞、游泳等样样在行。思想开放，胆识过人，加上美丽时尚，她成了该校人见人爱的校花。李霞卿在校的突出表现，加上父亲的背景，高中未毕业，便被父亲新创办的"上海民新电影公司"选走了。

李霞卿14岁进入电影界，她演的第一部电影名为《玉洁冰清》，虽然是第一次面对镜头，演的只是一个配角，但一炮走红，轰动了上海滩。她给自己起了个艺名，李旦旦。从此她以李旦旦为艺名接连主演了《海角诗人》《天涯歌女》《五女复仇》《西厢记》《木兰从军》《再世姻缘》等十多部影片。李旦旦成了名噪一时的影星，深受影迷喜爱。1928年中秋，在"圆月繁星"群众评选活动中，16岁的李霞卿便与胡蝶、王人美、周璇、阮玲玉等被评为"星级七姐妹"。同时李霞卿的演技也得到一些电影表演家的肯定，著名女星胡蝶惊呼，天上掉下个林妹妹。中国早期著名男演员，电影界的泰斗龚稼农在他撰写的《龚稼农从影回忆录》中，曾这样评价李霞卿，他写道："旦旦饰张织云的妹妹，十四岁的傻小妹，一脸稚气，一条辫子，确也逗人喜欢，事实上以她当时的年龄应是称为童星比较恰当。"他接着写道："旦旦参加《玉》片的演出，在李应生来说，是希望自己的掌上爱珠就此一帆风顺，直达'后'座，旦旦自己则纯出于好奇与寻乐。所以在《玉》片之后只拍了几部片子，便赴法学习飞行，改名为侠飞。记得学成返沪，曾被报纸标榜为我国第一位女飞行员，风头之健，令人侧目。"（摘自《龚稼农从影回忆录》上册53-54页）

正于龚稼农所言，李霞卿1928年演过《再世姻缘》后就从中国影坛消失了，息影原因有多种说法。一说是父亲李应生担心女儿在国内的安全，在拍摄《木兰从军记》时，剧组曾遭歹徒抢劫，李霞卿单人匹马与匪徒搏斗，夺回被劫财物，救回人质。李霞卿勇斗劫匪的故事情节，被加进《木兰从军》影片之中。影片上映后，李霞卿成了广大影迷心中的女英雄。树大招风，李霞卿的父亲怕因此引起歹徒的报复，让女儿出国避风。但也有人认为李霞卿单身斗劫匪的故事是虚构的，她息影的真正原因是因婚姻所至。此说不太靠谱，她息影时尚未结婚，连对象都没有。第三种说法是父亲娶了女演员许盈盈，她和李霞卿同演过电影《和平之神》，两人本有芥蒂，父亲娶她之后，李霞卿难以接纳这位后妈，只有敬而远之，出走他乡。最后一种说法与龚稼农所说相同，李霞卿对演电影当明星不感兴趣，她的志向在蓝天。

1928 年 9 月 2 日，李霞卿乘法国邮轮离开上海，前往英国伦敦，开始了新的人生里程。李霞卿到达英国不久，她父亲李应生带着她主演的《海角诗人》与《西厢记》两部影片也来到欧洲。为推售影片，李霞卿陪父亲去了欧洲一些国家。不久，两部片子在巴黎"二八影棚"公映。随后，又在伦敦、日内瓦、柏林等大城市上映，受到广泛欢迎。特别是《西厢记》，受到各国媒体的热捧。

李霞卿随父亲游历一段时间后，在英国一家私立学校学习了近两年。在这两年里，她利用假期和课余时间，参加了大量社交活动。她曾在世界著名喜剧大师卓别林的私人宴会上当过主持；与好莱坞超级巨星

李霞卿饰演的花木兰（图六十六）

李霞卿步出机舱（图六十七）

威廉·威尔同台演过《简·爱》。一时她在欧洲声名大振，成了公众人物。然而和在中国影坛神秘蒸发一样，几乎是一夜之间，李霞卿又从公众视野中消失了。她投进了蓝天的怀抱，走上了通往云端的路。

李霞卿在国外再度成为风云人物，只要坚持在铺满鲜花的成名路上继续往前走，很有可能成为"世界级"的大明星，但她再一次"半途自废"。她令人费解的选择，自然又引出各种猜疑，占主流的说法是婚姻问题。1929年，17岁的李霞卿与比她大11岁的郑白峰结婚，郑毕业于索邦大学，当时任国际联盟秘书。婚后，在日内瓦度过了一段幸福时光。1931年9月1日，儿子降生，1932年9月7日，女儿也来到人间。一儿一女一枝花，按说李霞卿应该感到十分幸福，应安于过相夫教子的家庭生活，做一个贤妻良母。但事实却正好相反。丈夫成天不落家，儿女成天由保姆哺养，她则是成天无所事事。生性好动的李霞卿，对这种百无聊赖的生活产生了厌倦感。她要动，要寻求刺激，所以她选择了飞行。这是多数人的看法。但也有人认为李霞卿选择飞行有更深层次的原因。李霞卿摆脱无聊寂寞生活的途径很多，重回影坛是一条现成的路，她为何不选这条名利双收的捷径，而选择"血盘里抓饭吃"的高风险行业飞行？李霞卿之所以选择飞行，真正原因有三条。其一，飞行是她从小就有的梦想，奶奶讲的"峨眉山飞天仙女"的故事，一直深藏在她的心里，只是没有圆梦的机会。1933年的某一天，李霞卿在巴黎观看了一次飞行表演，飞行员所做的一系列特技动作，看得她眼花缭乱，如醉如痴，太刺激，太诱人了。从此李霞卿认定，蓝天是她驰骋的疆场，飞行是她终生的事业。其二，"九一八"事变后，李霞卿便在寻思，用什么方式报效祖国，驱逐日寇？看过飞行表演后，李霞卿认为飞机是制胜利器，只有飞行才能实现报国之志，才能为驱逐日寇效力，因此她决定学习飞行。其三，李霞卿报考飞行学校时，她与考官有段精彩对话。考官问："漂亮女士，你如此美貌，为什么选择飞行？"李霞卿答道："因为在一般人的观念里，飞行是男人的事，似乎与女人无缘，我就是想做女人不大做的事。"考官接着问："据说在你们的国家，女人的脚都是残疾变形的？"李霞卿坚定地答道："我来到这里，就是让全世界知道，中国女性不但能在地上走，而且能在天上飞。"（摘自《飞天名媛》第171–172页）

为圆飞天梦想，为了报效祖国，为给中国妇女争光，这才是李霞卿放弃电影、选择飞行的真正原因。

1933年10月，李霞卿在父亲的支持下，考取了日内瓦科因特林飞行学校，开始了她的飞行生涯。学习飞行的过程，本是非常艰苦和充满危险的过程，李霞卿却把这个过程变成异常快乐享受的过程，她说，学飞行的那几个月是她人生中最美妙的时光。1934年8月6日，李霞卿以优异成绩毕业，获得飞行执照，她是第一个获得瑞士飞行执照的中国飞行员，也是世界上在日内瓦拿到飞行执照的第一位女飞行员。

为了更好地实现报国之志，1935年1月，李霞卿转到当时世界上最好的航校，即美国波音航空学校高级班深造。该校课程设置是很完美的，但李霞卿并不满意，因为没将特技飞行课目列入教学大纲。李霞卿之所以到美国深造，就是奔特技飞行来的。她学飞行不只是为了在天上飞，而是要升空杀敌，不学特技怎么空战？经过多次找校领导，反复陈述自己要当战斗机飞行员的愿望，最终校方同意了她的请求，破例给她开设军事飞行课目，并指派参加过一战的英雄飞行员莱罗依·格雷格为她的教官。

1935年5月15日，教官带她飞横滚课目时，她身上的安全带突然断裂，她被甩出飞机。坠落途中，她冷静地打开降落伞，降落在海上。因在冰冷的海水里浸泡时间过久，四肢全麻木了，但她既不惊恐，更不绝望，她平静地踩着水，使自己不被海水吞食。当她快失去意识的时候，救援人员赶到了。当他们将她救上水上飞机时，都被眼前全身湿透的"美人鱼"惊呆了。他们谁都没有想到坠入大海的飞行员是个女人，而且是位中国美女。更没想

李霞卿的招贴画 （图六十八）

到从鬼门关拽回的女士，不仅没有一点历险的恐惧，反而还幽默了两句，她说这次跳伞掉到海里，有两件遗憾事，一是有点冷，二是一只鞋掉到海里了。李霞卿此前从没跳过伞，更没在海上伞降过，她创造了奇迹，成了中国第一位跳伞的女性。她大难不死，成了人们争相传颂的佳话。有记者称她是"大海中诞生的爱与美之神维纳斯"。第二天《旧金山观察家报》刊登了一张李霞卿事后仍脸带微笑的照片，还有记者采访记录，记者问她当时是否感到恐惧，她答道，不，一点都不害怕，只是觉得刺激。为了表示真不害怕，记者采访的当天，李霞卿再次登上将她甩出驾驶舱的那架飞机，在旧金山湾上空进行特技飞行训练。美国有个"毛虫俱乐部"，又称"卡特皮俱乐部"。该俱乐部是专为飞行中化险为夷，死里逃生的飞行员设立的。该俱乐部吸收李霞卿为会员，向她颁发了一枚金质毛虫胸针。李霞卿是该俱乐部吸收的第一位中国女飞行员，也是她飞行生涯中光辉的一刻，标志着她向女飞行家迈出了第一步。

1935年11月5日，李霞卿以全优成绩毕业，成为美国波音航空学校第一位女毕业学员，在拿到毕业证的同时，她也获得了美国飞机驾驶执照。此时的李霞卿翅膀已硬，羽毛已丰，她想即刻飞回祖国，用精湛的飞行技术为国效力，歼敌建功。

1935年12月李霞卿乘"柯立芝总统号"邮轮先到香港，在港短暂停留后回到上海，1936年春节前夕在沪定居下来。李霞卿回沪时，中国飞行社在上海成立不久，正缺飞行教练，特别是女教练，因为飞行社招有36名学员，其中有2名女学员。李霞卿回国后又急于用自己的飞行技能为中国培养飞行员，因此她很想到飞行社当飞行教官。但好事多磨，当教官她必须持有民国政府颁发的飞行执照，尽管她持有美国驾照，国内不认，她多次到有关部门申请就是不批，因为她是女人。他们只认性别，不认本事。李霞卿非一般平民，昔日上海滩的影星，社会关系也非同一般。她动用一切关系，四处游说，最终南京航空部门同意考虑她的申请，但南京要派人到上海亲自监考。他们原本想用考试吓住李霞卿，让她知难而退，没想到这一招正中她的下怀，她可用考核的机会，施展她超群的飞行技能。不出所料，考试成了李霞卿的飞行表演，而且只是很一般的简单课目表演，就这样也让考官们看得目瞪口呆，为之倾倒，一致投了赞成票。航行部门不仅同意给李霞卿颁发飞行驾驶执照，而且还由蒋委长亲自颁发,还派给她一架飞机,让她到全国各地考察航空情况,她可以在祖国领空自由翱翔。从此,她驾机飞遍了祖国的大江南北,饱览了神州大地的壮丽山河,航程3万多英里,创造了国内女子远距离飞行的新纪录。考察途中,李霞卿写出了二十余万字的《改革中国航空的建议》一书,书中指出了中国航空领域里的不少弊端,如地图不准确、气象

李霞卿(右)与颜雅清合影(图六十九)

报告误差大、导航设施落后等,并针对这些问题提出了改革建议。

李霞卿回到上海后,不仅当上了飞行教练,还协助社领导组织指挥飞行训练。这段时间她很忙,除了在龙华机场带学员飞行外,还要在地面给学员上理论课。同时还要处理个人的婚姻问题,她与丈夫因多种原因离婚了。不幸的婚姻结束了,李霞卿将全部精力都用在飞行教学上。大量媒体报道了李霞卿在飞行社任教的生活,1936年9月上海畅销的《中华》画报刊登了李霞卿在机前的照片。上海另一份畅销画报《妇女生活》,将她与学员杨瑾珣在机头前的合影登上了封面。

1936年10月24日,是个非同寻常的日子,这一天上海市民,为响应孙中山"航空救国"的号召,以及政府发起的"抗日献机"活动,举行了隆重的"献机命名"大会,15万多人参加了这一盛典。大会上李霞卿进行了特技飞行表演,这是她回国后首次公开亮翅。李霞卿非常重视她的首秀,她将绝活在上海上空全部施展出来,将每个动作都做到极致。俯冲时,直到快触地时才将飞机拉起;低飞时飞机几乎贴着观众头顶掠过;跃升时,飞机好似一枚硕大的冲天炮,瞬间就没入九霄之中;横滚时,飞机宛如一只巨型陀螺,在蓝天急速旋转。她惊险万状的表演征服了每一位观众,令所有人惊呼连连,整个龙华机

场变成了沸腾的海洋。

李霞卿这场精彩惊险的表演,在大上海引起的震动远远超过了她当年的"明星"效应,其社会效益也远胜过她主演的全部电影,昔日马背上的"花木兰"与今日飞机上的"花木兰"已不能同日而语。这场表演唤起了人们对航空事业的关注,进一步激发了市民的抗日爱国热情,特别为广大妇女争了光。多家报纸发了号外,有家报纸评论甚至认为李霞卿的飞行表演,是"淞沪会战"前吹响的一次集结号。1936年10月24日,这一天应载入中国航空史册。

李霞卿的这次表演,还引出了一段蓝天佳话。不少女性看过她的表演后,也对飞行产生了兴趣,也想像她一样展翅蓝天,为国效力,有位在外交界工作的颜雅清女士就是其中一员。她当场见到了李霞卿,从此开始了"蓝天双姝"的故事(她俩的故事后面再细说)。

李霞卿在上海进行特技表演的消息,很快传遍全国,不少单位慕名造访,有邀请她做报告的,也有用高价请她去表演的,她都谢绝了,唯独接受了西南航空公司请她做志愿飞行员的邀请,她在该公司当了6个星期的志愿飞行员。在这短短的6个星期里,她不仅帮他们飞航班,传授飞行技术和航行经验,更重要的是给他们介绍了美国航空公司先进的管理模式。

名人走到哪里,总有记者尾随,哪个年代都一样。李霞卿到西南航空公司当志愿飞行员之事,很快被记者们知道了。有一天《玲珑》杂志记者采访了李霞卿,此次采访虽没挖到特别惊人的"内幕",却留下了李霞卿的一段"心理话",她说:"我希望此生能为中国的航空事业鞠躬尽瘁。另外,我还希望所有的中国人能对航空飞行有所了解,这样有助于增强国防力量。"(摘自《玲珑》1937年第291期)

1937年,"七七事变"后,李霞卿即抱着舍身成仁,血洒蓝天的决心,亲赴南京航空委员会请缨,要求参加空军作战部队,驾驶战斗机升空作战。她自信凭她在美国一流航校所学的技战术,以及这些年积累的航行经验,不用培训就可直接参战。但万万没有想到,尽管她已是全国闻名的女飞行员,有蒋委员长亲自颁发的飞行执照,空军仍然拒绝接纳她,理由也很明确,空军作战部队不用女人。李霞卿一看当战斗机飞行员无望,便退一步求其次提出开运输机,答复同样是不行。

李霞卿一身绝技无法施展，一腔热血无处抛洒，她失望，她不满，但她没有沉沦，仍全身心地为抗日救亡夜以继日地工作。她组织成立了急救站，任副站长，急救站救治了大量受伤将士；她协助组建了一个难民营和一个孤儿院；为激励军民的抗日热情，她设立了一个电台。1937年11月11日上海沦陷后，李霞卿没有撤退，仍在租界内继续红十字会急救站工作，直到日本侵略者四处通缉她时，她才离开上海前往香港。

身怀飞行绝技，却眼睁睁看着敌人的飞机在祖国领空横行，任意屠杀

李霞卿在飞机旁（图七十）

自己的同胞，自己也成了逃亡者。她感到憋屈，满腔怨气洒向报纸，她在香港发表了一份声明，表达了对政府的不满。她说，如果让女飞行员上天杀敌，她们一定会为抗战做出应有的贡献。她们至少可以驾驶运输机，运送抗战物资，支援前线抗战（她的这番话，后来被苏联和美英等国的女飞行员实现了）。

李霞卿虽对政府多有不满，但仍以大义为重，她决定用自己的飞行技术，到美国各地进行飞行表演，募集资金，支援国内抗战。为实施这一计划，李霞卿于1938年10月14日，乘美国泛美航空公司的"中国飞剪号"离开香港前往美国，开启了她人生中更为辉煌的岁月。

1938年10月20日，李霞卿乘坐的"中国飞剪号"在旧金山港降落，这里正是当年她坠海的地方，但事过境迁，物是人非，此时李霞卿已是一只羽毛丰满的金鹰。到美国后的第一件事就是弄飞机，她准备变卖自己的全部首饰，首饰估价约7000美元，可购买一架小型飞机。没想到到美国后，李霞卿受到各界的广泛关注和大力支持，特别是各地华侨，将她作为英雄迎接，各家媒体也刊登大量文章和照片，报道她的到来。其中有位特殊人物对李霞卿的帮助最大，她就是世界闻名的美国女飞行家科克兰（她的事迹外国篇有详细介绍）。

原来李霞卿环美飞行募捐计划得到了宋美龄的支持，因此美国国务院十分重视，特派美国著名女飞行家科克兰女士协助李霞卿。科克兰不愧是飞行家，她知道如何帮助李霞卿。她首先说服美国因比奇飞机公司，给李霞卿赞助了一架 SR-9B 型单翼机，该机后来被命名为"新中国精神号"，而后让李霞卿乘坐她驾驶的飞机，熟悉李霞卿要飞的航线，并表示要为李霞卿提供赞助。她解决了李霞卿环美募捐飞行的三个关键问题，即飞机、航线和资金。

李霞卿一到美国，便与正在美国学飞行的颜雅清取得了联系，两人相约，等颜雅清学成获得驾照后，一道开始环美募捐飞行。在等待颜的过程中，李霞卿独自驾机试飞了一次，由旧金山飞洛杉矶，她取得了开门红。但飞往纽约途中，她因大雾迷航，没能按预定时间到达目的地。纽约机场空管部门等了3个多小时，不见她的踪影，认定她出事了，便发出了李霞卿失踪的警报。

李霞卿虽然迷航，但并不慌张，她凭多年的飞行经验，降低飞行高度，争取见到地面。她终于飞出浓雾区，见到了大海，她沿海岸线飞行一段时间后，找到一陌生机场（格罗顿）降落了，此时飞机油料即将告罄。她补充完燃油后再度起飞，在纽约华克机场安全降落。机场发出李霞卿失踪的警报后，一批又一批新闻记者，还有大量关心李霞卿的各界友人和侨胞，纷纷赶往机场，打探她的消息，当她平安归来时，机场顿时呈现出一幕欢迎英雄凯旋的场景，成簇的鲜花，不息的掌声，拥向李霞卿。这次的失踪警报，坏事变好事，让更多的美国民众了解了李霞卿，了解了她此次来美的爱国使命，为她日后的募捐飞行铺平了道路。

1939年3月23日清晨，李霞卿与颜雅清来到费城机场，这是她俩环美万里募捐飞行的首站。由于颜雅清的座机还未交货，她俩同乘一架飞机。为让刚毕业的颜雅清多飞，李霞卿坐到后座当乘客，飞机由颜雅清驾驶。第一天的目的地是卡姆登机场，她们顺利到达，受到当地各界人士的热烈欢迎。第二天，她们飞往华盛顿。在这里她俩停留了几天，进行了几场募捐演讲。其间颜雅清的座机由美国王牌飞行员罗斯科·特纳上校送到华盛顿机场，李霞卿陪同颜雅清到机场交接（见后图七十六）。颜雅清有了自己的"新中国精神号"后，两人按计划兵分两路进行环美募捐。临行前，她俩写了一份志愿书，说明她们的环美飞行是自愿献身国家，所有捐款统由捐款人用支票寄交，本人决不接纳分文。飞行期间倘遇任何危险愿自行负责,与他人无关。

1939年6月15日,李霞卿驾机在纽约附近的法拉盛机场安全降落,这是她此次环美募捐飞行的终点站。至此李霞卿结束了历时3个多月的募捐活动。在这段时间里,李霞卿飞访了美国42个州,航程1万多英里,募集到数万美元和中国法币。她的环美募捐飞行非常成功,有多成功?除这几个能量化的数字外,还突出地表现在以下两个方面。

李霞卿(持花者)与欢迎人群合影(图七十一)

其一,李霞卿飞访期间,每到一地,都受到当地政府高规格的接待。仅举两例。李霞卿到达温哥华时,当地政府派出一架飞机和几架私人飞机,在空中迎接李霞卿。她到盐湖城时,空中有15架飞机为她护航,护航时间长达20分钟。天上有飞机保驾,地面有摩托开道,李霞卿享受的是国宾待遇。翻阅世界航空史,别说是女飞行员,就是男飞行员,有几人有过如此高规格的享受?李霞卿创造了历史,而这个纪录是在世界头等强国创造的。另外,每到一地,当地政府都争相授予李霞卿名誉市民称号,赠送一把"城市钥匙"。能享受这种礼遇的华人妇女,历史上恐怕也不多。仅此两例,足以证明李霞卿在美期间受欢迎的热度之高了。

其二,李霞卿在环美募捐飞行过程中,没少演讲,讲过多少次无人统计,但演讲有多精彩、多受欢迎有记录。仅以温哥华的两次演讲为例。一次是在一家饭店的会议厅,她演讲的主题是"孙中山先生的'航空救国'思想"。会议厅比较小,只能容纳300人,可前来听讲的人多达4000多,挤不进会议厅的便站在外面的扩音器下,聆听李霞卿的讲演。3天后,李霞卿在该市远东大剧院,又进行了以"拯救大中华"为题的演讲。剧场座位只有1000多席,而听众多达7000余人,没有座位的听众,除一部分挤在剧场过道外,绝大多数人也只有站在剧场外听"广播"了。这样的场面在李霞卿的演讲过程中,几乎场场如此。她的演讲为什么如此受欢迎?原因很多,首先是她的身份特殊,对广大侨胞来说,她是来自祖国的使者,亲人,还是女飞行员,是仙女;二是她演讲的内容精彩,紧扣抗战形势,都是人们关心的热点话题,能打动听众的心;三是她具有出众的魅力,她面目清秀,身材曼妙,声音甜美,举止高雅,人们都想一睹女神的芳容,尽情欣赏她风情万种的美。李霞卿也清楚自身的优势,因此在3个多月的时间里,她抓住一切机会,宣传抗日形势,鼓舞侨胞士气,争取美国各界的支持,募集资金支援国内抗战,同时展示中国妇女的风采。在她的感召下,美国援华捐款源源不断地涌入中国,大量医疗器械和药品送往前线,一批批华人华侨回国参战。李霞卿不虚此行,她的目的都达到了。

李霞卿环美飞行期间,也并非全是鲜花、掌声、美酒和红地毯,她也有烦心事,除飞行中的几次不顺外,最闹心的是伙伴颜雅清的坠机事故(该事故后面介绍),她非常挂念雅清的安危,为她忧心忡忡。更可气的是,香港的多家报纸没弄清真相,都说是李霞卿在美坠机了,身受重伤,性命堪忧(此假新闻流传很广,也很久,连著名航空史专家关中人先生,在他1988年出版的《中国妇女航空钩沉》一书第123至124页,专门论证了颜雅清和李霞卿就是一个人,不存在颜雅清其人)。李霞卿看到香港的假新闻后,心情自然好不了。

李霞卿结束环美飞行不久,便酝酿着赴南美洲宣传抗日,募集资金。经过一段时间的准备,李霞卿于1940年3月12日,从纽约罗斯福空军基地起飞,开始了南美洲的募捐之行。她的这次募捐之行和环美飞行一样成功。每到一地,都会掀起一阵狂潮。仅在秘鲁一地,她驾驶军用飞机进行的一次特技表演,在当地引起极大轰动,出现了万人空巷的局面。募捐活动取得巨大成功,创下了单次表演募得4万美元的辉煌纪录。秘鲁航空部长亲自授予她一枚金质

第三章 十四年抗战

奖章。

1940年7月,李霞卿完成了南美募捐之旅回到纽约。这次南美募捐飞行,总里程18000英里,飞访了14个南美国家中的9个,还访问了3个加勒比海岛国。

1944年,李霞卿再次飞往南美募捐,并大获成功。这次的南美之行时间较长,历时8个多月。在这期间,国内报纸刊登一则消息,称航空女杰李霞卿在南美洲宣传抗日途中,不幸因飞机失事香消玉殒。关于李霞卿之死,媒体言之凿凿,他前夫也说她死了。她的确有很长时间没有在公众场合露面,因此这个谣言在国内传开了,传了几十年,前

南美杂志封面上的李霞卿画像(图七十二)

两年还有人写文章说李霞卿1944年死于空难。关中人先生在他著的《中国妇女航空钩沉》第127页中写道:"李霞卿在一次募捐活动中,不幸因表演飞行失事殉难了。"

事实是李霞卿不但没有死,相反活得很风光,她继续为宣传抗日奔走呼号,还做了大量的慈善工作。1946年5月她回到香港与父亲团聚,并在香港定居下来。1958年,香港启德机场举行了隆重的新跑道启用典礼,46岁的李霞卿应邀参加了这一盛典,并亲自驾驶飞机做了示范表演,当时香港的《工商日报》等报纸对这一盛况进行了报道。这是李霞卿"被死亡"后,首次在大众面前重返蓝天。

1997年香港回归时,李霞卿作为特邀贵宾出席了回归典礼。次年1月24日,在美国南加州的渥仑市,因急性肺炎去世,终年86岁。李霞卿死后,被安葬在美国加州奥克兰市墓地。

颜雅清 为抗战负过重伤，做过囚徒，被誉为"世界公民"

颜雅清，1906年1月17日生于上海江湾区，家庭背景十分显赫。颜氏家族是颜回的后代，家族中历代名人无数，仅从颜雅清的祖父颜如松算起，就名人辈出。颜如松留学美国，在俄亥俄州的凯尼思学习，回国前参加过南北战争。他1861年毕业，次年回国，生有3儿2女。颜如松过世较早，5个孩子由伯父颜永京抚养成人。颜雅清的父亲颜福庆，在兄妹5人中排行第二，先后就读于上海圣约翰中学和圣约翰大学医学院。1906年赴美留学，就读于耶鲁大学，获得博士学位，1910年回国，回国后一直从事医务工作。颜雅清的伯父颜惠庆，我国著名的外交官，五任北洋军阀和民国政府总理或代总理，后任驻美公使和驻苏大使。叔父颜德庆，中国早期的铁道专家，在近代中国铁路史上有着非常显赫的地位。颜氏三兄弟人称"颜氏三杰"，颜雅清就出生在这样一个"中西合璧"的开明世家。

作者参观湘雅医学院旧址（图七十三）

颜雅清父亲回国后，任湖南长沙雅礼医院外科医生，全家也迁入长沙。1914年父亲创办了中国第一所中外合作的医学院，即长沙湘雅医学专门学校，任校长。后来更名为湘雅医学院，成为中国一流的医学院校，有"南湘雅，北协和"之说。

随着父亲事业的发展，颜雅清家的人丁也兴旺起来，颜雅清有了弟弟我清、瑞清，妹妹湘清。1916年颜雅清的父亲再度赴美深造，她也一同前往。在纽约州东南部城市拉伊的一所私立贵族女

第三章 十四年抗战

子学校读书。1917年年初颜雅清随父亲回到上海，就读于汉口路著名的"上海中西女中"，这是一所贵族学校，创立人是"宋氏三姐妹"的父亲宋嘉树，三姐妹都是该校学生。这一年2月22日下午4点，美国19岁的女飞行员史天逊，在上海的江苏省教育会三楼举办航空知识讲座，颜雅清前去聆听了她的讲演，从此对飞行有了兴趣，立志以后也像史天逊一样，当名女飞行员（有关史天逊来华进行飞行表演的详情，后面外国篇有专文介绍）。

1921年颜雅清再次赴美，进波士顿"瓦纳中学"学习，这是美国顶尖的艺术类高中。1922年秋，颜雅清考进了"史密斯女子学院"，该校是美国最大、最负盛名的私立女子专科学院，时年颜雅清才16岁，是该校年龄最小的学生，学制4年，主修历史。1924年因父亲回国，颜雅清中断学业，随父先到欧洲各国游历，而后返回长沙。之后，她进入"雅礼大学"插班学习，第二年6月毕业，结束了学历教育，这年她19岁。她的特殊学习经历，是她传奇人生的文化基石。

颜雅清大学毕业后，在长沙湘雅医院工作了一段时间，后随父亲回到上海，过上了一段中国妇女相夫教子的生活。1927年6月2日，她与陈炳章结婚，陈是孔祥熙的秘书，满腹经纶，是位才子，美国耶鲁大学高才生。婚后，两人相互欣赏，恩爱有加，很快成为大上海最受欢迎的情侣嘉宾。1928年7月18日，他们有了第一个孩子，是个男孩，名陈国伟。1932年4月10日，女儿陈国凤降世。这一年，颜雅清平静的小日子被枪炮声打破，日本侵略者在上海挑起了"一·二八事变"。日军在上海的暴行激起了颜雅清的强烈愤慨，一直心怀报国之志的她，决定走出小家庭，投身到抗日救亡的激流中去。

上海当时有一"沪西公社"，它成立于1930年，名义上是上海基督教青年会的组织，实际上是上海地下红色工会开展活动的场所。"一·二八"事变后，颜雅清便积极参加"沪西公社"组织的宣传抗日、募集捐款、救济难民等活动，直到1935年随伯父颜惠庆去苏联莫斯科。

颜雅清是位自命清高，志向远大，不甘平庸的女性。她虽参加了一些社会活动，也小有成就，但感到责任不大，贡献不多，她要挑重担，干大事，干一番对全国乃至全世界人民有益的大事。她将目光投向了伯父从事的外交领域，她要在国际舞台上一显身手。1935年颜雅清的伯父颜惠庆被任命为驻苏大使，

121

颜雅清在驾驶舱里（图七十四）

临行前妻子有事不能前往。谁都清楚，大使夫人是半个外交官，是不可或缺的人物。为难之际，只好由侄女替伯母出使苏联，充当使馆女主人的角色，也圆了颜雅清要干大事的梦。颜雅清抓住这千载难逢的机遇，在莫斯科的那段日子里，充分施展她的才华和女性的魅力，赢得了各方人士的好评。

颜雅清在苏联游览了许多风景名胜，见到了所有的苏联政要，包括领导人斯大林。在此期间，因工作需要她还学会了俄语。

颜雅清在苏联大使馆工作的一年多时间里，演绎出了不少传奇故事，但最精彩的故事不是发生在莫斯科，而是在日内瓦。1935年8月，颜惠庆接到南京政府的指令，让他率中国代表团出席9月9日至10月11日在日内瓦召开的国联（联合国前身）大会第16次常会。颜雅清作为代表出席了这次会议，她是代表团中唯一的女性。她出席日内瓦会议不是当花瓶，而是肩负重任，她将在分组会议上代表中国发言。9月19日，颜雅清在第一委员会第5次会议上，就世界妇女地位和权益问题正式发言。发言中，她呼吁男士们，应自觉自愿地、高高兴兴地从法律上落实妇女权益保障问题。建议国联应将妇女权益这一重要问题正式提上议事日程。最后她铿锵有力地喊出了："马上行动起来，改变目前糟糕的妇女状况。让全世界的妇女享有半边天，世界会变得更加美好。"颜雅清不辱使命，她的发言十分精彩，某些语句还成了经典，后来毛泽东将"妇女享有半边天"改为"妇女能顶半边天"，流传至今。颜雅清富有见地的发言和独特的个人魅力，彻底颠覆了与会代表对中国妇女的认识，给他们留下了深刻印象。

在返回苏联的旅途中，颜雅清做出了重要决定，勇敢地向丈夫提出离婚，她不可能再回归小家庭做贤妻良母,她要在广阔的天地里自由翱翔,为国家的兴旺、为妇女的解放而奋斗。她的决定遭到丈夫和父亲的强烈反对,但她毫不妥协,两人终于分了手。

1936年夏天,伯父离职后颜雅清也回到上海,她去掉了名字前的夫姓,又变为快乐活泼的颜雅清小姐。前文写道:"1936年10月24日,这一天应载入中国航空史册。李霞卿的这次表演,还引出了一段蓝天佳话。不少女性看过她的表演后,也对飞行产生了兴趣,也想像她一样展翅蓝天,为国效力,有位在外交界工作的颜雅清女士就是其中一员。她当场见到了李霞卿,从此开始了'蓝天双姝'的故事(她俩的故事后面再细说)。"下面就接着讲述颜雅清与李霞卿的故事。她们此前就认识,都相互倾慕,因为两人的命运相同,都在日内瓦生活过,都是两个孩子的母亲,而且都是一男一女,两人都已离婚,离婚的理由都是为冲破家庭的束缚,自由自在地干自己想干的事。这次看过李霞卿的飞行表演后,颜雅清建议两人办一所飞行社。颜雅清在苏联不仅见到过苏联著名女飞行家拉斯科娃等人,她还了解到苏联有几十所培养男女飞行员的俱乐部,人数多达500多万,其中三分之二是女性,一旦战争爆发,他们很快就能升空作战,而中国一所都没有。所以,二人商定创办飞行社,为国家培养男女飞行员(实践证明她的预见是正确的,苏德战争爆发后,一千多名经过航空俱乐部培训的女性,迅速组成三个女子航空兵团,她们杀得德军闻风丧胆。这些故事后面外国篇细说)。正在筹办过程中,颜雅清接到了新的任命,国民政府派她到国联中国代表团的一个专家顾问团任职,她俩组建飞行社的计划搁浅。

颜雅清在飞机旁(图七十五)

此后,颜雅清赴日内瓦上任,不久"七七事变"和"淞沪会战"相继爆发,她对国内形势忧心忡忡。特别是发生"八·一四"惨案后(中国飞行员误炸上海大世界,造成1700多人丧生,数千人受伤),她深感中国空军作战能力低下,要想取得抗日战争的胜利,必须强我空军。上海沦陷后,更加坚定了她学飞行报效祖国的决心。她没与任何人商量,便辞去了现有的工作。1937年12月,她独自乘船,离欧赴美。1938年1月29日,她考进了设在纽约罗斯福机场的、有名的沙菲尔飞行学校学习飞行。由于颜雅清已是世界名人,人们对她弃显赫的外交官不做,而要学随时有可能见上帝的飞行都不理解,但对她为国献身的精神都给予很高的评价,对她的到来也表示了最热烈的欢迎。

学习目的明确的人,学习都会刻苦用功,颜雅清也一样,尽管她是学员中年龄最大的老姐(当时她实际年龄为32岁,报名年龄为28岁),但聪颖过人,接受能力超强,再加上勤学苦练,她的飞行成绩不仅门门优秀,而且进度很快,常人两小时才能掌握的动作,她一小时就能掌握。她很快就完成了一般飞行课目的训练,可以毕业了。但她和李霞卿一样,要求加训空战的技战术课目,她回国后要当一名空军战斗机飞行员和教员,校方满足了她的要求。1938年11月10日,颜雅清以优秀的成绩毕业了,获得了飞行员执照。她实现了自己的奋斗目标,成为一名羽翼丰满、时刻准备报效祖国的战斗机飞行员,当年李霞卿在上海表演的特技她都掌握了,她也能在蓝天之上纵横驰骋了。

颜雅清毕业时,李霞卿已在美国纽约,两人见面后,李霞卿劝颜雅清先不要急于回国,而是和她一起做环美募捐飞行,为支援国内抗战募集资金,同时进行演讲,宣传抗日,争取美国各界的援助,鼓励华侨回国效力。颜雅清接受了她的建议,同意先陪她环美飞行。于是两人雄心勃勃地制订了一个周密的宣传筹款计划。她俩决定,各驾一架轻型飞机,做环美募捐飞行,计划总里程为15000英里。为现实宏伟计划,她俩进行了认真准备,绘制了航行图和宣传海报,向美国航行部门申请航线等。1939年3月23日,颜雅清和李霞卿到达纽约弗洛伊德·班尼特机场,开始她们伟大的环美募捐飞行(两人从纽约出发的情况,前面写过不再重复)。在两人只有一架飞机的情况下,飞行时颜雅清在机长位置上飞,李霞卿在右座上指导,因为颜雅清是刚毕业的新手,需要锻炼。演讲宣传时主要是颜雅清讲,李霞卿在下面学习,因为颜雅清是演讲的老手、高手。1939年4月3日，颜雅清的座机由美国王牌飞行员、国会颁发的"飞行十字勋章"获得者罗斯科·特纳上校亲自驾驶，专程送到华盛顿机场。送飞机的是大名鼎鼎的美国王牌飞行员，而接受飞机的是誉满

颜雅清在机场接收飞机（图七十六）

外交界的有"世界公民"之称的中国女飞将，这航空史上罕见的接交机仪式，自然是爆炸性新闻，受到广泛关注，各大媒体纷纷进行了报道，留下了一张两人交接飞机时的珍贵合影（图七十六）。颜雅清的座机为波菲尔德35-W型，是上单翼，可搭乘两名乘客，由波菲尔德飞机制造公司赞助，也命名为"新中国精神号"，外表也涂为红色。有了自己的座机之后，颜雅清按计划开始独自飞行，前一段飞行很顺利，对自己的座机很满意。她先后飞访了加州瑞奇蒙市、北卡罗莱纳州罗列、哥伦比亚、佐治亚州萨凡纳、佛罗里达州杰克逊维尔等地。随着飞访航线的延长，颜雅清在美国的知名度也成正比例增长，她"中国的阿米莉娅·埃尔哈特"的名字也愈叫愈响（阿米莉娅·埃尔哈特，美国著名飞行家，她的事迹后面专门介绍）。她的飞行技术虽属上乘，但与李霞卿相比，还有不少差距，但她的演讲技巧却比李霞卿强了许多，她的英语水平也比李霞卿高出一大截，她的眼界之开阔，论述之精辟，也略胜霞卿一筹。因此她的演讲更生动，更精彩，更吸引人，她的募捐宣传异常成功。这段时间，李霞卿、颜雅清两朵奇葩在天上地下争奇斗艳，大放异彩，令美国民众和华人华侨大饱眼福、耳福，无不竖大拇指赞颂。

  颜雅清在航校飞行考试时，各项成绩均为优秀，她对自己的飞行充满自信。然而随着飞行时间的增多，她的自信心反而越飞越弱，越飞越不自信。她

前一段航程虽然顺风顺水，但往后却接连出现问题，首先是发动机功率逐渐减弱，还出现停车的故障，逼迫颜雅清在野外迫降。虽都安全无恙，但每次迫降都在颜雅清心里上蒙上一层阴影。另外，体力也在逐渐衰退，应接不暇的演讲和宴请，占去了她大量休息时间。她预感到后面的航程要出问题。但又不能半途而废，只能知难而进。

1939年4月27日，颜雅清驾驶"新中国精神号"，航行在美国南部地区的上空，下午她到达阿拉巴马州境内，在阿拉巴马州的莫比尔安全降落。和往常一样，她受到当地华侨和有关人士的热烈欢迎，当地华侨将她安排到最舒适温馨的一对华侨夫妇家居住，经过长途飞行，颜雅清对住所很满意，决定在此多住几天，好好恢复体力，好好维修飞机。不承想，闻讯从四面八方赶来的民众将她的住处围得水泄不通，场面十分热烈。颜雅清只好打起精神，以优雅靓丽的形象出现在人流面前，向他们发出日本侵略者一定会像掠夺中国棉花一样掠夺你们棉花的警告（阿拉巴马州是美国重要产棉地）。1939年5月1日早晨，颜雅清离开莫比尔的贝茨机场，向着下一站伯明翰飞去。那天天气晴和，垂直和水平能见度都很好。天气虽好，颜雅清的精神劲儿却不大好，近几天人来人往，没休息好，思想总集中不起来。按计划蒙哥马利机场该到了，可翼下没丁点小城的影子，下面尽是农田牧场，这时她才发觉自己迷航了。她一看油量表，燃油已经不多，不能再瞎飞了，于是她准备迫降问路。她选择了一家农舍旁的一块麦地做迫降场，操纵飞机安全降落。农场一黑人女工没见过飞机，见飞机在麦地落地，吓得跑回屋里喊主人。当她和女主人走出来时，颜雅清也正朝她们走来。女主人见过飞机，知道飞机肯定出了毛病，因此对颜雅清的不速造访并不感到惊奇。颜雅清与女主人见面后，便询问蒙哥马利机场在哪个方向，离这里还有多远？女主人一一做了回答。颜雅清谢过主人后，迅即跳上飞机，将飞机滑回地头，而后加大马力，准备起飞。她没想到，着陆时飞机处于减速状态，庄稼产生的阻力越大越有利飞机减速降落，而起飞时正好相反。雅清将油门加到最大，但飞机速度却上不去，轮子被高高的麦秸层层阻挡，飞机无法离地，颜雅清只好收油门中断起飞。她再次将飞机滑回地头，选择了靠树林边一处空地重新起飞，这次飞机被拉起来了，但离地时，翼尖撞上了农舍的山梅花篱笆墙，"砰"的一声巨响，飞机头冲下摔在小树林边上（图

第三章 十四年抗战

颜雅清坠机现场（图七十七）

七十七）。农场两个女人见后吓傻了，站在原地手足无措，不知如何是好。幸好有两个小伙子，开车路过这里，见状立即停车救人。他俩跑向现场，发现颜雅清被压在驾驶舱里，头部撞在挡风玻璃上，满脸是血，动弹不得，但有生命迹象。两个年轻人用力搬开压在颜雅清背上的伞包，将她抱出机舱。这时飞机上汽油不断外泄，飞机随时有起火爆炸的危险，两人赶忙将颜雅清往停车处抬，正抬时颜雅清从昏迷中醒了过来，指着飞机小声说着："包，飞机上的皮提包。"两人明白了她的意思，一人扶着颜雅清，一人到飞机残骸中找包。她的航行包很快找到了，两位年轻人将她抬上汽车，以最快的速度将她送往附近的普拉特维小镇总医院抢救。颜雅清被送到医院时，仍处在昏迷状态，医生给她做了初步诊断，结果是脑震荡和面部擦伤，万幸的是没有生命危险。医院在抢救颜雅清的同时，也将她坠机的消息通知了华盛顿的有关部门，中国大使馆迅及通过媒体向海内外发布了这一不幸消息。普拉特维小镇一下子成了国际媒体关注的中心，小镇总医院更是中心的中心。不到3小时，就接到来自纽约、旧金山、华盛顿等大城市50多个慰问和询问颜雅清伤势的电报和电话。一批又一批记者也纷纷涌向小镇的总医院，都急于采访颜雅清，但都被负责救治的泰纳医生挡在门外："伤员昏迷未醒，不能接受采访。"当天下午，颜雅清开

颜雅清(右二)与友人合影(图七十八)

始清醒,但并没完全恢复意识,处在半昏迷状态。她反复自责道:"我真笨,我可怜的人民。我必须为他们而工作。我坠机了吗?我必须为我的人民而工作,我不想罢手。"(摘自《飞天名媛》第87页。)这听似条理不清的"胡言乱语",实则是颜雅清最纯真的心里话。身受重伤,饱受伤痛煎熬的她,躺在病床之上,心仍在忧国忧民,首先想到的仍是自己的使命。她这种深厚的爱国情怀,超强的钢铁意志,深深地感动着在场的每一位医务人员。他们医治过的病人无数,但像颜雅清这样坚强,这样为国为民舍生忘死的病人却很少见,女病人更是少之又少。正当医务人员为她赞叹之际,更感人的一幕发生了。颜雅清问医生,外面是不是有记者要见她。医生不想瞒她,只得实话实说,"外面有大批记者早就想采访您,因怕影响您休息没让进来。"颜雅清听后说,请他们都进来,我有话要说。医生只好打开病房门,放久候的记者们进来。蜂拥而来的记者也不采访,都用手中的长枪短炮对准病床上的颜雅清一阵猛拍。这时的颜雅清自然没有了往日鲜亮、优雅的风采。头上、脸上缠满了绷带,只有卷发仍如往常一样乌黑锃亮。不过此时的颜雅清却有了一种另类的美,即英雄负伤凯旋的悲壮美。那天下午她"语无论次"地说了不少听似呓语,却为真言的大实话,句句都没离"使命"主题,其中有一句话给人印象最深,令人难忘。有记者问她,为抗战募捐,付出如此惨重的代价后不后悔,她答道,"为了中国人民的解放事业我愿意慷慨赴死。"（1939年5月2日《旧金山纪事报》）颜雅清无心打出的"悲情牌"，却收到了意想不到的效果，她"颠三倒四"的"车轱辘话"，却比任何一场精彩演讲的效果都好。她躺在医院病床的日子里，比她在天上飞、地上讲的贡献更大，收到的捐款捐物更多，她本人也成了美国民众心目中的美女英雄。

1939年6月15日，李霞卿完成了环美募捐飞行回到纽约，伤愈出院的颜雅清赶往机场迎接。李霞卿见到"劫后余生"的颜雅清，比自己脱险还高兴。"蓝天双姝"又会面了，两人通过共同努力实现了预期目标，为中国争取抗战胜利做出了巨大贡献。

颜雅清在联合国工作照（图七十九）

1939年10月，颜雅清的伯父颜惠庆来到美国，由于她的私人飞行执照即将过期，因此她和不少爱国人士一样，希望尽快回到祖国去，回到自己的同胞中去，希望回国驾驶战机升空杀敌。因此她向伯父提出，想随他回国。获得伯父同意后，她搭乘旧金山飞往马尼拉的泛美飞剪号水上飞机，到达香港，和在港躲避战乱的父亲、妹妹等亲人团聚。在港的那段日子虽是和家人难得的一次团聚，但一想到国内受苦受难的同胞，颜雅清的心情怎么也好不起来，成天闷闷不乐，不久得了抑郁症，她曾偷偷地看过精神病医生。1941年年底，她在香港实在待不下去了，决心回内地。正准备启程时，日军开始进犯香港，1941年12月25日香港沦陷。由于颜雅清是位抗日斗士，日军将她关进了集中营。颜雅清在集中营度过了8个月的非人生活，这8个月她没吃过一顿饱饭，体重减轻了20多斤，真是骨瘦如柴。后来在难友的掩护下，她逃出集中营，经过千辛万苦，长途跋涉到达陪都重庆。这时的颜雅清再也不是昔日的美丽、健康的大美人了，而是一个瘦弱、憔悴的黄脸婆。别说开飞机，连路都走不稳。她有自知之明，没有两三年的休养，她重返蓝天的梦无法实现。回到重庆后，颜雅清强压满腔驾机杀敌的热血，重回她熟悉的外交界，她要在外交领域再放异彩，为争外援，争和平，争人权贡献自己的力量，结果她成了一名很有成就的女外交官。

凭以往的辉煌经历和实有的才干，颜雅清很快崭露头角，被宋美龄看中，将她调到自己身边工作。她没辜负中国第一夫人的期望，不久，她就成了蒋夫人的得力助手。1943年2月，颜雅清随宋美龄访美，在美国刮起了一阵宋美龄旋风，访美非常成功，这中间有颜雅清的一份功劳，从此她更得夫人赏识和重用。访美期间，颜雅清除开展外交活动外，还干了一件私事。经过几年的调养，这时的颜雅清已恢复原有的光彩，那股埋在心里的蓝天情又复活了，她想重返蓝天，继续在长空呼风唤雨，施展飞行绝技。于是她给美国民航管理局驻华盛顿的办事机构打电话，询问有关续办飞行员执照的手续，她想换取新的飞行执照。当地民航机构立即寄给她一份长长的清单，列出了一系列重新办理飞行执照的事项。已停飞近4年，年龄已高的颜雅清只有经过重新训练考试，才能获得新的执照。显然她无法满足这些要求，重返蓝天的梦最终未能实现。颜雅清自上次离开美国后，就再也没摸驾驶杆，留下了终生遗憾。究其原因，是8个月的集中营生活毁了她的健康，也毁了她的飞行事业，这笔账要记在日本侵略者的头上，是他们惨绝人寰的蹂躏，毁掉了中国的蓝天女英豪。

是金子在哪里都会发光，颜雅清虽不能在蓝天为国为民再建功勋，但她在国际舞台上，却干了一件有益于全人类的大事。1945年4月罗斯福去世后不久，他的夫人埃莉诺·罗斯福担任美国驻联合国代表团团长兼联合国人权委员会主席，罗斯福夫人是一位杰出的社会活动家和政治家。她受成立不久的联合国委托，负责主持起草《世界人权宣言》，这是一份极为重要的历史性文件，受到全世界人民的好评。颜雅清有幸参加了文件的起草工作，并发挥了极为重要的作用，赢得了"世界公民"的荣誉称号。

1970年3月18日，颜雅清在洗澡时，因心肌梗塞离世，享年64岁。遗体安葬在纽约阿兹利的芬克里夫墓园。不少名人故友，宋美龄、宋子文、宋霭龄、孔祥熙等都在这里安葬过。

最后，借用《世界公民颜雅清传》的作者蔡德贵的一段话，作为本文的结束语。"泰戈尔的一句诗'生如夏花之绚烂，死如秋叶之静美'，只是泰戈尔所希望的一种理想状态，而在颜雅清这里却完全变成了现实，是其一生最恰当的写照。"

郑汉英　中国飞喷气式飞机第一女性，为抗日积劳成疾英年早逝

郑汉英，英文名"杰西"，1915年1月17日出生于广东广州新安县西乡乡屋下村（今深圳市宝安区西乡镇乐群村）一个官吏之家。曾祖父郑姚是大富豪，1885年在乐群村创建"绮云书室"，占地3000多平方米，是深圳历史上最大、建筑艺术性最好的私塾学校，它气势宏伟，保存至今（图八十）。郑姚生有7子7女，老三即郑汉英的祖父郑文治，在清廷户部任职，娶妻刘氏，两人生有两儿两女。他虽在朝为官，而他的子女不但没继承他的衣钵，相反都成了反清的勇士。大女儿郑雪案，积极参加革命运动，其恋人京津同盟会暗杀部长彭家珍，炸死了清朝重臣良弼，自己英勇牺牲。小女儿郑毓秀是老幺，人称郑二小姐。她是中国近代史上最具影响力的传奇人物，先后参与了刺杀袁世凯和清末大臣良弼的革命活动，对郑汉英一生影响最大。郑汉英的父亲和她的两位姑姑一样，也是一位反清斗士。在姑姑、父亲的影响下，在家庭环境的熏陶下，郑汉英从小就养成了为广大民众英勇奋斗、不畏艰险的精神，立志像父辈一样为国为民干一番革命事业。

1931年年初，郑汉英从香港一中学毕业之后，即前往法国留学，她循着郑毓秀姑姑的足迹，进巴黎大学攻读法学。在校学习期间国内发生了"九·一八"事变，1932年2月，日本侵占了东北三省。郑汉英像无数热血青年一样，深切认识到"国家兴亡，匹夫有责"及"航空救国"的道理。当时法国正大张旗鼓地宣扬著名女飞行家玛丽斯·伊尔茨（Maries Hills）的事迹（她的生平事迹后述）。郑汉英很敬仰她，羡慕她，希望自己有朝一日也像她

作者参观绮云书室（图八十）

那样插上翅膀翱翔云天。这期间，她哥哥郑云正好在学习飞机驾驶，他曾带郑汉英坐飞机体验过飞行。她感受到了飞行的快感与刺激，她爱上了这项运动。郑汉英数年后回忆道："偶尔他（兄郑云）也会带我一起体验飞行。就是从那个时候起，我也立志成为一名飞行员。"（摘自《飞行名媛》第295页）。国际上，德国的希特勒和意大利的墨索里尼，对内实行专制统治，对外实行扩张侵略，法西斯主义和军国主义威胁着世界和平。国际形势也使郑汉英忧心忡忡，她希望自己成为一名和平使者，为捍卫世界和平做贡献。在校期间除法语外，她还学习了英语、德语和意大利语，为了提高英语水平，她常去英国实地学习。经过不懈努力，她成了精通五国语言的大师。1936年郑汉英获得法学博士学位（有人指出她不可能获得博士学位。因此事无关大局，未细考），成为中国历史上学历最高的女飞行员。

1936年，郑汉英回到上海后结识了女飞行员颜雅清，更巧的是另一位女飞行家李霞卿竟是郑汉英的堂嫂。李霞卿轰动上海的那次飞行表演郑汉英正在上海，对她触动极大。1937年年初，在李霞卿、颜雅清的鼓励下，郑汉英毅然离开上海，前往香港远东飞行训练学校学习飞行。郑汉英没有像李霞卿、颜雅清那样去美国学飞行，而是选择香港的飞行训练学校，其原因之一是她们郑家在香港有产业，有郑家的住宅。原因之二是该学校有训练女飞行员的经验，三年前就培养出了首位女飞行员吉恩·麦琪。原因之三，也是主要原因，香港远东飞行训练学校隶属英国皇家空军，是英国皇家空军在本土外创办的唯一一所飞行学校。该校教练机等教学设施先进，师资雄厚，飞行教官多数为皇家空军退役飞行员，有的还是王牌飞行员，如史密斯上尉、朗菲尔德中尉等。另外该校课程设置齐全，教学内容丰富，除一般飞行课目外，还包括投弹、射击、航拍和各种特技等军事飞行课目。远东飞行训练学校，是亚洲第一所飞行学校，也是英国名列前茅的飞行学校。它坐落在香港九龙启德机场的西南端，交通方便。正是上述原因，才被眼光极高的郑二小姐选中。

1937年2月2日，22岁的郑汉英开始了飞行训练。远东飞行训练学校不愧是名校，要求极为严格。郑汉

郑汉英便装照（图八十一）

英一时难以适应，思想有所波动。正在此时李霞卿抵港，她的到来给了郑汉英极大的鼓励和鞭策。

1937年这一年对中国来说是灾难深重的一年，"七七事变"后，日本帝国主义大举进犯华北等地，全面抗日战争爆发。8月13日，日本侵略者开始进攻上海，中国军民奋起反抗，爆发了"淞沪抗战"。这期间，战火虽还没燃到香港，远东航校还未停课，郑汉英仍在按部就班地进行训练，但国难当头，中国百姓正处在水深火热之中。从小就有爱国忧民之心的郑汉英恨不得即刻飞往前线，抗击侵略。她更加刻苦学习，争取尽快飞完所有课目，早上战场。"七七事变"后，还未毕业的郑汉英就向有关部门提出为国效力、上天杀敌的申请。但未获答复。1937年8月下旬，郑汉英仅用半年多时间就飞完了全部课目，经严格考核，各项成绩合格，领取了远东飞行训练学校颁发的毕业证，不久又获得了国际飞行执照，她是该校毕业的唯一一位中国女飞行员。

郑汉英刚一毕业，她就接到了一封电报，国民政府邀请她北上抗日，并派她到航委会任职，航委会是中国空军的最高统帅机构。1937年8月21日《香港工商日报》报道了这一消息。前面写过，在海外学会飞行的黄桂燕、李月

郑汉英穿飞行服的宣传照（图八十二）

英、袁明君、李霞卿以及在国内学飞行的杨瑾珣等多人多次申请加入空军驾机参战均被当局拒绝，为何郑汉英刚一毕业就被邀请？而且是到空军最高统帅部工作？这是因为她有比李霞卿还过硬的社会关系。郑家与宋美龄的关系非同一般。郑汉英的姑姑郑毓秀是南京国民政府内声望仅次于宋美龄的女性人物。她与宋美龄同为南京国民政府立法院第一届立法委员，两人私交甚厚。将郑汉英放到宋美龄身边工作，自然无人拒绝。何况郑汉英并非绣花枕头，自身条件非常优越，完全能胜任自己的工作。果然，郑汉英以她精湛的飞行技术，超强的语言能力和高昂的抗日激情，很快便得到蒋介石、宋美龄的信任与重用，蒋介石破例亲自授予她空军中尉军衔，是中央空军第一位女飞行军官（不少文章说她是中国第一位空军女军官，此说不准确，前面写过，云南航校的女飞行学员，毕业分到部队后，均被授予少尉军衔），并为她特制了时尚别致的空军制服，上身为立领束腰的红色西装，下身为海军蓝过膝开衩短裙。身材娇小的郑汉英穿上这套空军服，更显中国女飞行员精明干练的特有风采。

1937年11月16日，国民政府国防最高会议向全国发出迁都重庆的公告，20日，国民政府发表了迁都重庆的宣言，1940年9月6日，国民政府正式宣布重庆为陪都。郑汉英也随航空委员会移往重庆。在重庆的这段艰难岁月里，郑汉英见证了日本飞机的狂轰滥炸（有资料显示，日机轰炸重庆218次，出动飞机 9000 多架次，投弹 11500 多枚，造成 5 万多人的重大伤亡），郑汉英自己也是数次死里逃生，有一次她刚进防空洞，炸弹就在洞口炸响了，与死亡只有一步之遥。她亲身感受到了侵略者的疯狂残暴，更激发了她的抗日斗志与工作热情。她驾机救援难民，加班视察各地机场，鼓励妇女参加抗战，她再次申请驾驶战斗机和她哥哥郑云一样与敌机长空厮杀（1943 年郑云为国捐躯）。总之她要尽自己之所能报效国家，为抗战尽最大的努力。她的付出不仅受到宋美龄的肯定，也受到媒体的赞颂。1939 年 6 月 2 日香港《大公报》，用大量篇幅颂扬了她的杰出成就，称她为保家卫国的巾帼英杰。

抗日战争爆发后，中国驻各国使馆开展了争取东道国政府支援的外交活动，但引援工作发展极不平衡，有些国家的政府对中国抗战漠不关心，加拿大政府就是如此。他们只关心欧洲战事，对中国的抗日战争不闻不问。中国使馆决定改变策略，将争取援助的重点对象由政府改为广大民众及进步组织。在加拿大劳工进步党的协助下，1939 年春天，著名国际主义战士白求恩大夫等，不远万里来到中国，参与抗日救援工作。为了进一步扩大引援成果，领事馆报请国民政府增派熟悉英法语言和有影响力的人员前往使馆工作。这时郑汉英已是众所周知的英才，国民政府外交部认为她是最合适的人选，征得宋美龄同意后，便将这一重任压到郑汉英肩上，委派她去加拿大使馆工作。她成了中国被派到加拿大任职的唯一女性，也是加拿大第一位拥有国际飞行执照的女飞行员。

郑汉英去加拿大工作，除上述原因外，还另有隐情，其真实原因是公私兼顾。郑汉英虽属女中豪杰，但她毕竟是个女人，一个情窦初开的姑娘，她除了事业之外，也需要爱情。在重庆期间她爱上了加拿大籍华人司徒炳通，他比郑汉英大 5 个月，两人同属虎。司徒高大帅气（1.83 米），风度翩翩，是位热心公益事业的年轻人。他为郑汉英的浅笑梨窝，绰约风姿，高雅气质以及女飞行员的特殊身份所倾倒。两人一见倾心，很快便深陷爱河之中，干柴烈火烧毁了男女间的一切防线，郑汉英未婚先孕。在很多人看来这是件极不光彩的事，会想法堕胎。郑汉英是个奇女子，对世俗观念既不认同也不害怕。孩子是爱情的结晶，应该珍惜和保护，她决定将她生下来。当她将怀上孩子并准备将她生下来的喜事告诉爱人时，司徒一时愣住了，显然他毫无思想准备，他面临爱人孩子和家庭的两难选择。他家是有名的传统望族，绝不会接受这个"私生子"。

郑汉英领事馆工作照（图八十三）

他虽是个开明青年，也深爱自己的情侣，但他的一切都是父母给予的，他离不开这个家。经过一番激烈的思想斗争后，他选择了家庭。司徒忍痛舍弃了郑汉英，回到了温哥华自己的家。他的悄然离去对郑汉英自然是莫大的打击，但她是位刚烈女子，并没有被击倒，她要打上门去，找司徒讨要说法。这就是她去加拿大的隐情，这事自然不会向社会公布。

郑汉英到温哥华后找到司徒家，司徒没想到她会远渡重洋来找他，他很狼狈，比他更尴尬的是他的父母，两位老人在当地唐人街都是有脸面的人物，家里突然来了位未婚有孕的女人，口口声声称肚里的孩子是司徒家的后代，叫他们如何向邻里乡亲交代，脸往哪里放？好在司徒炳通是个有担当的男人，他承认孩子是自己的，并表示愿意抚养这个孩子。他的父母也顶着巨大的舆论压力，同意接纳未出生的孩子，因为她是司徒家族的血脉。司徒一家虽然接纳孩子，但拒绝接纳孩子的母亲。郑汉英的目的达到了，她要的就是这种结果，她原本就没奢望做司徒家的媳妇。郑汉英生下了孩子，是个女儿，她给女儿起名贝弗利·安·司徒。女儿出生不久，她就将孩子交给了司徒家，自己则全身心地投入工作中去，开始书写她最辉煌的人生。

国民政府派郑汉英来加拿大的使命就是广交朋友，争取广大加拿大民众对中国抗战的支援。为了不辱使命，她先后加入了温哥华的三个群众组织，即加拿大红十字会、法语联盟、加拿大英属哥伦比亚航空俱乐部。郑汉英在国内就是国际红十字会会员，做了许多慈善工作，到加拿大后，她借助当地红十字会的支持，组建了中国红十字会温哥华分会，开始赈济难民的繁忙工作。郑汉英利用女飞行员身份，加入本地航空俱乐部之后，结识了不少当地的女飞行员，包括大名鼎鼎的贝茜·弗拉赫蒂夫人,以及当地著名的"七人女子飞行俱乐部"成员(她们的事迹后面专述)。该俱乐部为郑汉英举办了盛大的欢迎会,出席欢迎会的女飞行员多达12人,还有各界友人和多家媒体。那天,郑汉英成了焦点人物。

欢迎会后不久,郑汉英身着白色飞行服,胸前别着一枚中国空军飞行徽章,在加拿大同行的陪同下来到机场,她应邀做首场飞行表演。郑汉英登上"七人飞行俱乐部"的飞机,飞上蓝天,在10多名加拿大女飞行员及数百名观众、媒体的瞩望下,在加拿大的领空施展了所学的全部飞行绝技。俗话说外行看热闹,内行看门道,她的飞行技能征服了在场的每位内行,她们都为她竖起了大拇指,并当场邀请她加入她们的俱乐部。

女飞行员至今仍是各国的稀有群体,仍是媒体高度关注的焦点,80年前的女飞行员,还是来自神秘国度的身怀绝技的女飞行员,可想而知,郑汉英的惊艳亮翅,其震撼力有多强烈了。郑汉英一飞成名,各大报刊纷纷刊登她的事迹和照片。她的首次飞行,让加拿大民众开始了解中国,关注中国,为她后来的募捐工作打下了坚实的群众基础。郑汉英成了中国领事馆的一道靓丽的风景,一张耀眼的中国名片。

郑汉英被当地英、法文报刊大量报道的同时,当地的中文报纸却无一家跟进,与李霞卿来加时的反应形成巨大反差。原因很简单,中国人比外国人保守,她未婚产子的负面影响一时还未消除,好在郑汉英是位不畏人言的女汉子,华人的一时冷漠并没影响她为国效力的热情。

郑汉英来加拿大并不是来进行飞行表演的,她的主要任务和李霞卿、颜雅清一样,是为宣传抗日,为国内抗战募集资金的。飞行只是她完成上述任务的一种手段,而且不是主要手段。她与李霞卿、颜雅清不同,她俩有自己的飞机,主要是通过飞行表演募集资金,演讲只是辅助手段。郑汉英没有自己的飞机,不是靠飞行表演募捐,而是靠发挥语言的优势,针对不同语种的人群,用英、法等语言进行演讲来募集捐款。

郑汉英通过飞行,使自己成为名人之后,她召开了一次新闻发布会,向各媒体宣布,她将以中国"亲善大使"的身份,到加拿大东部进行为期四个月的巡回演讲,通过演讲为祖国的抗日战争取更多援助和支持。她强调此次巡回演讲不仅仅为中国的抗战胜利，也是为同盟国的抗战胜利。最后她很自信地表示，此次巡回募捐演讲定会硕果累累，圆满成功。

1942年11月28日，郑汉英身穿漂亮的中国空军军装，开始了环加拿大的募捐讲演，首站是加拿大首都渥太华。早上6点，她乘加拿大航空公司班机，从温哥华起飞，向渥太华飞去，没承想第一站途中就上演了戏剧性的一幕。因天气原因，班机在麦克隆机场备降，该机场是加拿大空军训练新飞行员的基地。基地指挥官布朗得知他崇拜的偶像郑汉英在飞机上，便亲自到机场接机。他将郑汉英当贵宾领到基地军官食堂就餐休息。新飞行员都争相目睹突然降临的东方女神的风采。直到天气好转后，布朗又亲自护送郑汉英到机场，直到她登机离去。郑汉英在这里享受了一回贵宾待遇，愉快地度过了待机的数小时。郑汉英乘航班的消息随着电波，飞速传播，当飞机按计划在莱斯布里机场降落后，郑汉英被闻讯赶来的记者围住，有的拍照，有的采访。有记者问道："您是女飞行员，请您谈谈中国女性在航空领域的发展前途。"郑汉英坚定地回答道："中国女性绝不是你们想象中的小脚女人，她们在航空飞行事业上将大有作为。"（她的预见已经实现，中国现在不仅有数量众多的女飞行员，而且还有女航天员；不仅有尉官、校官，还有将军。）

郑汉英成为明星之后，各种邀请纷至沓来，有请她演讲的，有请她参加舞会、宴会和各类盛典的，也有请她进行飞行表演的，其中最有影响力的是加拿大皇家空军请她驾驶新型喷气式教练机，这既是对她的信任，也是对她的挑战。

1943年2月初，郑汉英应加拿大皇家空军的邀请，在多伦多莫尔顿机场，驾驶加拿大皇家空军的一架爱弗罗安森2型双发教练机进行试飞（此处所说的试飞不是通常所说的新飞机的试飞，而是指初次驾驶）。尽管是首次驾驶这款新飞机，郑汉英凭她丰富的航空经验和扎实的飞行功底，加上充分的准备，她从滑行、起飞、平飞，直到降落，一杆一舵都很精准，她的试飞异常完美。飞行结束后，当郑汉英身着皮飞行服，头戴飞行帽走下飞机时，地面观看飞行的皇家空军的男飞们一拥而上，将郑汉英团团围住，纷纷向她表示祝贺，夸她创造了奇迹，并与她在飞机前合影留念。郑汉英对自己的表现也很满意，"这是她最快乐的日子，只见她，略施粉黛，笑靥如花，那样优雅迷人。"（摘

第三章 十四年抗战

自《飞天名媛》第375页。）1943年2月4日，当地的《多伦多星报》刊登了她在飞机上的照片（图八十四），还附了说明文字："郑汉英驾驶加拿大皇家空军（RCAF）的爱弗罗（Afro）喷气式飞机在多伦多莫尔顿机场（Melton Airport）进行试飞。"从文字说明可以看出，郑汉英驾驶的爱弗罗是喷气式飞机，她开喷气式飞机是"大姑娘坐轿头一回"，所以用了"试飞"二字。郑汉英在加拿大的首次飞行，征服的是该国的女飞行员，她的这次飞行征服的则是该国的男飞行员，而且是皇家空军的男飞行员。笔者苗晓红改飞喷气式客机时，由教员带飞8个起落后才放单飞，而郑汉英未经教员带飞，就独自驾驶喷气式飞机飞上蓝天，而且还飞得那么好，真是

郑汉英驾驶喷气式飞机（图八十四）

令人难以置信，只能用天才和奇迹来解释，郑汉英的确是位罕见的飞行天才。有的报纸报道这次飞行时，用了"威震多伦多"的大标题，事实的确如此，一点也不夸张。郑汉英又创造了两个中国第一，她是中国第一个驾驶喷气机飞机的女飞行员；是中国第一个不经改装训练就直接飞喷气式飞机的女飞行员。

郑汉英在加拿大的知名度似雪球越滚越大，邀请她演讲的群体也越来越多，她每天演讲的场次也越来越密，每天她要用英法两种语言演讲三至四次，最高达到五场次，有记者形容她如同钟表一样，24小时连轴转不停摆。郑汉

郑汉英墓（图八十五）

英在国内曾得过肺结核，一直未痊愈，巡回演讲的过度劳碌，她旧病复发，健康状况每况愈下。尽管如此，有着坚强意志，一心想着祖国和人民的郑汉英不顾自身健康，仍坚持四处募捐演讲，进行抗战宣传。每场演讲中，都要强调捐款的用途。她说这些钱都要用来救助难民，救护伤员，购买医药和武器，总之都是用来支援抗战，打败日本侵略者。

1943年8月26日，温哥华青年贸易委员会，邀请郑汉英给全体会员演说，这时她已病得很重，说话都较困难，但她仍欣然接受了邀请，上午她硬撑着讲完了话，谢绝了主人的宴请，提前离开了，这是郑汉英的最后一次演讲，是绝唱。此次演讲后，郑汉英知道属于自己的时日不多了，但她仍坚持到温哥华总领事馆上班，为祖国和人民奉献最后一份力量。

1943年9月6日，郑汉英病情恶化，被送往温哥华圣保罗总医院治疗。第二天，郑汉英自知不久于人世，便请来律师，口述遗嘱。遗嘱很简单，一是将不多的个人遗产捐赠给一所儿童学校；二是将个人的所有文字资料全部销毁；三是将引以为豪的飞行执照呈送中国空军。这份简短的遗嘱，其内涵却相当丰富，充分表达了她高尚无私的情操和对蓝天、飞机的无限眷恋。

1943年9月7日，郑汉英这朵蓝天之花过早地凋谢了，年仅28岁。郑汉英的离去，在加拿大引起巨大震动，几乎到了举国致哀的程度。各大报纸在头条位置刊登了这一不幸消息。加拿大皇家空军为她举行了隆重的葬礼，派出由59名官兵组成的卫队为她送行，其中有3名女飞行员。下葬时，号手吹奏《最后的安息》，炮手鸣放三响礼炮，向中国空军杰出的蓝天女战士致以最后敬礼。

郑汉英的辞世,加拿大华人更是哀痛欲绝。开始他们对她多有误解,但很快郑汉英就用实际行动,颠覆了她在他们心中的形象。他们不再认为她是伤风败俗的贱女,而是中华民族的英雄。他们也积极邀请她演讲,请她参加华人举办的各种活动。连她的公公也不再以她为耻,而是以她为荣,以她为傲。郑汉英病逝后,温哥华唐人街侨胞首领黄宽先,代表广大华人发表了正式讲话,他说:"此地的华人为失去这样一位富有成就的女性而深感悲痛,遗憾的是,她不能亲眼看到她为之努力奋斗的抗战的胜利。"

中国的好女儿,加拿大的好朋友,最后长眠在风景如画的温哥华的伯纳比海景墓园。

第三节　在美国空军建功的华裔女将

二战期间,美国成立了"女子航空勤务飞行队",在该队飞行的有两名华裔女性,她俩是李月英和朱美娇。

李月英　中国空军拒收后加入美军,转送战鹰,以身殉职

李月英,1912年8月24日出生于美国俄勒冈州的波特兰市,祖籍广州台山县大江镇水楼乡(现为台山市,也有人说她是新会人)。父亲是位小商人,母亲是位传统的家庭妇女。李月英兄弟姐妹8人。李月英从小活泼开朗,秉性随和,不拘小节,敢作敢为,喜爱运动,颇有男孩子性格。但因她是黄皮肤、黑眼珠的华人,她在学校读书时,常受美国同学的欺负,所以她从小就有一颗火热的爱国之心,立志长大后回国效力。

由于家庭不很富裕,加上兄弟姐妹太多,李月英中学毕业后没有上大学,而是到本市一家百货公司当了一名电梯操纵员。

李月英戎装照(图八十六)

前面写过,自国父孙中山提出"航空救国"口号后,美国广大华侨便积极响应,捐款购机支援国内的民主革命,还有大批爱国青年在美学会飞行后,回国从事航空建设,有的还参加空军,驾机升空作战。李月英参加工作后,尽管家庭并不富裕,仍响应孙中山"航空救国"的号召,除带头捐款外,业余时间还积极参加募捐活动。1931年,"九一八"事变发生后,李月英感到仅参加募捐购机,作用有限,热血青年,应有更大作为。1932年,一个偶然的机会,一位朋友带她乘坐飞机,使她迷上了充满刺激的飞行运动。她决定学习飞机驾驶,学成之后回国当空军,打击侵略者,直接用航空技术为解救危难的祖国做贡献。于是她辞掉工作,报考本地的"美洲华侨航空学校",学习飞机驾驶。波特兰的"美洲华侨航空学校",是当时美国华侨航校中办得最好的一所。该校是由美洲华侨航空救国会利用华侨的捐款开办的,其中也有李月英的一份捐赠。该校的宗旨是:"训练航空人才,对外为巩固国防,尽力抗敌;对内为发展航空事业,永不参加任何政争内战。"开设的课程有"航空理论,飞行技术,中国国耻史"三科。教官为美国航空专家乌德。"美洲华侨航空学校"创办于1931年12月,1933年2月因经费短缺等原因停办。在一年多的时间里,该校招收了两期学员。共培养飞行员30多名,其中有25人回国效力。抗日战争爆发后,多数人回国参加了空军,驾驶战鹰与日寇空军厮杀。涌现出了黄拌扬、陈瑞钿等一批著名的空中英雄。另外陈龙光等多人在空战中,奋勇杀敌,为国捐躯,他们的英名镌刻在南京抗日航空烈士纪念馆的英烈碑上,将永垂青史。

李月英是"美洲华侨航空学校"第二期学员,1932年5月入校,共20名

第三章 十四年抗战

学员，其中有两名女学员，李月英和黄桂燕。"美洲华侨航空学校"办校时间虽短，却非常正规，教学质量很高，如前所述，培养出了那么多国之栋梁。学员进校后要经过三个阶段培训，第一阶段为内场学习，学习飞行原理、机械设备、气象、领航和无线电等课程。李月英文化程度不高，这个阶段的学习她非常吃力，教官课堂讲授的不少内容她听不懂。但她是个非常要强的姑娘，将所有课外时间都用在学习上。她的家就在本市，学习期间她没回过一次家。她凭着一股笨鸟先飞的精神，在女同学黄桂燕，男同学雷炎均的帮助下，闯过了飞行理论学习关。第二阶段是外场初级飞行训练，学习掌握一般飞行驾驶技术。第三阶段是高级飞行训练，学习各种特技、盲降、夜航和空中格斗、对地攻击等军事课目。这两关李月英都以优异的成绩通过了。这个阶段的飞行难度和强度都非常大，每个学员要飞150小时。作为女学员李月英遇到的困难比男学员要多得多。但她时时以东三省民众的苦难鞭策自己，在"航空救国"思想的激励下，她战胜了通天路上的重重艰险，在短短的不到10个月的时间里，完成了平时需两年多时间才能学完的课程。1933年2月12日，李月英拿到了结业证。（因是速成，很多高难度动作并未真正掌握。有文说李月英1934年毕业，并取得驾驶执照，此说可疑，因该校第二期学员结业后就停办了。）

1933年2月18日，也是李月英走出航校大门的第6天，她便急不可待地告别家人，和12名同学一道踏上了回国的路程。他们一行在美洲华侨航空救国会的资助下，由西雅图出发，乘船回国效力。这批同学中间，除了后来在空战中阵亡的刘龙光、林觉天等人之外，还有她的男友雷炎均和好姐妹黄桂燕。李月英与其他12名同学，一踏上祖国的大地，便马不停蹄地直奔南京，他们找到航空委员会，请求参加空军，成为蓝天之鹰，保家卫国。航空委对他们的到来表示热烈欢迎，并同意他们的请求，可以加入空军。11名男飞行员被送往航校深造，继续飞行。李月英与黄桂燕因空军不收女飞行员改做地面工作。李月英一听急了，她千辛万苦学飞行，远渡重洋回祖国，就是为了当一名蓝天战士，报效祖国。她与黄桂燕极力抗争，同来的男飞行员也替她俩说情做证，证明她俩飞行技术合格。她俩的申诉与同伴的证明都改变不了航委会歧视女性的旧观念，李月英与黄桂燕被空军部队拒收。黄桂燕被拒收后的经历，前面已写过，不再重复。

李月英被拒收后,在国内近5年的经历有多种版本,多数书报文章说她先在航委会做文秘工作,后又当过宋美龄的英文打字员,再后来调往上海、杭州等地当职员和图书管理员。后有人举报她是日本间谍,李月英被迫离开中国。另一个版本说她虽没能当上空军飞行员,但她被留在航委会飞行。此说有两件证据,一件证据是照片。前面写过,宋美龄精心策划过为庆祝蒋介石五十大寿,在全国开展了献机活动,并在南京举行盛大的飞行表演,李霞卿参加了表演。同时上海市也举行了飞行表演,李月英参加了表演,有她穿飞行服和观众在一起的合影。另一件证据是报纸,1935年6月3日,上海《申报》第11版刊登了一篇"中国二女飞行家来沪驾机表演"的文章,文中写道:"中国女飞行家李月英及权基玉,定五日由京乘车来沪,在沪将做各种航空技术表演,李系粤籍,方自美留学归国……"(图八十七)还有一种版本,说李月英曾回台山家乡大江小楼小村教书,1937年,"七七事变"后,她第二次要求加入中国空军,效命疆场,仍遭拒绝。南京沦陷后,李月英经香港回到美国。还有文章写道,李月英被拒后,回广东定居,担任民航飞行员。上述四种版本,孰是孰非,难以定论,无法细究,供读者参考。

1938年李月英回到美国,在国内的种种不快遭遇,并没有使她消沉,开始在纽约中国政府办事处工作,负责采购战备物资。但她人在地上,心在天上,做梦都想重返蓝天,只是回到美国3年也没找到机会。在这3年里李月英到底是怎样度过的?又有不同说法。除上述说法外,另一种说法是她回到美国后,开始在钵仑航空公司担任商务运输机驾

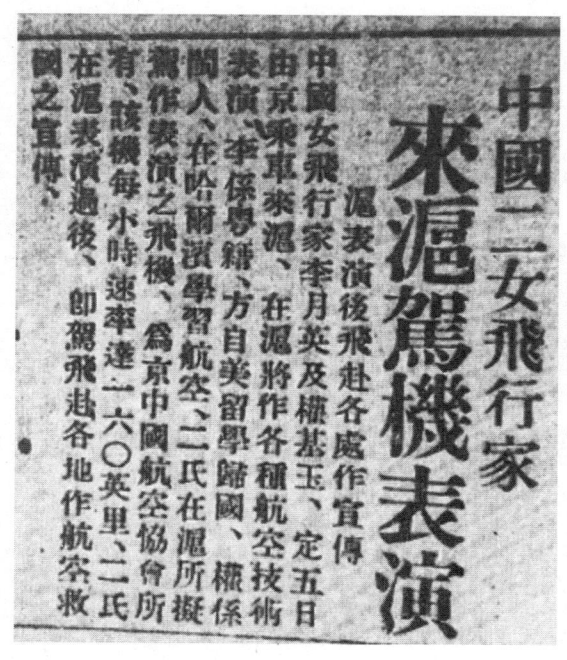

李月英上海表演的新闻(图八十七)

第三章 十四年抗战

驶员,并利用业余时间,向美军飞行专家学习特技等空战技术,她仍念念不忘驾驶战鹰打击法西斯侵略者。1941 年 12 月 7 日,日本偷袭美国在太平洋上的海军基地珍珠港,第二天美国向日本宣战,太平洋战争爆发。次年 1 月 1 日,美、苏、中、英等 26 国在华盛顿签署了《联合国共同宣言》,结成统一战线,共同打击德、意、日法西斯侵略者。美国被卷入第二次世界大战之中。美国的直接参战给李月英重返蓝天提供了机会,因为美军空军急需招收飞行员。李月英寻思加入美空军虽不能直接升空消灭日本侵略者,但也可以间接打击敌人,支援国内抗战,于是她毅然报名参加美国空军。由于她有很扎实的飞行基础,很顺利地通过了入伍考核,成为美国空军中的第一名华人女飞行员。

李月英加入美国空军后,被分配到第三大队飞运输机。主要任务是运送美国援助英国的战备物资。从美国飞到英国,航线长,而且要飞越大西洋。她是中国第一位飞越大西洋的女飞行员。她以精湛的飞行技术,泼辣的作风,顽强的毅力,战胜了航行中的暴风骤雨、浓雾低云、机械故障等各种困难,出色地完成了每一次任务,多次受到上级的嘉奖和战友的赞扬。

1942 年绝对是李月英的好运年,她不仅飞行顺风顺水,受到各方好评,而且大喜事从天而降。她的台山同乡,航校的同班同学雷炎均被中国空军派到美国指挥参谋学院深造。同乡同学异国久别重逢,自然是喜出望外,往日的情谊在意外的相遇中,一下膨胀了,两位青年人很快便堕入情网,而且携手踏上红地毯,走进了婚姻的殿堂。李月英又创造了一个中国第一,她是第一个嫁给"男飞"的女飞行员,他俩是中国第一对"双飞"夫妻,也是民国时期唯一一对"比翼鸟"。

李月英与美国蓝天姐妹合影(图八十八)

雷炎均何许人也？他为何能抱得美人归？雷炎均1914年出生于美国华盛顿州西雅图，祖籍广东省台山县（今台山市），与李月英同时进美洲华侨航空学校学飞行，同时结业，同批回国。回国后编入民国空军第五大队，第二十八分队。抗日战争全面爆发后，多次升空与日机空战，战功卓著，是有名的抗日空战英雄。1942年进美国指挥参谋学院深造，1945年任卡拉奇盟军教官。国民党撤至台湾后，曾任空军副司令，1967年任副参谋总长，1970年6月晋升为二级上将。1974年退设，转任中华航空公司总经理，董事长，1978年退休，1999年10月19日病故。

雷炎均以后的发展，李月英结婚时自然不可能知晓，她爱雷炎均只因他是热血青年，抗日英雄，两人志同道合，兴趣相同。结婚后，李月英没贪图舒适温馨的家庭生活，而是继续从事她热爱的飞行事业。正巧此时，根据战事需要，在美国著名的、有"速度上校"之称的女飞行家杰奎淋·科克伦的倡议下，准备组建"女子航空勤务飞行队"，正面向全国招生，条件较高，身高不低于1.59米，年龄不超过35岁，文化程度中学毕业。最后一条更是苛刻，必须有200小时飞机驾龄。仅此一条就将大量有志者挡在了大门外。李月英得知这一消息喜出望外，当即前去报考，因所有条件都合格，她被首批录取（"女子航空勤务飞行队"的详细情况，后面外国篇中专述）。

李月英经过"飞行队"一年多的特殊训练，学会了驾驶各种型号的战斗机。二战期间，美国共支援苏联近15000架战机，李月英的任务就是将援苏飞机送到阿拉斯加的大瀑布机场，而后由苏军飞行员将飞机飞回苏联。李月英在运送途中，两次因飞机故障迫降。有一次因发动机停车，她迫降在堪萨斯州的一块麦田里，因她是黄皮肤，麦田主人一家以为她是日本人，举着草叉向她跑来，一面跑还一面喊："杀了你这个日本鬼子！"李月英知道是误会，没有反抗，举手就擒，而后用英语反复解释，并出示所带证件，方澄清误会。至1944年11月，她和其他6名美国女飞行员，共运送了5000多架各种类型的飞机，有战斗机、轻型轰炸机、重型轰炸机、运输机、水上飞机、侦察机、教练机等。飞行量非常大，很难有与爱人团聚的机会。她在给妹妹的信中写道："每周工作七天，几乎没有休息时间。"尽管如此，无论是白天还是黑夜，也不管是刮风还是下雨，只要有飞行任务，她都会毫无怨言地去完成。

第三章　十四年抗战

李月英虽生活在异常艰苦、随时都有可能牺牲的战争环境里（"飞行队"成立以来，已有37名姐妹在执行任务时牺牲），但她既不怕苦，也不怕死，始终保持一种积极乐观的心态。她是队里有名的淘气包，爱开玩笑。有一次她用口红在一位胖女友飞机尾部用中文写上"肥臀"二字，写完她冲女友直笑，围观的姐妹虽不知"肥臀"二字，但知道是恶作剧，大伙非让她翻译不可，她只好笑着用英文念道："fat butt"，逗得大家开怀大笑，自然也挨了胖姐一顿"臭骂"。李月英是大家的开心果，大家都喜欢和她在一起。

李月英在机翼前（图八十九）

李月英在"女子航空勤务飞行队"的那段日子，是她一生中最幸福、最快乐的时光。战友和睦，飞得开心。虽不能像苏联女飞行员那样，驾驶战鹰面对面地与敌人空中搏击，但将战鹰运往前线、供苏联飞行员使用，也是在间接地打击敌人。的确，李月英的付出十分有价值，她所运送的上千架飞机，为苏联取得反法西斯战争的胜利，特别为苏军消灭日本关东军做出了卓越贡献。苏联进军中国东北时，共出动战机5000多架，其中不少美式飞机是李月英运送过去的。她消灭日本侵略者、保卫祖国的愿望，终于通过自己运送的飞机，借友军之手实现了。

1944年11月23日，李月英执行送P-63战斗机去蒙大拿州的任务，在大瀑布机场降落时，有一架男飞行员驾驶的战斗机电台故障，收不到塔台指挥员的指令，他擅自着陆时与李月英的飞机相撞，导致两机坠毁，李月英身受重伤，经抢救无效，两天后，即1944年11月25日，在医院里不幸身亡，年仅32岁。李月英是二战期间牺牲的唯一一位华裔女飞行员，是美国"女子航空勤务飞行队"第38名牺牲者，也是最后一名牺牲者，她倒在了最后胜利的前

147

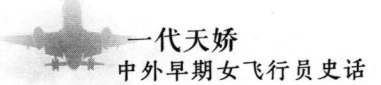

夜,十分可惜。

李月英以身殉职的第三天,她的一位在美军坦克部队的哥哥,也在法国战场阵亡,李家为二战胜利献出了两位亲人。后来李月英和他哥哥的遗体被安葬在波特兰哥伦比亚河畔的山坡上。

为了纪念为二战胜利献出年轻生命的蓝天英烈,两位中美电影制作人,共同制作了一部题为《短暂的凌空,开战斗机的女人——李月英》的电影片,表彰她的辉煌业绩。

朱美娇　投笔从戎,壮志凌云,荣获金奖

朱美娇,英文名朱玛吉,1923年8月30日,出生于美国加州柏克莱市一华人家庭。父亲朱饶煊,1910年赴美谋生。朱美娇在旧金山湾区长大,祖籍广东台山县邹村(现为台山市三八镇同庆村)。她家兄弟姐妹多,家境不太富裕。朱美娇似乎命中注定就是当飞行员的命,她从儿童时代起就迷上了飞行,纵观中外女飞行员,从小立志学飞行的大有人在,但对飞行的痴迷程度,无一人能与她比,她称得上世界上从幼到老,酷爱飞行第一人。

2009年,美国出了一本儿童励志图书,书名为《壮志凌云——朱美娇的真实故事》("Sky High: The True Story of Maggie Gee",也有人译为"高空飞翔")。作者玛丽莎·摩根,由卡尔·安格尔配图,在美国畅销(中国有英文本)。书中用大量篇幅写了朱美娇从幼年时开始,痴迷飞行的感人故事。"在我小时候,我们家每周日都会做件特别的事。别的家庭都在玩棒球或者去看电影,而我们则开车驶向机场。我们不是去旅行或者接机,而是去看飞机。对我们来说,没有什么事情比观看飞机起飞更令人兴奋。……我和兄弟姐妹们会一边舔着只有周日才能享受的棒棒糖,一边听着飞机发动机的轰鸣声。我很享受这种声音,它让我感到自己变得很强大。"(摘自《壮志凌云》第3页)。朱美娇不仅从小喜爱飞机,而且从小就崇拜女飞行员,美国著名女飞行员阿美莉亚·埃尔哈特(她的事迹后面专述)是她的偶像。她说有一次在机场

见到了埃尔哈特，她兴奋地向她招手致意，她也看到了她，并向她报以微笑。埃尔哈特的莞尔一笑使她终生难忘。当时她就深信，自己将来也会像她一样，成为一名女飞行员。

小时候对朱美娇影响最大的两位亲人是她的奶奶和妈妈，奶奶在中国生活几十年，是位小脚老人，对祖国感情深厚，常给朱美娇讲中国的故事。

在美国出生的朱美娇，遥远的祖国对她来说只是个虚幻的概念，后来通过奶奶的嘴才慢慢懂得了中国的传统文化，风土人情，知道了他们是龙的传人，也清楚了他们为

儿时的朱美娇（后右一）（图九十）

什么背井离乡来美国谋生，为什么白种人看不起黄种人，等等，使朱美娇从小就养成了自强不息、要为华人争气的倔强性格。奶奶对朱美娇的影响主要是精神层面的，而妈妈的影响则主要是行动方面的。她支持朱美娇的一切爱好，特别支持她学飞行。她能飞上蓝天，有妈妈的一份功劳。

1939年9月德军进攻波兰，拉开了第二次世界大战的序幕，那时美国虽远离战争，但战争的烟云已随风飘了过来，美国人开始关注这场战争，也开始备战。最明显的变化，军工生产规模在扩大。朱美娇的母亲进了海军的一家军工厂，她本想让朱美娇和她一道进这家工厂，朱美娇没同意，因为她的志向在蓝天，她要实现从小的梦想，当一名飞行员，"我要去飞翔"。

1941年年底，日本偷袭珍珠港，太平洋战争爆发，美国大量扩充兵源，朱美娇的哥哥朱彼德应征入伍（二战期间在美国空军第14航空队即"飞虎队"服役，一直在中国与日空军作战），空军也开始招收女兵。朱美娇这年正在加州大学伯克利分校，学习物理学专业，她决定放弃学业，毅然去学习飞

朱美娇军装照（图九十一）

行，为当空军女飞行员创造条件。她打听到内华达航校的学费比其他航校便宜，学费只要800美元。尽管便宜，800美元她一时也拿不出来，她便开始节省开支，积攒学费。终于她攒足了800美元，考进了内华达航空学校，圆了她的飞天梦，开始在万里长空，绘制她五彩缤纷的航线。

朱美娇在内华达航校学习了两个月，完成了"起飞、8字航线、着陆"等基础课目的训练，她能单独驾驶飞机飞行了。凡飞行员都对第一次单独驾驶飞机升空记忆深刻，终生不忘。对从小就梦想飞天的朱美娇更是如此，她常忆起单飞时的美妙感受，她回忆道："我第一次单飞的时候，就像我曾经想象的那样。绿色，黄色和褐色的大地在我下面翻滚，而我在云中自由翱翔。当田野和谷仓从我下方飞驰而过，我想起了祖母向我描述的她的农场和她所讲的故事。我祖父母曾在这样的大地劳作，而我现在则在上空耕耘，我感到自豪。"（摘自《壮志凌云》第19页）。

1942年，根据战场形势发展的需要，美国空军决定成立"女子航空勤务飞行队"，同年9月开始面向全国招聘有200小时驾龄的女飞行员。朱美娇得知这一消息后，兴奋异常，赶忙邀上两位航校时的女同学，凑钱用25美元买了一辆二手车，驱车赶往德克萨斯州"飞行队"报名应聘。战争时期，全美女飞行员绝大多数都是热血青年，都想用自己所掌握的飞行技术，为国家效力，为争取抗战胜利做贡献，因为报名人数很多，先后有25000多人应聘。通过严格的考核，只分批录取了1830人。朱美娇虽是华人，但因各项考核成绩优异被破格录用，她是继李月英之后被录取的第二名华裔女飞行员。与她同去的另两名同学没能录取。当得知被录取后，朱美娇激动万分，她后来回忆道：

第三章　十四年抗战

"当我不负众望成为WASP（女子航空勤务飞行队）队员的那天，内心无比自豪，感觉自己没有翅膀也可以去飞翔。我给妈妈寄了一张明信片，写道：'有些故事是真的，有些故事则不是，而我被录取的故事是真的。'我将演绎自己的真实故事。"

1942年11月，朱美娇和被选上的女飞行员，先在休斯顿的空军基地进行培训。1943年4月她们转到条件好一些的休斯顿甜水镇"复仇者"基地（"美国女子航空勤务飞行队"的飞行训练情况，外国篇中详细介绍）。1943年10月20日，"飞行队"的魔

朱美娇坐在飞机下休息（图九十二）

鬼式训练结束，仅有1037人毕业，793人被淘汰。朱美娇作为华裔女飞行员经受住了考验，不仅没被淘汰，她的跳伞、盲降、特技、低空飞行、野外迫降、全载重起飞等课目考核成绩都是优秀，受到教官和队领导的好评。她也为自己能经受住严峻考验而高兴，她很享受这样的飞行生活，她说："WASP培训比飞行学校严格得多，我们做着和男飞行员一样的工作。我学会了跳伞和紧急迫降，学会了翻筋斗，在奶牛的头顶上低空飞行，把她们惊吓得够呛。这些经历虽然很艰难并使人疲惫，却很美妙。"（摘自《壮志凌云》第20页）培训结束后，因成绩特别优异，她没像李月英那样去执行转运飞机的任务，而是分到拉斯维加斯和内华达培训基地当教官，培训男女飞行员。有一次飞行中，着陆时精力不集中，落地后飞机打了地转（飞行术语，指飞机原地转了360度）。朱美娇受到批评，不久调她到战斗机部队飞靶机。飞靶机有一定风险，配合不好容易被误伤，但她艺高人胆大，每次飞行都很安全。她不仅不害怕，反而觉得很刺激。她写道："一些任务是有趣的，比如和其他WASP队员编

队飞行，等待男飞行员们来攻击我们。他们是在演习，并不是真正攻击我们，只是攻击我们飞机后面的靶袋。但即使是演习，他们用的是真枪实弹，很危险。不过对我而言，就像是玩捉迷藏，很好玩。"（摘自《壮志凌云》第23页）

朱美娇在执行任务过程中，因她是华人，也曾多次发生过类似李月英遭追杀的误会。有一次朱美娇安全着陆后，刚退出跑道，便与另一架准备起飞的战斗机发生剐蹭，她急忙跳出驾驶舱，察看飞机伤情。对方的男飞行员也从驾驶舱里走了出来，他一见到朱美娇惊呆了。她见他惊愕的样子，以为他是因为她是女人而惊奇，便向他打着招呼走去，刚迈步便被对方喝止住了："别过来，你是什么人？"朱美娇一听明白了，他的惊愕不是因为她是女人，而是把她当成日本人了，便忙用英语回道："我是美籍华人。""你是美国人？""土生土长的美籍华人。"对方这才把有些变形的面部恢复正常："我以为你是日本神风队员呢。"他说完不好意思地笑了。朱美娇走上前去，主动和他握着手道："快看看你的飞机，还能不能起飞？"说完她便去检查她的飞机，还好伤得不重，只是左翼尖被撞坏，不影响滑行。对方比她惨，飞机损坏比她严重，他没再起飞，而是和她一样将飞机滑回了停机坪。

时间过得很快，用朱美娇的话说，"日子随我在空中驰骋、翻滚、旋转，在一天天的工作中飞逝，我也一天天在证明自己。作为一名华人，我帮助美国赢得了胜利。"

1944年12月，勤务队解散，她再入大学学习，在加州大学伯克利分校获得物理学和数学学位。大学毕业后再次入伍，准确地说是正式入伍。她虽然在"美国女子航空勤务飞行队"飞行了多年，也穿空军军装，执行军事任务，过军旅生活，但是因美军歧视女性，她们没有军籍，不授军衔（具体情况，见后面"美国女子航空勤务飞行队"一节）。朱美娇入伍后在欧洲工作了三年。复员回国后在利佛摩国家实验室（Livermore Lab）工作三十多年，成为一名颇有成就的物理学家，直至退休。

朱美娇一生迷恋飞行，小时候飞行是她的梦想，常去机场追梦。长大了飞行成了现实，在蓝天驰骋捭阖，过足了飞行瘾。年老后飞行则是她挥之不去的眷恋，是她最后的爱。2008年，"女子航空勤务飞行队"健在的姐妹聚会，85 岁的朱美娇身穿全套飞行服，头戴飞行帽，专程去机场，坐到机舱驾驶员座位上，在地面做了一个白日飞行梦，并特意照了一张站在飞机上、仰望蓝天的照片，以表她对蓝天的无限深情（见图九十三）。一生这样痴爱飞行的女性，很可能她是全世界第一人。

2009 年 8 月 30 日是朱美娇 86 岁生日，柏克莱市为给她祝寿，将这一天命名为"朱美娇日"。还有勤务队的后代发起倡议，将奥克兰机场更名为朱美娇机场。2010 年，为表彰她为二战

老年朱美娇在飞机上（图九十三）

胜利所做的贡献，美国国会和奥巴马总统授予她"国会金质奖章"，这是美国最高荣誉奖章，她是获此殊荣的唯一东方女性。中央电视台四台，2015 年 7 月 22 日，在《华人世界》栏目中，以"二战美军华裔女飞行员"为题，简要播放了朱美娇的事迹，其中有奥巴马总统为她授金质奖章的镜头。

朱美娇的飞行时间并不长，从学飞行到停飞不到五年，然而她在美国的影响却不小，并不亚于李霞卿、颜雅清和李月英。按说她的飞行业绩和经历，都比她们三人稍逊，那她为何在美国有如此大的影响，除飞行技术出众之外，很大程度取决于她的政治生涯，这是其他中国女飞行员无法比拟的。朱美侨1948 年就加入了美国民主党，同年她是杜鲁门竞选总统团队的义工，是民主党半个多世纪的忠实党员，是民主党的常青树，1998 年朱美娇还被选为民主党全国代表大会的代表。她的事迹已载入英文本《美国华人妇女今昔》一书。

一名没有任何社会背景的普通农家华人女子，在歧视华人的美国，能在飞行、科技、政治等诸多领域取得较大的成就，主要靠一种不服输的拼搏精神。她的名言是："只要有决心和意志力，梦想都能成为现实。"

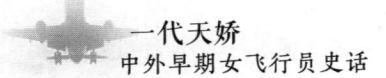

2013年2月，朱美娇因病去世，终年90岁。

中国早期的航空女性，基本上都是大家闺秀，出生名门，并多为华侨女儿，都有强烈的爱国之心。她们响应孙中山"航空救国"的号召，学习飞行的目的非常明确，就是为了打破封建枷锁，报效祖国，振兴中华。她们中的绝大多数虽在国外学会飞行，学成后都想为祖国的航空事业做贡献，其中不少人有回国的经历。二战时期，中国女飞行员在国外的精彩表现，不仅为抗战募集了大量资金，激励了广大华侨的爱国热情，还赢得了外国人的喝彩，为中华民族争了光，为中国妇女争了光，为二战胜利做出了卓越贡献。

中国早期的"女航人"，开启了中国妇女飞天的先河，她们在无垠的天空留下了无数条闪光的航线。这些永不消失的航线，是一座座耸立在蓝天上的丰碑。镌刻着她们对祖国、对人民，以及对飞行事业的无限忠诚和真挚的爱恋；镌刻着中华早期"女航人"不怕艰难困苦和勇于献身的精神；镌刻着50多名蓝天女战士振兴中华、航空救国的丰功伟绩，在中国航空史上占有显赫的地位。

最后，让我们仰望云天，向为开创和发展中国妇女航空事业，做出过重大贡献的前辈，以及在飞行中牺牲的蓝天姐妹，表示深切的哀悼和深深的怀念。记住她们的名字，记住她们的航迹，传承她们热爱祖国、热爱中华民族的家国情怀。祝愿新一代中国女飞行员，女航天员，在辽阔的天空与深邃的太空，飞得更快，飞得更高，飞得更远，飞得更精彩。让中国妇女航空事业更加兴旺发达。让中国"女飞"这面旗帜越举越高，越飘越艳。为实现伟大的中国梦，再创辉煌。

第三章 十四年抗战

参考书目：

《中国妇女航空钩沉》，关中人编著；《中国大百科全书》航空航天卷，邹家骅主编；《中国近代航空工业史》，中国航空工业史编修办公室编；《中国航空史》，姜长英著；《南京文史集萃》，政协南京市文史资料委员会编；《白山文史》第五辑，政协南京市白下区委员会编印；《民国空军的航迹》，高晓星、时平编著；《民国空军》，姜根金著；《华侨航空史话》，方雄普著；《华侨妇女旧闻录》，方雄普著；《中山文史》，第七、八、九辑合刊，中山政协文史委员会编印；《台山文史》，第八期，台山政协文史委员会编印；《广东台山华侨史》，梅伟强、关泽峰著；《民国名媛的婚姻大事》，陈宁骏、欣辰编著；《民国名媛》，时影编著；《岭南才女》，黄昏著；《广州文史资料》第26辑，广州政协文史资料研究委员会编；《神鹰凌空》，周日新主编；《长空风云录》，王工一、栾开明著；《话说老协和》，政协北京市委员会文史资料研究委员会编；《金陵女儿》，薛冰著；《中国空姐》，张聿温著；《中国军事人物辞典》，施善玉、鲍同、张子一主编；《飞天名媛》，[加]帕蒂·哥莉著，张朝霞译；《中国大百科全书》，电影卷，编委会主任夏衍；《中国电影史》，胡星亮、张瑞麟主编；《中国电影史》，倪骏著；《中国电影百年》，李多钰主编；《胡蝶》，朱剑著；《龚稼农从影回忆录》上册，龚稼农著；《黎民伟评传》，凤群著；《名流沧桑》，郑雄主编；《前尘旧梦》，郑逸梅著；《中国国民党二百上将传》，刘国铭编著；《世界公民颜雅清传》，蔡德贵著；《颜福庆传》，钱益民、颜志渊著；《壮志凌云——朱美娇的真实故事》，[美]马丽莎·摩根著，卡尔·安格尔配图，李小溪翻译；《求实万里行》，作者调研日记；等等。

参考文章：

《民国时期5名杰出的广东籍女飞行员》，作者刘植荣；《"匹妇救国"：民国女飞行员的壮举》，作者陈晓丹；《民国女飞行员的人生轨迹述论》，作者韩东珍；《女飞行家杨瑾珣在桂林》，作者易木；《民国的女飞行家》，作者周松芳；《中国早期的飞行员》，美国侨报网；视频《抗日英雄鲁美音》，鲁照宁、韩郑提供；中央4台《界听我说》栏目，鲁照宁讲述他16年寻找南京大屠杀证据的故事；民国《西风》杂志，新年特大号五十二期；《她是宋庆龄、宋美龄的小师妹，被誉为"东方蜻蜓"》，作者罗志渊；《影星、飞行员——李旦旦》，作者肖果；《中国近代女飞行员概况表》，作者关中人《民国女星学飞行申请抗战 环美飞行募资救助难民》，作者王月华；《人物随笔·天之骄女——中国首批女飞行员》，作者王开林；《飞行四十年》，作者卢传铭；《女性进入航空之门》，作者洪达；《从女明星变成中国第一位女飞行员的上海名媛》，作者程乃珊；《从深圳走出的中国第一位空军女军官》，深圳新闻网；《华侨之花无比鲜艳》，作者弥雅乐；《中国早期女飞行员杨瑾珣小传》，作者郭玉麟；《李月英传奇》，作者刘爱贝；《美国华裔女飞行员亲历二战：你是真正的英雄》，钟明编辑；《二战美军华裔女飞行员30余年后获美认可》，作者孙浩；中央4台《华人世界》栏目，2015年7月22日，《二战美军华裔女飞行员晚年朱美娇》等。

外 国 篇

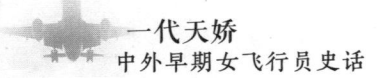
一代天骄
中外早期女飞行员史话

第一章 世界最早的"女飞"先驱

飞机是经济、文化、科技发展到一定阶段的产物。西方18世纪产业革命之后,生产力和科学技术均获得快速发展,走在了世界前列,女飞行员最早出现在西方发达国家也就不足为奇了。20世纪初期,当时的法、英、美、德、俄、意,以及加拿大、比利时等国,相继诞生了世界历史上的首批女飞行员。她们为世界妇女航空开了先河,为中国妇女航空树立了榜样。

第一节 世界第一位女飞行员之争

特雷丝·佩尔蒂埃 意大利不被承认的世界第一"女飞"

谁是世界上第一位女飞行员?与谁是中国首位女飞行员一样,也是一个有争议的问题。有人认为意大利的特蕾丝·佩尔蒂埃是世界上第一位驾机上天的女性。特雷丝有位好友,法国著名雕塑家也是飞行员的莱昂·德拉格朗日(Leon Disarrange),在他的影响下,她爱上了飞行运动。1908年7月8日,她在意大利第二大城市米兰,乘坐好友德拉格朗日驾驶的法尔曼型飞机飞上蓝天,成为世界上第一位乘坐飞机升空的女性。

乘坐飞机在天空翱翔之后,特雷丝被蓝天白云深深吸引住了,决定跟德拉格朗日学习飞行。那时的飞机没有驾驶舱,更没有前后舱的教练机。她全凭教练讲授操纵方法,在地面观察教练的驾驶动作学会了飞行。据《意大利画报》1908年9月27日报道，9月的某一天，特雷丝在德拉格朗日陪同下，在意大利都灵的军事广场，自己驾驶法尔曼型飞机飞行了200多米，高度2.5米。《意大利画报》不仅报道了她飞行的消息，还刊登了她在飞机上的照片（图一）。当时全欧洲流行一句口号："女人不会开车"，而特雷丝竟超前地学会了开飞机。她的飞天本是创历史纪录的壮举，可惜她的纪录不被认可。按说有照片为证，特雷丝世界第一位女飞行员的历史地位应该得到承认。但由于飞行距离和高度有限，也没获得驾驶执照，更无飞行事迹，因此不被绝大多数史学家认同。

世界第一位飞行女性（图一）

埃莉斯·德罗什　法国及世界上第一位女飞行员

现在世界上公认的第一位女飞行员是法国的埃莉斯·德罗什。埃莉斯（有人译为雷蒙德·德·拉洛施），1882年8月22日出生于法国巴黎，父亲是位水管工人。1908年，埃莉斯在巴黎观看了莱特兄弟的飞行表演后，便被飞机所吸引，决心驾驶飞机驰骋蓝天。

1909年10月，年仅17岁的埃莉斯便跟飞机制造商兼飞行员的查尔斯·瓦赞学习飞机驾驶。那时没有带女孩子飞行的先例，也没有前后舱的双座教练机，甚至连驾驶舱都没有。好在飞机滑行速度较慢，教练便用最原始的方法教她。埃莉斯坐在飞机上的驾驶员座位上，教练在地面跟着飞机跑，边跑边大声喊着教她操纵飞机的动作。埃莉斯聪颖过人，很快便掌握了飞行要领，在地面

世界第一位女飞行员埃莉斯·德罗什（图二）

滑行几天后，埃莉斯就想驾机升空，遭到教练的拒绝。有一次，她趁教练不注意，加大油门起飞了。这一飞创造了历史，无垠的天空从此有了女飞行员的身影，埃莉斯成了世界上第一位女飞行员。

埃莉斯不仅是世界上第一位女飞行员，也是一位具有传奇色彩的女性。1910年3月8日，她获得了"国际航空协会"颁发的飞机驾驶执照，是世界上第一位获得飞机驾驶执照的女飞行员。获得飞机驾照后，她便在欧洲和非洲进行飞行表演。当时飞机在绝大多数人眼里还是一只会飞的怪物，女飞行员更是天上的圣女，所到之处崇拜者不计其数，她成了轰动欧非大陆的大明星。

1910年7月8日，飞行时飞机坠毁，埃莉斯身受重伤，但她奇迹般地活了下来。热爱飞行甚过生命的埃莉斯，没有被空难事件所吓倒，两年后又重返蓝天。1913年1月25日，她创造了连续飞行4小时的"女飞"世界纪录，并获得法国俱乐部颁发的《女性》杂志奖。第一次世界大战期间，埃莉斯执行了军事任务，负责将指挥官从后方送往前线，她是世界上第一个执行军事运输任务的女飞行员。1919年，她又创造了飞行高度4785公尺，连续飞行323公里两项世界纪录。这个高度和距离放在现在算不了什么，但在当时没有封闭座舱、发动机功率很小、又无导航设备的条件下却是很难的。

1919年7月18日，这位世界女飞"第一"人在一次试飞中不幸遇难，年仅37岁。为纪念埃莉斯对世界及法国航空事业所做的巨大贡献，在她领取飞机驾照100周年之际，法国发行了一枚纪念她的邮票。

第一章　世界最早的"女飞"先驱

第二节　五国第一"女飞"

希尔达·休利特　英国第一位女飞行员

希尔达·休利特，1864年2月17日出生于英国伦敦的沃克斯霍尔。希尔达小时热爱艺术，进艺术学校学习木工、金属制品和缝纫等，各科成绩均为优秀。她的各种艺术作品多次在展览会上展出，获得各方好评。

少年时期希尔达热衷自行车运动，特别喜欢开汽车，多次参加汽车大赛并获奖。

希尔达通过汽车比赛，感受到了人在高速运动时的刺激和乐趣，她的目光又盯上了比汽车速度更快的飞机。她决定学开飞机，驾驶飞机在蓝天翱翔。但当时英国还没有航校，更无女性飞行先例。这时期法国不仅航空事业走在世界前列，1909年年初，还有了女飞行员。为了实现自己的飞天梦，45岁的希尔达决定离开亲人独自去法国巴黎学习飞行，她是世界上开始学飞行年龄最大的女性。

1909年年底希尔达到达巴黎，找到一家培养飞行员的公司，报名学习飞行，因她是女性遭到拒绝。经她据理力争，公司最后提出一妥协方案，她学飞行可以，但公司不提供教练机，要学必须由她购买公司生产的飞机。为实现自己的理

英国第一位女飞行员希尔达（图三）

161

想，希尔达花重金购买了一架该厂生产的最先进的"法曼3"型飞机。这型飞机是由法国沃伊津兄弟发明、1909年刚由该公司生产出的新型飞机。它是装有一台小型螺旋桨发动机的双翼飞机，长39英尺，高11.6英尺，翼展34英尺，最高时速每小时37英里，是当时最先进的飞机。希尔达非常喜欢这种飞机，她自豪地称它为"蓝鸟"，蓝天上的飞鸟。

由于希尔达有开赛车的经历，反应十分敏捷，接受能力超强，很快就学会了飞行，成为英国历史上第一位女飞行员。学习期间，她结识了飞行工程师布隆多，她很欣赏他的技术才能，两人成了好友。

1910年上半年希尔达回到了英国。回国后她做的第一件事就是办航校，用她从法国带回的"法曼3"型飞机培养飞行员。1911年8月29日，她考取了英国飞行驾驶执照，成为英国第一位女飞行员。同时聘请布隆多为她的业务合作伙伴，这是英国第一所飞行学校。当过赛车手和驾驶过飞机的希尔达深知安全的重要性，从航校开办的第一天起，她就提出了"安全至上"的口号，狠抓安全保证工作。有付出就有回报，她在布隆多的协助下，创造了航空史上的奇迹。航校开办一年半，培养了13名飞行员，飞行事故为零，这是前所未有的成绩。

当时英国人称希尔达是一位超越时代的女人，此话一点不虚。半老徐娘学飞行，自费买飞机学飞行，自己办航校等已让世人惊叹不止了，她又干了件新鲜事：当教练带飞学员，而她带飞的第一个学员竟然是自己的儿子弗朗西斯。新中国有一对母女飞行员，母亲是空军第二批女飞行员董锁箴（笔者苗晓红的同学），女儿刘宇环也是飞行员，但女儿并非母亲带飞的。像希尔达亲自教儿子学飞行，是否独一份，无从考证，就是有，她也是世界第一人。俗话说强将手下无弱兵，强母手下更无弱子。在母亲精心带飞下，弗朗西斯很快便成为一名优秀飞行员，当年便获得了飞机驾驶执照。她将儿子培养成才后，不是将他留在身边为自家谋利，而是将他送进了军营，让他为国效力。在第一次世界大战期间，弗朗西斯是英国海军航空队仅有的7名飞行员之一，他也是英国历史上第一位未经部队培养的军队飞行员。

希尔达为了扩大航校的影响，施展自己的飞行技能，她还到外地举行飞行表演，参加各种飞行比赛。1912年，在一次全国飞行速度比赛中，希尔达荣获冠军。她精湛的飞行技艺，受到广大观众好评，世人称她为"优雅鸟"。

为了报效祖国，希尔达不仅将儿子送进部队，1914年第一次世界大战爆发后，为了给前线提供飞机，她又与布隆多合伙成立了飞机制造公司，生产各型飞机，包括她喜爱的"法曼3"，直到1918年战争结束。希尔达后期移居新西兰，1943年去世，享年79岁。

布兰奇·斯图亚特·斯科特 美国第一位女飞行员

斯科特又名贝蒂·斯科特，1884年4月8日出生于美国纽约。斯科特1909年开始学习飞行，1910年9月16日，美国航空组织授予她美国独立飞行女性第一人的称号，斯科特成为美国历史上第一位女飞行员。

学会飞行后的斯科特，便成为一名职业飞行员，教官柯蒂斯对她很欣赏，将她吸收为柯蒂斯飞行表演队成员。1910年10月24日，在印第安纳州韦恩堡的航空表演大会上，斯科特首次亮相，她是美国第一位在飞行表演大会上表演的女飞行员。她表演的特技动作惊险万分，扣人心弦。尤其是俯冲动作，令观众不敢直视。她从1千多公尺高空垂直冲向地面，离地50来米时才将飞机拉起。观众给她的垂直俯冲动作起了个名字，叫"死亡冲刺"。她的首秀异常成功，赢得了"空中假小子"的美称。1912年，斯科特与马丁飞机公司签约，成为世界上第一位女试飞员。

1916年，斯科特告别了她热爱的蓝天，结束了她的飞行生涯，原

美国第一位女飞行员斯科特（图四）

因是性别歧视。尽管她各方面表现突出，成绩优异，全国知名度很高，航空部门却因为她是女性，拒绝为她提供评定各类职称的机会。她对这种歧视女性的做法极为不满，便愤然离开了航空界。但她念念不忘飞行事业，尤其是她最为喜爱的特技表演。为了重温旧梦，1948年9月6日，54岁的斯科特，乘坐查克·叶格驾驶的TF-80喷气式飞机重返蓝天，她是美国乘坐喷气式飞机的第一女性。飞行中，她让飞行员也做一个她最过瘾的"死亡俯冲"。

1970年1月12日，斯科特在纽约杰纳西医院病逝，享年84岁。1980年12月30日，美国邮政管理局，发行了一枚邮票，纪念斯科特对美国航空事业的贡献。（北京航空航天出版社出版的《灿烂群星——外国航空人物》一书中说，哈丽·昆比是美国第一位女飞行员，但她1911年开始学飞行，比斯科特学飞行晚两年。）

利季娅·维萨里奥诺夫娜·兹维列娃　俄国第一位女飞行员

利季娅，1890年生于俄国的中等城市里加，1911年，21岁的利季娅报考了俄国当时唯一的一所飞行学校。女孩子开飞机，世上少有，俄国也没有。因而人们对她报考飞行学校的举动很不理解，她遭到了乡亲们的非议，父母也极力反对她学飞行。但为了实现自己的飞行理想，她全然不顾，毫不犹豫地踏进了飞行学校的大门。

利季娅进航校后首先遇到的是性别歧视。她是该校学员中的唯一女性，开始同学和教员都鄙视她。有个男同学放言，利季娅用不了一个月就会打背包走人。然而，出乎意料的事发生了。由于她刻苦钻研，勇敢顽强，加上聪颖心细，她竟成为第一批放单飞的学员。单飞后，利季娅在飞行中遇到过发动机停车、飞机坠地受伤，以及中途换教练等一系列险情和意外。特别是在一次飞行训练中，一架军用飞机突然向她迎面飞来，就在即将相撞的刹那间，利季娅果断地一推机头，下降高度，那架军用机呼啸着从头顶掠过，避免了一场两机相撞的空难。利季娅用行动证明，学飞行女性丝毫不比男性差，彻底改变了男学

第一章 世界最早的"女飞"先驱

员对她的看法，赢得了他们的尊重。

1911年8月10日，利季娅以优异的成绩从航空学校毕业，并获得了俄国第一张女飞行员驾驶执照，成为俄国历史上第一个女飞行员。利季娅航校毕业后，各地争相邀请她去进行飞行表演。1912年4月4日，她的表演很顺利，也很精彩，博得了一万多名观众的喝彩。降落时她正收油门对准跑道着陆，突然一阵大侧风袭来，将飞机吹离跑道，向着

俄国第一位女飞行员利季娅（图五）

观众冲去，一场可怕的事故眼看就要发生。危急关头，利季娅临危不乱，果断将飞机拉起，飞机从惊恐万状的人群头顶越过，迫降在一块凸凹不平的草地上，飞机侧翻，利季娅被甩出座舱，大腿骨折。第二天，当地报纸都在头版报道了利季娅的事迹："勇敢而漂亮的利季娅小姐给里加市民留下了最美好、最难忘的印象，她的飞行表演和勇敢无畏的自我牺牲精神是俄国妇女的榜样。"利季娅是位很有抱负、很有远见的女性，她不满足已有的成绩，她决心办一所高级航校，让更多的年轻人，特别是女性学会飞机驾驶。办航校需要大笔资金，第一次办校因资金短缺而停办。但她毫不气馁，不改初心，她想出用夜间表演的方法吸收更多的资金。1914年5月19日，她在一跑马场上燃起几堆篝火，在飞机的机翼上装上红色灯泡。晚上8点整，利季娅驾驶本国制造的"莫兰"式单翼飞机，在广场上空做俯冲、跃升、螺旋、筋斗等惊险的特技动作，令上万观众目瞪口呆。利季娅是历史上第一个夜间进行特技表演的女飞行员。

1916年，利季娅被伤寒病魔夺走了宝贵的生命，年仅26岁。下葬的那天，成千上万的崇拜者，手捧鲜花，从四面八方赶来为他们心目中的女英雄送

葬,昔日航校的男同学,开着飞机在墓地上空盘旋,向俄国第一位女飞行员致以崇高的敬礼,让她在飞机的轰鸣声中长眠。(有文指出,俄国第一位女飞行员是尤金妮公主,她1911年取得飞机驾驶执照,曾参加俄空军,执行过侦察任务。但相关资料不多,供参考。)

埃麦莉·毕兹　德国第一位女飞行员

埃麦莉,1886年9月13日出生于德国萨克森州德累斯顿。1910年10月,埃麦莉开始学习飞行,学飞行时遇到了意想不到的挫折。一次教练带她飞行,因她操纵失误,导致飞机坠地,她虽幸免无事,但教练多处受伤,大腿骨折,鼻子摔破,数条肋骨折断。从此教练拒绝带她,其他教练从安全出发,也都不愿带她这个惹祸的女飞行学员。无人带她飞行,只有离开机场。

性格倔强的埃麦莉,不甘心因一次事故就使蓝天梦破灭,半年后她再次走进柏林机场,逐个做教练的工作,她的执着精神和诚心终于感动了一位教练,他同意教她飞行。埃麦莉十分珍惜这来之不易的机会,她加倍努力,刻苦勤奋,在新教练的带飞下,埃麦莉终于学会了飞机驾驶。1911年9月13日,她25岁生日的这一天,埃麦莉考取了飞机驾驶执照,成为德国历史上的首位女飞行员。飞机驾照成了她最珍贵的生日礼物。

1912年,埃麦莉开办了一所飞行学校。由于学过飞机制造,她发明了一种可折叠的飞机,并申请了专利。

德国第一位女飞行员埃麦莉(图六)

1913年她与一道学飞行的法国飞行员结婚,但她的婚姻并不幸福,12年后与丈夫分居。1925年是埃麦莉最不幸的年份,与丈夫分手不久,她在一次飞行中再次发生坠机事故。这次她没上次幸运,虽没牺牲,但伤势很重,失去了飞行能力。埃麦莉视飞行如生命,失去飞行资格的打击,对她来说是致命的。在失去爱人,又失去蓝天的双重打击下,她绝望了,这年的12月22日,埃麦莉用手枪结束了自己的生命,在寓所里饮弹身亡。那年,她39岁,埃麦莉是世界早期女飞行员中最为不幸的女人。

海琳·迪特里厄 比利时第一位女飞行员

海琳·迪特里厄(有人翻译为埃莱娜·迪特里厄),1877年出生于比利时西南部城市图尔奈,距法国只有20多公里,迪特里厄受法国文化影响较深。

迪特里厄从小喜爱运动,对自行车情有独钟,18岁便成为一名专业场地自行车运动员。在她的自行车运动员生涯中,创造了一系列佳绩。1895年,她创造了一小时长距离自行车女子世界纪录。时隔两年后,即1897、1898年,她在比利时奥斯德举行的女子速度场地比赛中,均获得世界冠军。1898年8月,她还在"欧洲大奖"赛中夺冠。同年11月,迪特里厄又在英国伦敦举行的"12日自行车比赛"中摘得桂冠。

迪特里厄在驾驶飞机(图七)

当时的比利时国王利奥波德二世，为表彰她为比利时赢得的荣誉，亲自为她颁发了镶有钻石的"圣安德烈十字勋章"。

迪特里厄是位喜欢冒险的女人，她不满足于自行车的速度、耐力的比赛，她又看中了自行车的特技表演，从而开始练习自行车的各种特技。1903年7月，她成为一名熟练的自行车特技手。她感到自行车特技表演仍不够刺激，又开始学习摩托车的各种特技，并成为比利时有名的赛车特技表演员。地面的自行车、摩托车和赛车玩够了，迪特里厄的爱好继而转向空中。她在天空表现得比地面更精彩，创造出了更多的"世界第一"和"世界之最"。1908年，她开始在法国学习飞机驾驶，很快就掌握了飞行技术，成为比利时第一位女飞行员。1910年4月19日，她开始载乘客飞行，是世界上第一位载客飞行的女性。1910年9月，她驾机从比利时的奥斯坦德起飞，直飞布鲁日，用时1个多小时，她创造了女飞行员留空时间最长的世界纪录。同年11月25日，她考取了飞机驾驶执照，是比利时第一位拥有飞机驾照的女飞行员，也是世界第4位女性飞机驾照获得者。1910年12月21日，在"费米纳杯"比赛中，她勇夺第一，并打破了自己的纪录，创造了连续飞行2小时35分钟的新纪录。同年，她在意大利佛罗伦萨举行的比赛中，击败14名男飞行员，夺得"国王杯"。1912年，迪特里厄成为第一位驾驶水上飞机的女性。1913年，她获得"法国荣誉军团勋章"，是世界第一位获此殊荣的女飞行员。

正当迪特里厄大展宏图之际，第一次世界大战爆发了。大战期间，她从空中回到地面，从事人道救援工作。一战结束后，她成为一名记者，后与皮埃尔·莫蒂埃结婚，并加入法国籍。

迪特里厄离开蓝天之后，虽没再驾机升空，但她心系蓝天，时刻关心着比利时和法国的航空事业。为鼓励更多的人投身航空事业，激励男女飞行员在天空奋进。1955年，她创立了奖金为20万法郎的"海琳·迪特里厄－莫蒂埃杯"，表彰每年连续飞行时间最长的法国或比利时的飞行员。

1961年6月26日，海琳·迪特里厄，在法国巴黎去世，享年83岁。

第一章　世界最早的"女飞"先驱

第三节　其他先驱女飞行员

史天逊　第一个来中国进行飞行表演的外国女飞行员

在外国早期女飞行员中，有一位不可不提，她就是美国女飞行员史天逊（有人翻译为凯瑟琳·斯廷森），她1898年出生，是美国早期女飞行员之一，有人称她为美国第一位女飞行员，也有人说她是美国第4位拿到飞行执照的女飞行员，曾得到飞机发明者莱特兄弟的指教。1911年，她在参加一次气球飞行时，见到了莱特兄弟刚刚研制出来的飞机。从此，她便迷上了飞行。1915年，她创办了飞行学校，同时展览她的飞机，参加飞行表演。第一次世界大战爆发后，她两次要求参战，均被拒绝。

1917年史天逊开始长途飞行，并创造了从圣地亚哥到旧金山，连续飞行606英里的世界纪录。同年她开始东方之行，在日本等国进行飞行表演，并于当年2月驾机抵达中国。她的到来，不亚于七仙女下凡，引起了巨大的震惊和轰动，因为当时中国的男飞行员都罕见，何况是外国女飞行员。

《中国日报》1917年2月18日、《申报》1917年2月21日均详细报道了史天逊在上海进行飞行表演的情景。2月17日，美国著名女飞行家史天逊，携两架飞机来华，在上海江湾五角场为几万名观众表演飞行术。史天逊芳龄19，自幼演习飞机，技术高超，声誉卓著，令一些男飞行员自叹弗如。

史天逊便装照（图八）

是日，淞沪路局临时增挂了几节货车，车厢里仍拥挤不堪。一些富商贵客，名媛艳姬则乘汽车或坐马车前往观看。孙中山与夫人宋庆龄也亲临现场。下午5时左右，史天逊女士在万名观众的热烈掌声中，启动马达，驾机高飞，由东向西行，绕场三匝，向观众致意。其后愈飞愈高，并不时表演飞行动作，令国人大开眼界。

宋庆龄观看过史天逊的飞行表演后，曾写过一篇观后感："美国女飞行员斯廷森女士在江湾马场试演飞机之第一日，适逢天气晴和，中西女士联袂往观……下午五时十分于万众掌声中翱翔起飞。飞机由东向西行，绕场三匝愈飞愈高……至五时三十分乃安然翔集于南隅，拍掌复大作。"20日，江苏省教育会理科教授研究会还在省教育会三楼，请史天逊女士做了关于飞机构造和飞行原理的演讲。

史天逊在上海表演并不顺利，第二天表演结束时，螺旋桨打在跑马场的木栅上，飞机坠地，所幸人未受伤。史天逊来华表演的高潮在天津。3月25日下午3点，她在天津英租界的跑马场，进行一场异常惊险的飞行表演。天津报纸是这样描绘的："此次女士所献之技，除在空中作回环颠倒诸式外，在跑马场中设假炮台一具，女士从空中掷落炸弹，表明现今战争时用飞机掷炸弹之景况。""史女士常云，当此20世纪，各国皆视飞机为制胜之具，中国欲不落人后，不可不研究飞行术也。"（摘自《城市快报》2004年8月31日。）

史天逊在天津的表演十分圆满，影响也异常深远。她的表演对中国航空事业是一次大的促进，对孙中山的"航空救国"思想是一次生动形象的宣传。她在中国进行的让所有男人仰视的飞行表演，对中国几千年来形成的男尊女卑观念，

史天逊在表演现场（图九）

第一章 世界最早的"女飞"先驱

更是一次重大的冲击,大大激发了中国妇女翱翔蓝天的梦想,以后中国国内相继涌现了一批女飞行员。史天逊的飞行表演对孙中山"航空救国"思想的形成和传播起到了促进作用,也为宋庆龄日后帮助朱慕菲学飞行,提供了样板。

史天逊1977年7月8日病逝,享年86岁。

哈丽·昆比 首位飞越英吉利海峡的美国女飞行员

哈丽·昆比(有的译为哈里特·昆比),1875年出生于美国密歇根州冷水镇一农民家庭。1877年,全家迁至加州,在大阿罗约小镇开杂货店,后来又搬到旧金山。由于家境贫寒,父母希望昆比能进入上流社会,使全家摆脱困境。昆比也知道父母的心意,因此决心干一番事业,实现父母的愿望。她聪明好学,从小学到中学各科成绩优良,语文成绩尤佳。她凭自己的奋发努力,先是成为《旧金山戏剧评论》杂志社的一员,后又当了《旧金山之声》的记者。她文笔好,又会使用打字机,而且人也长得漂亮,打扮也很时尚。不仅如此,昆比喜爱运动,尤其喜欢开车,经常开着一辆黄色敞篷小汽车招摇过市,四处采访。很快她便成了当地的风云人物,知名度很高。1903年她被纽约一家名气很大的《莱丝丽》周刊看中,聘为该刊编辑。

1910年的一天,她到贝尔蒙特采访飞行比赛,被一架架在蓝天展翅翱翔的飞机所吸引,从此昆比迷上了飞行,下决心当一名飞行员。当天晚宴上,她就向获大赛第二名的摩桑提出学飞行的意向。

1911年5月,昆比开始学习飞

年轻时的昆比(图十)

171

行，因为她是名人，为专心飞行，不受外界干扰，她特地为自己设计了一套男式飞行服，肥大的上衣，把曼妙的身材掩盖起来；宽大的风帽，将俊俏的脸庞遮挡得只露双眼。她接受能力超强，又胆大心细，掌握飞行技术特快，她的飞行悟性之高令教练吃惊，不到3个月，就获得了飞行执照，因此不少人称她为美国第一位女飞行员，是世界上第三个获得飞机驾照的女性（有关女飞行员取得驾照的世界排名，各国说法不一，有人说，取得驾照前4名的女飞行员全是法国人）。本书没将哈丽·昆比列为美国第一位女飞行员，前面解释过，因为她学飞行比贝蒂·斯科特晚了两年，从学飞行时间的先后来说，她不是美国第一位女飞行员。但如果从3个月就获得驾照的时间来看，哈丽·昆比堪称美国第一女性，她是飞行天才。拿到飞机驾照后，为使更多的女性热爱飞行、了解飞行、学习飞行，她将自己学飞行的感受、经验写成文章，在《莱丝丽》上发表，为早期航空教育的普及做出了独特贡献。

昆比从小胆大，喜欢冒险。1909年，法国男飞行员布莱里奥用36分钟飞越了英吉利海峡，她也要冒险征服它，因为当时英吉利海峡被称为飞行员冒险的乐园，她也要让英吉利海峡成为她一显身手的舞台。昆比虽喜欢冒险，但她并非莽撞蛮干，而是从物质到技术都进行了充分精心的准备。首先她向友人借了一架功率较大的"布莱里奥"型飞机，建立了指挥中心；其次她学习了运用手表、罗盘导航的方法，选择日朗风轻的天气。1912年4月16日清晨五点，这时旭日东升，风平浪静，天高云淡，昆比穿着象征好运的紫红色飞行服，驾驶没座舱盖的飞机从多佛尔港起飞了，向着法国的加来飞去。俗话说人算不如天算，天有不测风云，飞过一段时间后，航道上的天气逐渐变坏，云雾越

穿特制飞行服的昆比（图十一）

第一章 世界最早的"女飞"先驱

来越浓。继而乌云浓雾封锁了航道，上不见天，下不见海，飞机在茫茫云雾中航行。飞机上除了一个罗盘和一块手表之外，没有任何导航设备。云雾中气流紊乱，轻型飞机似一叶小舟，上下颠簸，左右摇晃。昆比紧紧地握着驾驶盘，吃力地操纵飞机。海上飞行又遇浓雾，飞机又没有座舱盖，潮湿阴冷的气流袭击着昆比，她尽管穿着皮飞行服，也抵御不了阵阵袭来的寒流。昆比浑身冷得发颤，幸好起飞前，机械师给了她一个大热水袋，让她围在后腰上，就靠热水袋的一点热度，使她不致冻僵。在异常恶劣的天气里飞行，在无导航设备的情况下，昆比只能按罗盘指示的大方向飞行，根据时间判断应该到达法国大陆了。于是她开始缓慢降低高度。这时她从云隙中间看到了一片白沙滩，地面也没有雾，一颗悬着的心总算落了下来。她一推机头，穿出云层，寻找加来港。但下面却没有加来港，只有小渔村。她偏航了，偏了40多公里。此时油料即将告罄，她只好在渔村降落，实现了飞越英吉利海峡的夙愿。哈丽·昆比成为世界上第一位飞越英吉利海峡的女飞行员，她的英雄事迹被载入史册。

昆比成功飞越英吉利海峡的壮举，本应成为轰动世界的头条新闻，然而她的风头却被前一天"泰坦尼克"号失事事件盖过了，当时全世界的新闻媒体全都聚焦在4.6万吨豪华客轮"泰坦尼克"号上，因为那是罕有的人间悲剧。直到该事件慢慢平息后，媒体才大量报道昆比飞越英吉利海峡的新闻，美国公众才开始赞颂昆比这位巾帼英雄。

昆比成功征服英吉利海峡后，声名大震，不少城市邀请她去参加各种聚会和做飞行表演。1912年7月1日，她应邀参加波士顿航空精英们的聚会。聚会期间昆比驾驶一架刚出厂的51.45千瓦的"布莱里奥"单翼飞机，载着会议召集人威廉·维拉德在多恰斯特海湾上空做短暂飞行。起飞后，当昆比将飞机高度拉升到300公尺时，飞机操纵系统突然失灵，飞机机头朝下，向海面急速坠落，下降产生的离心力，将没有系安全带的昆比和维拉德，从没有座舱盖的飞机里甩了出来，二人坠海，不幸罹难。昆比成为世界上第四位在飞行时遇难的女飞行员，时年37岁。这次空难很奇特，飞行员和乘客都身亡了，而飞机坠海瞬间，却自行拉平，竟毫发无损，创造了世界航空史上机存人亡的奇迹。

昆比的生命虽然短暂，但她在美国的影响却很大。她留有大量作品，仅

纪念昆比的邮票（图十二）

《莱丝丽》画报就刊登过她250篇文章。昆比还有7部电视剧被搬上银幕。昆比牺牲后，美国民众都很悲伤，为她惋惜。《波士顿邮报》载文说："她一直梦想成为开拓者的一员，她像男子汉一样把握自己的命运，同时她死得也像男子汉。"（摘自《灿烂群星》第194页）为缅怀她，美国邮政部门发行了一枚纪念昆比的邮票，这枚邮票在美国很受欢迎。

鲁斯·劳 世界上第一位建议"女飞"参战的美国"女飞"

鲁斯·劳，1911年想进莱特飞行学校学习飞行，被拒收，因为她是女人。首次碰壁不但没动摇她对天空的向往，反而增强了她学飞行的决心。她有一句名言："让我做成一件事情的最佳方式就是对我说'你不能做那件事'。"1912年11月，鲁斯考取了飞机驾驶执照。后来她又学会了特技飞行。1915年她开始进行特技飞行表演。次年11月19日，鲁斯创造了一项飞行速度纪录，这项纪录是她由芝加哥不着陆飞往纽约的长途飞行中创造的。1916年11月20日，鲁斯上演了惊险一幕，那天她在纽约上空飞行时，发动机突然停车，她凭过硬的飞行技术，沉着冷静地驾驶无动力的飞机，靠滑翔在一军用机场安全着陆。那个年代一个女飞行员靠滑翔突临机场，那是特大新闻，很快便围满了仰慕者。其中有一位陆军上尉很快给她修好了发动机。鲁斯谢过上尉之后，又登机起航向远方飞去。这位主动热情为她修发动机的上尉，名为亨利·阿诺德，后来成为名震军界的美国陆军航空队总司令。留下了一段司令曾为"女飞"修发

第一章 世界最早的"女飞"先驱

动机的佳话。

1917年4月，美国卷入第一次世界大战，这时的鲁斯已誉满美国，她便用自己的社会影响力，向军方提出让女飞行员驾驶飞机参战的建议，她是世界上第一位提出让女飞行员参战的人，但她的提议未被批准。建议被拒后，她继续为"女飞"参战鼓与呼，她在杂志上发表了一篇《让女性飞！》的文章。文中强调，女性飞行成功的实践证明，女人同样能胜任军事领域的各项工作。她的这极具历史意义的创新主张，虽然当时没有受到重视，但后来

鲁斯·劳在地面滑行（图十三）

被二战时的苏、美、英、法、中等国家的女飞行员证实了（中国"女飞"的功绩前面已经介绍，外国"女飞"的功勋后面详述）。

鲁斯·劳一生的最大贡献，是她敢于向歧视妇女的传统观念挑战，为妇女争取了飞行和战斗的权利。

外国早期的女飞行员还有不少，仅法国20世纪10年代的女飞先驱就有好几位，如马特·尼尔（有人译为玛勒·尼尔）、玛丽·摩纹特（有人译为玛丽·玛温特）、珍妮·埃尔沃等，她们都在1910年就取得了飞机驾驶执照。法国还有一位玛丽·马尔旺，她在1910年也考取了飞机驾照，也是女飞先驱人物，但因她参加过两次世界大战，故将她的生平事迹放到后面再写。还有1913年在飞行表演时坠机的英国女飞行员谢丽达·德布瓦·斯托克斯，以及阿米莉娅的好友，第一个从英国飞澳大利亚的英国女飞行员杰西·基思·米勒。有本《战场中的杰西·基思·米勒》的著作，讲述了她的故事。除上述提到的"女飞"外，美、英、德、意、俄等国还有部分先驱女飞行员，因资料掌握不够，不能详述，只能留下遗憾。

第二章 黄金时代的黄金"天娇"

20世纪的20—30年代，世界航空史上称为黄金时代，是飞行充满激情的年代。因为第一次世界大战结束之后，西方各国，特别是参战国，均认识到飞机在战争中的特殊作用（一战期间，共生产军用飞机18万架）。为了占领航空领域的制高点，都加强了本国航空事业的投入，航空事业发展很快。伴随着航空事业的发展，各国飞行员的数量增幅都很大，女飞行员也随之增多，从她们中间，涌现出了三位世界顶尖的女飞行家和首位空姐。

第一节 一个女领航员的故事

玛丽娜·拉斯科娃 苏联首位女领航员

对中国30后、40后和少数50后的人来说，拉斯科娃的名字并不陌生，她撰写的《一个女领航员的笔记》，1953年由时代出版社出版。该书出版后颇受中国青少年的欢迎，尤其对热爱航空的女青年影响深远，它也是笔者苗晓红最喜爱的图书，相伴至今。

拉斯科娃，1912年3月28日出生在莫斯科郊区，父亲是音乐教师，母亲是小学教员。拉斯科娃的少年时期，正是十月革命大动荡年代，生活异常艰辛，1919年父亲因车祸去世，家境更困难，挨冻受饿是常态。那些年她基本上没穿过新衣服，哥哥穿父亲的旧衣，她穿哥哥的旧衣。小时拉斯科娃很淘

第二章 黄金时代的黄金"天娇"

气,加上她总穿男孩子的衣服,人们都叫她假小子。那时粮食稀缺,能吃上一块白面包,就是过节。拉斯科娃很有音乐天赋,背记乐谱的能力很强,6 岁就考上普希金艺术学校,学习音乐。不久,她又考上了音乐专科学校,52 名孩子参加入学考试,只录取两名,其中就有拉斯科娃。她 10 岁时又考进音乐学院,并享受到了奖学金,就在这时拉斯科娃第一次穿上了工厂制作的新鞋,以往的鞋子都是母亲自己改做的。

妈妈为了让拉斯科娃全面发展,除将她送到普通学校上学外,还给她安排了唱歌、绘画、戏曲、法语、意大利语等辅导班的课程。拉斯科娃自己写道:"清早要回到化学实验室去从那里直接去上音乐课,午后再到学校去上普通教育课,晚上十一点以前学习乐理。"繁重的课程,把年仅 15 岁的拉斯科娃累病了,她得了中耳炎与副伤寒,在医院里躺了两个月。

这场重病改变了拉斯科娃的命运,医生让她母亲为了女儿的健康必须减去一半以上的课程。拉斯科娃的母亲征求女儿的意见,她以为女儿会选择音乐,放弃其他课程,出乎意料的是,拉斯科娃竟放弃了音乐而选择了化学,开明的母亲没坚持自己的想法而是尊重孩子的选择。1929 年拉斯科娃高中毕业,以她的成绩考上大学没问题,但她放弃了,因为她母亲的微薄收入,供不起两名大学生,她将上大学的机会让给了哥哥,自己进一家化工厂当了工人。在工厂,她与工厂业余戏剧俱乐部认识的工程师谢尔盖·拉斯科夫结婚,次年女儿塔妮娅出生。

有了孩子后拉斯科娃辞掉了工作,她的离职全家人都很高兴,以为她从此再也不会回工厂了,会专心做家庭主妇。"但是我已习惯了集体,习惯在多数人中,所以又想要工作了。"一个意外

拉斯科娃著作中文版(图十四)

苏联英雄拉斯科娃（图十五）

的机会，拉斯科娃到如可夫斯基空军学院当绘图员，从此与飞行结缘，开始了她辉煌传奇的人生。拉斯科娃当绘图员后，开始接触领航学。当时这是一门新兴的学科，在此之前，飞行员飞行只靠一张地图和指南针，多半是沿铁路、公路或河流飞行，这样必然延长飞行距离，也不能在复杂气象条件下飞行。领航学则能教飞行员靠仪表指示做直线飞行，而且不受坏天气和黑夜的影响。苏联世界闻名的领航员斯皮林·别良柯夫创建了这门学科。斯皮林首次靠仪表航行完成了从莫斯科到柯洛莫纳的直线飞行，这是苏联航空史上的革命，受他们的影响，拉斯科娃迷上了领航学，并立志当一名领航员。领航学既是一门新的学科，也是一门深奥的学问，这对一个只有中学文化程度的拉斯科娃来说难度很大。为弥补文化水平的不足，她参加了列宁格勒航空学院函授班，在两年时间内，学完了大学数学、物理、几何和机械力学等课程，为她掌握飞行领航技术打下了扎实的文化基础。与此同时拉斯科娃在空军学院学到了领航的专业知识。她虽然不是空军学院的学员，但她有得天独厚的条件，她以技术员身份，参加听课做实验。

在她学习领航的过程中，领航学创始人别良柯夫对她的影响极大。别良柯夫不仅是出色的领航员也是优秀的飞行员，1936年6月他完成了9370公里的长途飞行，1937年，他又开辟了莫斯科－北极－美国的洲际航线。别良柯夫的理论与实践令拉斯科娃折服，她写道："我因为在别良柯夫那里学航行而感到骄傲。"（《一个女领航的笔记》第26页）拉斯科娃对学院所开设的领航理论课都掌握了，而且比学员还学得好，懂得多，就缺飞行实践了。有一次飞行训练，一个飞行员邀请她坐飞机，她也很想体验一下飞行的滋味，便上了

第二章 黄金时代的黄金"天娇"

飞机。飞行结束后,她发现一些同事向她表示祝贺,她正纳闷时,别良柯夫问她:"怎么样,如果愿意飞,可以飞行了。""什么……飞行?""对,空中领航员。"里沃诺索夫也支持道:"干吧,你能当个好领航员啊!"原来苏联两位领航界的泰斗,早就发现拉斯科娃既勤劳又有天赋,有意培养她为苏联第一个女领航员。拉斯科娃喜出望外,她当然愿意。就这样她成了别良柯夫机组成员,他亲自带飞她。名师出高徒,拉斯科娃很快就放单飞了,从此开始了她非凡的飞行生涯。拉斯科娃的传奇故事太多,本书只能摘编几例。

拉斯科娃的传奇故事

一、教室风波

拉斯科娃不仅成了苏联第一位空中领航员,而且还成为苏联第一位女领航教员。她是空军学院领航系的教员,她当教员后发生了一件趣事。那年空军学院开办了一期指挥员培训班,学员都是立有战功的中高级指挥官。学院规定,教员进教室后班长要下达"起立"口令,全体学员起立后他要向教员报告。可当拉斯科娃走进教室时,班长见是位年轻的女教官,便没下达口令,也无一人起立。拉斯科娃将教案放到讲桌上后,板着脸问:"谁是班长?"这时班长才站起来回答:"我是!""你为什么不下达起立口令,不向我报告?"班长支支吾吾不回答,有的学员在窃笑。拉斯科娃知道这批当官的瞧不起自己,便威严地对班长怒道:"你是有意违犯院规,你必须改正,否则这堂课我不上了。"班长知道自己无理,只好下达了"起立"的口令,学员也不情愿地站了起来。

这堂课尽管拉斯科娃讲得很认真,但效果并不好,因为虽然她认真讲学员却不认真听。课后班长还跑到系里找系主任,要求换老教员教他们。他的要求系主任不但没同意,反而把班长批评了一顿。没能换掉教员,他们并不死心,他们用各种难题刁难她,让她知难而退,自己主动走人。但出乎他们的意料,所有难题都没难倒她,反而给她提供了施展才华的机会。随着教程的展开,这批师以上指挥员慢慢改变了对她的看法,由歧视转为认可,再由认可转为好评,毕业时变为崇敬,也才有了下一幕。

毕业前夕,拉斯科娃给指挥班学员上最后一课,讲评毕业考试成绩,当她拿着评过分的毕业考试试卷走进教室时,她愣住了,只见班长棒着一大簇鲜花站在讲台边，没有等他下"起立"口令，全体都自动起立，热烈的掌声顿时响起，在教室四壁回荡。从小有假小子之称的女汉子，脸上露出了少见的羞涩，美丽的大眼睛里滚动着泪花，她被鲜花与掌声感动了。更让她激动的是班长的报告词。班长献过花，敬过礼之后，来了一段非正规的报告词："拉斯科娃同志，你不仅仅教会我们领航知识，还教会我们如何尊重女同志。希望我国有更多像你这样的女飞行员。你们一点也不比男同志差，甚至更好。"拉斯科娃含在眼里的泪，再也忍不住了，成串往下滴。作为女教员，这是学员对她最高的评价，作为女飞行员，这是男飞行员对她最好的肯定。（本故事摘编于《一个女领航员的笔记》第38页。）

二、世界纪录

拉斯科娃在空军学院结识了苏联著名女飞行员瓦连京娜·格里卓杜波娃（瓦连京娜·格里卓杜波娃1910年出生在哈尔科夫，父亲是著名飞机制造工程师。格里卓杜波娃毕业于哈尔科夫工业学院，毕业后在图拉高等飞行学校学习飞行，因成绩优异留校任教）。两人惺惺相惜，一见如故，很快便成了无话不谈的知心姐妹。一个是飞行员，一个是领航员，谈得最多的自然是飞行。她俩最大的愿望就是能同一个机组，驾驶飞机打破远距离飞行、中途不降落的世界纪录。

1937年10月，机会终于来了。苏联最杰出的飞机设计师雅柯夫列夫新设计了一种雅克-12型飞机，由她们做远航试验。领授任务后，两位女将商量利用这次远航的机会，争取实现打破女子远距离飞行中途不降落的世界纪录，新飞机的性能为她俩破纪录提供了条件。为实现这个目标，两人开始精心准备，重点是根据新飞机的性能设计一条精确的航线。准备阶段拉斯科娃连家也不回了，干脆住到了格里卓杜波娃家里。远飞的前夜，两人还在忙着剪贴航线图。格里卓杜波娃家有她母亲、丈夫和儿子小鹰。他们也忙着替她们准备。丈夫帮助计算油量，母亲忙着替她俩烤烧鸡，小鹰则给妈妈打下手。她俩最后选择的航线是莫斯科—阿克丘丙斯克，航程1445公里。

10月24日凌晨3点，两位女将提前两个小时来到机场。探照灯将机场照得通明，地勤人员已将飞机准备好了。飞机设计师也来到机场，他比任何人都紧张，因为这是第一次远航，也是首次全载重起飞。太阳还未升起之前，她们

第二章 黄金时代的黄金"天骄"

告别送行的人群顺利起飞了。前一段飞行很顺利,二人尽情欣赏曙光照耀下的大地,格里卓杜波娃甚至哼起了小调。可好景不长,麻烦接踵而至。先是驾驶舱的磁罗盘坏了,只有靠拉斯科娃座舱下方的罗盘导航,这个罗盘指示器的位置在座舱的左下角,拉斯科娃只有弯腰低头才能看清指示度数,而失去罗盘指示的格里卓杜波娃则通过机内通话机不停地喊着:"航向!""航向!"拉斯科娃只能一直弯着腰回答:"再右一点""再左一点"。不久前方出现了低云,格里卓杜波娃又喊道:"怎么办?""飞机没有盲降设备,我们不能进云,下降高度,超低空飞行。"格里卓杜波娃推动驾驶杆,飞机下降到200米高度紧贴云底飞行,好在下面是伏尔加河大草原。两人忙于躲云层,忽视了航向,她们迷航了。由于拉斯科娃在地图上下过一番功夫,她仔细对照地标,不停地给格里卓杜波娃报航向,终于她俩沿铁路线找到了目的地阿克丘丙斯克机场。此时不仅主油箱的油烧光了,副油箱的油也所剩无几,真悬!

飞机着陆后,没有欢迎的人群,只有几名地勤人员给她们加油维护飞机,一名航行部门的工作人员上飞机,查看并记录了仪表显示的各种数据,走时给她俩签发放飞单。显然机场人员并不知道这两名女飞行员打破了世界纪录,对她俩的降落没表示出特别的关注。格里卓杜波娃也没有破纪录后的兴奋,因为这之前她多次创造过女子飞行的世界纪录。拉斯科娃虽是第一次破纪录,但她看伙伴无所谓的样子,也不好表露内心的喜悦。憋了一会儿后,实在是按捺不住心中的激情便问格里卓杜波娃:"瓦丽亚,我们飞到了目的地,打破了世界纪录,你咋一点也不高兴?""不过瘾,才一千多公里,我们应该飞得更远。"说完便与拉斯科娃商量新的远航计划。第二天拉斯科娃和格里卓杜波娃一清早就驾机返航。飞了一个多小时后,"玛丽娜,怎么有汽油味?"格里卓杜波娃问。"我也闻到了,是不是油箱漏油?"拉斯科娃说完摸了身后的座舱隔板,发现有油箱漏出的汽油,便叫道:"不好!油箱漏油,我的地图都浸湿了,赶紧降落吧,万一起火,我俩就成烧鸡了。""你看看下面,全是荒漠,看不到一户人家。野外迫降,很难保证飞机接地时不起火。""满座舱汽油,随时有着火的危险。""你看看地图,选最近的机场降落。""不用看地图,欧林布尔格离这里最近。"地图在她脑子里。

带着漏油的飞机着陆等于带炸弹降落一般,稍有不逊,飞机就会起火爆炸。格里卓杜波娃毕竟是飞行高手，艺高人胆大。她沉着镇静地操纵飞机，在欧林布尔机场安全降落了。当两位满身汽油味的不速之客走进机场调度室时，室内的人正在开会，一看二位女飞行员现身，虽感到有些突然，但没有分外惊讶的表情。这事要是发生在中国，别说是80年前，就是现在，也是特大新闻，会轰动整个机场。欧林布尔机场却很平静，因为那时苏联有大量的航空俱乐部和航校，有10多万飞行学员，其中四分之一是女性。女飞行员在苏联非常普遍，没有人把她们当明星。如果了解这段历史，就不会有人妄称中国是拥有女飞行员最多的国家了。

调度室主任问明情况后，便派机务修理工去检查油箱，修理工检查后说，这种油箱他们修不了，必须由厂家带新油箱来更换。飞不了啦，怎么办？格里卓杜波娃只有向莫斯科报告请示，回电指示她俩立即乘火车返回莫斯科。

莫斯科火车站到了，当格里卓杜波娃和拉斯科娃走出车厢时，便被欢迎的人群簇拥住了，空军学院的飞行员有的手捧鲜花，有的高举报纸争相向她俩祝贺。祝贺她俩打破了女飞行员800公里不间断飞行的世界纪录，此时拉斯科娃才有了破纪录的成就感，当她尽情享受这份喜悦的时候，格里卓杜波娃已被她丈夫从人群中拉走了。

三、森林十日

拉斯科娃破纪录后，在一次英模人员聚会上，她认识了另一位苏联著名女飞行员波林娜·奥西宾柯。波林娜1907年出生于乌克兰诺夫斯巴索夫卡（后为了纪念她，更名为奥西宾柯），1932年在丈夫鼓励下到卡恰柯飞行学院学习飞行，飞行学校毕业后，分到哈尔科夫卫戍区飞行分队，在那里由于多次出色完成飞行任务，很快便由普通飞行员晋升为中校机长，有"金翅雀"之称。1935年她调到莫斯科，任总参谋部空军巡视员。1937年她打破了由意大利女飞行员尼格伦保持的世界纪录，驾驶水上飞机升到9100公尺。两天后她驾驶同一架飞机创造了载重一吨升到7000公尺的世界纪录。

拉斯科娃和波林娜认识后也成了好朋友，波林娜很欣赏拉斯科娃的领航技术，1937年7月便邀请她为机组的领航员，一起驾驶水上飞机创造了由北向南横跨苏联国土的纪录。同苏联两位顶尖女飞行员打破世界纪录后，拉斯科娃很想与二人同一机组飞行。一年后，机会终于来了。

第二章　黄金时代的黄金"天娇"

1938年9月24日8点，由格里杜波娃为机长，奥西宾柯为副驾驶，拉斯科娃为领航员的最强机组，驾驶经过改装的双发DB-2轰炸机"祖国号"，从莫斯起飞，向着远东"青年团员城"飞去。

苏联早期的"蓝天三女杰"（图十六）

对这次由斯大林亲自批准的远程飞行，举国上下都极为重视，飞机多次试飞，沿途新建了不少导航台，机组成员是"苏联三女杰"（图十六）。尽管如此，这次飞行却极不顺利，起飞不久，无线电故障，电台和无线电罗盘全部"罢工"，飞机"耳朵"失灵，与地面联系全部中断，新建的导航台也成了摆设。还有天气很冷，气温在零下37摄氏度以下，不少仪表冻住失灵。更可怕的是飞机机翼结冰，重量和阻力增大，为了保持飞行高度和速度，两台发动机总在大功率状态下运转，加大了燃油的消耗量。她们在这种恶劣的条件下，克服一切困难，连续飞行26个多小时后，终于到达目的地上空。由于无线电罗盘和其他表仪故障，又没有地面导航台的引导，拉斯科娃全靠天文和地标导航，虽保证了飞行的大方向，但具体位置不是很准确，正当她们寻找"青年团员城"时，飞机没油了，她们只能在野外迫降。这种飞机的领航员座舱在机头下方，野外迫降它先触地。为了拉斯科娃的安全，机长瓦丽亚让她跳伞。她不愿离开，瓦丽亚急了，第一次以机长的身份命令她"准备跳伞，别耽误我们"，拉斯科娃只好服从命令。离机前她冲瓦丽亚和波林娜使劲挥了挥拳头，以示对她俩的不满。

拉斯科娃降落在原始森林里，到处是参天大树，见不到天，地下没有路，全是朽木与荆棘，前进一步都很难。幸好她带有几件宝物，一盒火柴，一支手枪和十多发子弹，一个指南针，一把六开刀，两小块巧克力与7粒薄荷糖，她全靠这些宝物度过了"森林10日"。渴了舔树叶上的露珠，饿了采野果充饥，冷了生篝火取暖，黑瞎子来了，悄悄躲开，没有路就用六开刀开路。最

佩戴"苏联英雄奖章"的拉斯科娃
（图十七）

难挨的是长夜的孤独，想两位女友的安危，想莫斯科的焦急，想亲人的牵挂，也想自己的困境等。

第4天，她听到了枪声，枪声让她蹦了起来："太好了！她俩活着，迫降成功了。"原来她们约定，如果她俩没遇难便冲空鸣枪，一是告诉她俩平安，二是让她朝响枪方向走，在那里会合。枪声陡增她走出森林的勇气，她开始向响枪的方向艰难前进。但跋涉了一天、两天，仍没走出森林，第7天，她差点丢掉性命。她过沼泽地时，陷了进去，腰以下部位陷进了沼泽里，她不敢挣扎，知道越挣扎陷的越深，但也不能总陷在这里。怎么办？拉斯科娃没有绝望，她脱掉皮飞行服，再用在森林里砍成的拐杖，将四周的杂草勾过来，用皮飞行服包着拐杖和杂草，做成皮筏子，再将上身趴在皮筏上，向岸边移动。她成功了，终于爬上了岸。可是损失惨重，指南针丢了，火柴和全身上下都湿了。深秋的森林很冷，无法生火烤衣取暖，只好找一处有阳光的地方晒衣也晒人，这一天她一步也没走，全晒太阳了。

第10天，拉斯科娃终于走出了森林，看到了日夜思念的"祖国号"与周围的人群，她想跑过去与她们见面，但腿实在迈不动，她想喊也喊不出来了，她只好用手枪射出了最后一颗准备自己用的子弹。枪声响彻原野，也惊动了飞机四周的人群，波林娜首先尖叫起来："玛丽娜！玛丽娜！是玛丽娜，她还活着！"随即人群向着拉斯科娃狂奔，第一个赶到的是军医，他抱着她拥抱狂吻，波林娜一把将他拽开，两个女友紧紧地拥抱在一起。拉斯科娃再也无力拥抱接吻了，她倒在了女友的怀里。军医赶忙急救叫人取回氧气瓶给她输氧，并将她抬到飞机旁的一张行军床上。拉斯科娃苏醒时，发现瓦丽亚握着她的手在

第二章 黄金时代的黄金"天娇"

流泪,忙笑着问她:"瓦丽亚,我的领航舱还在吗?"瓦丽亚听她这么一问,哭得更厉害了,波林娜忙替她回答道:"瓦丽亚迫降非常成功,你的领航舱毫发无损。"拉斯科娃听后冲瓦丽亚笑道:"我说不用跳伞,你非逼我跳,让我差点喂熊瞎子。"

不久,瓦丽亚、波林娜、玛丽娜回到了莫斯科,斯大林等党政军领导人在克里姆林宫接见了苏联三位最优秀的女飞行员。因她们打破了法国女飞行员杜波耶隆创造的4360公里不着陆的世界纪录,11月2日,苏联政府向她们颁发了"苏联英雄"勋章,这是苏联首次向女性颁发最高荣誉勋章。(以上故事均摘编自拉斯科娃自传《一个女领航员的笔记》,她的故事后面还有。)

第二节 众人仰慕的两位"女神"

阿米莉亚·埃尔哈特 太平洋上空失踪的美女飞行家

阿米莉亚·埃尔哈特,1898年出生于美国堪萨斯州艾奇逊市,父亲斯坦顿·埃尔哈特,铁路律师,经常外出,母亲也和他在一起,阿米莉亚的童年是在外祖父家度过的,没有父母管束的她,养成了男孩子性格,喜欢冒险。而这种天不怕地不怕的性格决定了她一生的命运。

1908年,10岁的阿米莉亚在爱阿华州航空博览会上第一次看到了飞机,当飞机在空中飞行时,阿米莉亚被深深地吸引了,便下决心学开飞机。但她父亲经常变换工作,住地经常变换,加上父亲酗酒,家境每况愈下,阿米莉亚的飞行梦没能实现。高中毕业后,因家贫无法上大学,阿米莉亚参加了工作,在一家医院当护士。医院里有一群参加过欧洲空战的飞行员,他们给她讲激烈空战的故事,更加激发了她学飞行的热情。有一天上午她观看了一名王牌飞行员的特技表演,那些惊险动作更加让她激动不已,她认为这才叫刺激。这时她才知道飞机不仅能飞行,还能在天上玩花样。

阿米莉亚小照（图十八）

1919年，第一次世界大战结束了，阿米莉亚家的经济条件有很大改善，在父母的劝说下，她考入了纽约的哥伦比亚大学学医，但她仍念念不忘飞行。1920年她找了一处地方开始学习飞行。飞行课程学费十分昂贵，她便在一家电话公司当档案管理员，以筹集学费。她的飞行教练是柯蒂斯航校第一届毕业的女飞行员，名叫内特·斯奴克。她是位教学经验十分丰富的教练，加上阿米莉亚聪颖勤奋，1922年夏天，她就考取了飞行执照，成为美国仅有的几名有驾照的女飞行员。

阿米莉亚虽然有了执照，却无飞机可飞，她又不想去航空公司做职业飞行员。又无钱买飞机，怎么办。买不起就租飞机飞，为了支付租金她到一家沙石公司开卡车。直到1922年7月24日，阿米莉亚才拥有了自己的飞机。她妈妈见她那么喜欢飞行，为了飞行加班加点开车挣钱，总想帮助她，可又没有能力。后来她继承了一笔遗产，便将其变卖，给女儿买了一架"金娜金丝雀"的双翼飞机。

拥有自己的飞机之后，阿米莉亚开始学习各种特技课目，如筋斗、翻滚、倒飞、滑翔、螺旋等，当熟练掌握这些惊险动作后，她又学会了"盲降"。总之，她练成了"全天候"的全能飞行员。1922年10月的一个星期天，阿米莉亚神秘兮兮地交给父亲和妹妹两张飞行表演的门票。"谁表演？"她爸问。"到时候您就知道了。""姐，不会是你吧？"阿米莉亚没回答，只冲她挤了挤眼。第二天，机场里坐满了观众，阿米莉亚的父亲和妹妹也静静地坐在座位上，等待表演的开始。9点整，广播喇叭里传出了女广播员悦耳的声音："各位观众，今天由本市飞行员，阿米莉亚小姐为大家做精彩的飞行表演，看！她正在跑道上滑行，很快就要起飞了。"广播员声音刚落，阿米莉亚就驾驶飞机

第二章 黄金时代的黄金"天娇"

冲天而起，继而在蓝天上做了翻滚、筋斗、倒飞等特技动作，看得观众目瞪口呆，尖叫声掌声不断，突然飞机从空中急坠而下，观众一片惊呼，阿米莉亚的妹妹惊叫着躲进了父亲的怀里，眼看飞机就要撞地了，猛地它抬头冲天而起，惊出观众一身冷汗。观众的心还没平静下来，阿米莉亚驾驶飞机又进场了，她超低空冲着看台飞去，临近观众时才将飞机拉高，飞机呼啸着从父亲和妹妹头顶而过，吓得妹妹脸色都变了。正当观众为阿米莉亚的精彩表演叫好时，飞机发动机熄火了，失去动力的飞机猛往下掉，

阿米莉亚在飞机前（图十九）

观众以为她又在表演新花样，没人着急。俗话说外行看热闹，内行看门道，此时塔台指挥员急了，忙喊道："顺桨，关掉油门开关，保持高度，滑翔落地。"他的声音从喇叭里传了出来，大概是广播员紧张，没关话筒开关。凭着平时练就的过硬本领，阿米莉亚驾驶没有动力的飞机安全降落了。观众虽听见了指挥员的声音，并不懂"顺桨"是什么意思（发动机空中停车后，旋转的螺旋桨会产生巨大的阻力，必须将桨页顺过来，令其停止旋转，以减少阻力），以为滑翔着陆也是表演项目。当看到飞机螺旋桨不转了，才知道是发动机故障，这时观众的掌声更热烈更持久。

1927年5月21日，美国著名飞行家林德伯格，独自驾机从纽约飞到巴黎，成为第一位飞越大西洋的飞行员。英国女飞行员盖斯特夫人，认为妇女也可以飞越大西洋，于是她购买了一架三引擎的大飞机，命名为"友谊号"，但她的儿女们坚决反对母亲冒险。后来盖斯特夫人找阿米莉亚替代她，同时聘请了威尔墨·斯杜尔兹做机长，洛·格登为空中机械师，阿米莉亚只是副驾驶。

美国"99"女子飞行俱乐部部分成员合影(图二十)

1928年6月17日上午,阿米莉亚机组从纽芬兰特瑞帕西海港起飞,向着大西洋飞去。晚上8点,无线电罗盘故障,他们只能靠磁罗盘、气压高度表、空速表大致的方向飞行。拂晓时,阿米莉亚看见一艘豪华的游轮,他们便在游轮上空盘旋,并用电台与他们联系,希望他们指引航向,可能是电台频率不对,没联系上。船上游客在甲板上只知道招手致意,谁也猜不到飞行员的意图。飞机油量有限,不能总围着游轮转,阿米莉亚急中生智,她写了一个求指航向的字条包在橘子上,向甲板上的人群投去,因没掌握好投掷时机,橘子掉到海里了。为节省油料,他们离开游轮,朝他们判断的大方向飞去。终于,他们看到了陆地,这时飞机油料也不多了,他们便决定不管下面是不是英国,落下去再说。因为飞机装有浮筒,便找了一处浪小的海湾降落了。他们上岸一打听,这里正是英国的领土,他们用20小时40分跨越了大西洋,阿米莉亚成了第一个飞越大西洋的女性。阿米莉亚一夜成名,当他们回到纽约时,受到英雄般的欢迎,她的名字和照片出现在世界各地的报纸上。面对崇拜她的人群,她很低调,总是谦虚地说:"我只是个乘客,功劳都应该归于斯杜尔兹和格登。"

阿米莉亚出名后,名人效应开始发酵,找她演讲的、表演的、做广告的人蜂拥而至。她还出了一本书,书名为《20小时,40分钟:我们在"友谊号"上的飞行》,书很畅销,她赚了个盆满钵满。有钱了,她首先买了一架小飞

第二章 黄金时代的黄金"天娇"

机,这是她的最爱。第二件事就是圆梦,阿米莉亚很早就有一个梦想,成立一个女飞行员俱乐部,吸引更多的女性参与航空运动。1929年阿米莉亚与好友露斯·尼克尔斯成立了一个名叫"九十九"的女飞行员组织,代表99个创始成员,她们全是美国最优秀的女飞行员。主要成员有贝茜,世界第一位获得飞机驾驶执照的黑人女飞行员等,阿米莉亚被选为第一任主席(该组织如今已扩展为国际组织,拥有5000多名会员,遍布40多个国家和地区。我国张瑞芬、傅文瑜、陈静娴是该组织成员)。阿米莉亚的另一个理想,

飞行中的阿米莉亚(图二十一)

就是促使航空客运的发展,她加入了大陆航空运输公司,任公司顾问。随着名气的增大,收益也越来越多,有了充足的金钱后,阿米莉亚买了她梦寐以求的高翼洛克希德·威格飞机。这架飞机的最大特点就是适合长途飞行,它有副油箱,当主副油箱都加满油后,它的最大航程是5120公里。有了理想的"女飞"组织和理想的飞机,阿米莉亚便计划干她最想干的事。在这之前她总觉得自己是徒有虚名,飞越大西洋她基本没操纵飞机,只是名乘客。她要单独驾驶飞机再飞大西洋,做一个名副其实的飞越大西洋的女飞行员,证明女性和男性一样也能单独驾机飞越大西洋。

1932年5月20日黄昏,阿米莉亚独自一人,驾驶自己的"威格",从纽芬兰格雷斯港起飞,向东方飞去。飞了不到3小时,麻烦接连出现,首先是高度表失灵,海上飞行天水一色,极易产生错觉,没有高度表,大大增加了飞行难度。真是祸不单行,没多久,更糟糕的事发生了,发动机排气管裂口,向外喷射熊熊火焰。怎么办?返航还是继续飞。阿米莉亚不仅飞行技术好,对飞

机构造也很精通,她判断,发动机排气管故障不会影响飞行安全,决定继续飞,不能半途而废。晚12点半,她遇上了暴风雨。机外一团漆黑,她一面驾驭颠簸的飞机,一面紧盯各种仪表,确保飞行航向。整个晚上她都在与暴风雨搏斗。天明之后,阿米莉亚想摆脱暴风雨,她爬升到云层上面,虽然摆脱了风雨的肆虐,但高空寒冷,机翼开始结冰。飞行员都清楚冰块比风雨更可怕,她只好下降高度。云上飞不行,她想在云下飞,当她穿出云层时,飞机差点冲进海里,阿米莉亚反应敏捷,立即将飞机改平,而后贴着波峰飞行。在高度表失灵的情况下,在海上超低空飞行,稍不留意,就会失事。凭着高超的飞行技术和丰富的航行经验,以及坚强的意志,阿米莉亚终于看到了陆地。她盘旋两圈后,在一家养牛的牧场上平安降落了。阿米莉亚成了两次飞越大西洋的女飞行员,其中一次还是独自驾驶。

阿米莉亚再次飞越大西洋之后,声名大震,震惊世界。在欧洲,她受到国王和王子们的接见。回到美国后,赫伯特·胡佛总统和夫人在白宫接见了她,并与她共进晚餐。1932年6月21日,胡佛总统为她举行隆重的颁奖仪式,当众授予她国家地理协会特别金质奖章,阿米莉亚是获此殊荣的第一女性。她在获奖感言中表明了这次飞越大西洋的动因,她说:"我希望这次飞行能为妇女们对航空的了解有些启示,如果能这样,我觉得这次飞行是很值得的。"1932年7月9日,美国国会授予她"杰出飞行十字奖章",这一殊荣只有在航空事业上做出突出贡献的人才能获得。

从此之后,阿米莉亚又接连创造了多项世界和美国女子飞行纪录。1937年6月1日,她试图驾驶"飞

宣传阿米莉亚的图书(图二十二)

第二章 黄金时代的黄金"天骄"

翔的实验室"双引擎、单翼飞机,沿赤道环球飞行,但这次飞行没有成功。7月3日,她驾驶的飞机在太平洋上空突然消失。阿米莉亚失事后,美国海军展开大营救,甚至出动了"莱克星顿号"航母,在方圆68万平方公里的洋面上搜寻,但半个多月后,也没能找到阿米莉亚和她的飞机。1939年1月5日,宣布她遇难,终年40岁。

阿米莉亚的突然失踪成了航空史上的一大谜团,至今也未能解开。但她留给丈夫的信,却解开了她为何要做此次冒险飞行的谜团,信中写道,她预感到此次飞行可能失败,她可能回不来。但女人必须像男人一样,去尝试那些难以做到的事,纵然失败了,也可给他人提供借鉴,助他人成功。她信中号召美国妇女,完成她的未竟事业。

阿米莉亚将她的毕生精力和年轻生命,都献给了航空事业。她的最大贡献,就是为美国妇女乃至世界妇女,树立了一个妇女热爱航空事业的榜样。她失踪后,她的事迹多次被搬上银幕和屏幕,成为激励后人的形象教材。

柏瑞尔·马卡姆 天生野性的英国女飞行家

柏瑞尔·马卡姆,1902年10月26日出生于英国莱斯特郡。1906年时父母带着她和哥哥到了肯尼亚。不久父母离异,母亲带着哥哥回了伦敦。她留在父亲身边,开始了不寻常的少女生活。她只上过两年多学,因煽动同学闹事,被学校开除。以后一面跟父亲驯马,一面常与靠狩猎为生的土著黑人一起,光着脚丫,半裸着身子,在原始丛林里穿梭,同时学会了打猎。用她自己的话说,她是在"没有围墙的世界"里长大的。没有围墙的世界,使她养成了勇敢、豪放、剽悍、泼辣的性格,有位作家称她是一位"全身充满野性"的女人。

柏瑞尔18岁获得了驯马师执照,是非洲第一位女驯马师。她虽然一生酷爱驯马和赛马生活,但她感到光与地上跑的马打交道还不够冒险刺激,她看上了天上飞的飞机。马跑得再快,也快不过飞机,于是1930年开始跟著名飞

年轻时的柏瑞尔（图二十三）

行家汤姆·布莱克学习飞行。她几乎天生就是开飞机的料，不到一年，她就毕业了，很快就考取了飞机驾照，成为非洲第一位职业女飞行员，第二年便开始货客运飞行。从此，她这位"野性"女飞行员在蓝天白云之间留下了一条条"野行"的航迹，一个个"野性"的故事。故事太多，仅举一例："傍晚迫降荒野救'死尸'"。

有一次，柏瑞尔的朋友伍迪驾驶克莱姆没按时归来，等了两天，直觉告诉她，他失踪了。本想尽快起飞去寻找，但当晚凌晨一点，她接到一封加急电报，请她务必给离内罗毕160多公里的南格威送氧气瓶，那里有位得肺病的矿工急需要用氧抢救。整个肯尼亚凡这种十万火急的飞行，都由柏瑞尔执行。救人要紧，她连夜起飞将氧气送到了医生手里。当地人很感激，留她休息，她谢绝了。正当她再次起飞时，另一位濒临死亡的病人，听说从内罗毕来了位女飞

柏瑞尔在飞机旁（图二十四）

行员，非要见她一面，临死人的要求她无法拒绝。当她走进低矮的草棚，见到病人时，她想转身逃走，用她在回忆录中的话说："我曾见过动物皮被撑在木杆上，放在阳光下晒干，但艾伯特让我在小屋内看到的濒死躯体比那些皮毛更加干瘪无肉。"她想呕吐时，病人竟坐起来，拉住她不放，让她留下来陪他。她本想拂袖而去，但还是强忍恶心坐下来安慰他。当曙光降临时，她走

第二章 黄金时代的黄金"天骄"

出小茅棚,刚一出门她吐了。

柏瑞尔不顾连夜飞行的疲劳,她又起飞了。她没回内罗毕,而是直接去寻找失踪两天多的伍迪。她驾驶她的"禽鸟"飞机沿伍迪飞的航线寻找他。非洲到处是荒漠,翼下很难看到绿色,但她飞的航线也不是一望无际的大沙漠。除沙漠外,还有荒原、乱石、丛林、荆棘、沼泽,偶尔也有块小水塘。傍晚了,柏瑞尔也没找到伍迪,她决定放弃,在返航途中,突然一个影像在脑子里闪现。航行中她曾见到有一处"闪光的水面",当时她以为是一块清澈的水面反光。此时她细细一想,那不可能是水面,谁都清楚,非洲最缺的是水,如有一处水塘,早被狮子一类猛兽搅浑了,不可能清澈如镜。直觉再次告诉她,那不是水塘而是伍迪的飞机,于是她掉转机头,朝那块反光体飞去。太阳即将从地平线上消失,天渐渐转暗,柏瑞尔降低飞行高度加速向前飞驰。她终于看到了伍迪的克莱姆型飞机静静地趴在暮色中,她围着飞机绕飞一圈没发现伍迪。发现飞机时她非常高兴,但没见到伍迪又异常扫兴。

柏瑞尔又低空盘旋了一圈,发现离克莱姆型飞机30多米处,有一块长150多米、宽20余米的焦黄色的草坪,虽然短了点,如果逆风滑行降落还是有可能的。为了救人,柏瑞尔决定冒险野外迫降。她迎着逆风,将油门减到最小位置,慢慢降低高度,快接地时,关掉发动机,靠滑翔着陆。她成功了,着陆时飞机虽有较大颠簸,但无损伤。柏瑞尔走下飞机仔细打量了一下迫降场地,自语道:"这么小的地方,带着伍迪恐怕起不来。管他呢,找到人再说。"天更暗了,原野一片寂静,静得如死去一般。柏瑞尔围着伍迪的飞机转了两圈,飞

《夜航西飞》英文版封面(图二十五)

机损伤不大，驾驶舱完好，伍迪应该活着，可没见人影。按常规飞机迫降成功后，飞行员不会离开飞机。伍迪在哪里呢？她大声喊起来："伍迪！伍迪！"没人回答，只有她的喊声在荒野里回荡，使四周更加沉静。找不到伍迪，柏瑞尔开始害怕，"哪儿去了呢？被土著人抬走了？不能。方圆数十里没有人家。被狮子叼走啦？"想到此她打了一个冷战，忙寻找狮子出没的踪迹。她没发现狮子来过的痕迹，却在一处草丛中发现有人爬过的印记，草被压过，石子移动过，伍迪还活着。她便顺着印迹往前寻找。不久，她在两块大石头之间看到了伍迪。他趴在那里一动不动，柏瑞尔使劲喊他，也没反应，她又用脚踢他右腿，还是没反应。"来晚了，他死了！"她自语道。在黑幕即将降临的荒野里，近处是一具死尸，远处是猛兽的嘶鸣，别说是单身女人，就是男子汉，也难免恐惧。天生野性的柏瑞尔不但没吓得逃走，反而蹲下身去将他翻过身来，只见"死尸"满头散发，一脸乱须，全身脏兮兮的。正当她俯身察看他的伤情时，"死人"却睁开了双眼，深陷眼窝里的眼珠，仿佛死鱼的双目，在黄昏里闪着吓人的绿光。几天没进食，他奄奄一息，快饿死了，尽管如此，他还没忘骂人："我最讨厌有人把我当尸体。"毫无心理准备的贼大胆柏瑞尔，也被他吓了一大跳，他的样子比死尸还可怕。

伍迪找到了，还是个活人，怎么把他弄回去呢？野外降落不易，起飞更难。她费尽全力，将伍迪弄进驾驶舱坐好，然后给飞机轻装，凡是与飞行无关的东西，通通搬到伍迪的飞机上。她将飞机顺风滑到草地的一端，而后掉转机头，迎着原野的晚风，将油门加到最大起飞了，快进乱石堆了，才勉强将飞机拉起，一身野气的她也惊出了一身冷汗。

返航途中，伍迪发开了牢骚，骂飞机都是妓女，无情无义，以后不再碰飞机了。他问柏瑞尔："贝露，你还喜欢飞行吗？""当然喜欢，我不飞行，你今天就成狮子的美食了，哪有机会坐在飞机上骂飞机。"说完，她不再搭理伍迪，专心驾驶着飞机，穿云破雾向着内罗毕疾驶。（上述故事摘编自《夜航西飞》第四章"我们为何飞行"）

柏瑞尔的航迹遍及欧非大陆，其中最闪光的一条就是飞越大西洋，这条破世界纪录的航迹使她闻名世界。她准备从英国由东向西，经大西洋飞到美国，计划创造一项由东向西飞越大西洋的世界纪录。她的计划遭到不少亲朋

第二章 黄金时代的黄金"天娇"

好友的反对,理由很简单,女人不可能由东向西飞越大西洋,这是由大西洋的气象条件决定的。本国女星飞行员艾尔西·麦凯伊,1928年就是在试图飞越大西洋时遇难的,她们还是两个人(此事后面简述)。全身野性的柏瑞尔哪信这个邪,越是危险她越是要飞。"美国阿米莉亚能从美国经大西洋飞到英国,我为什么就不能从英国经大西洋飞到美国?艾尔西没有飞过去,不等于我也飞不过去。"

1936年9月3日,柏瑞尔不听众人劝阻,驾驶专门请人为她

柏瑞尔野外降落(图二十六)

设计制造的双翼"银鸥"飞机,从英格兰的阿宾顿落出发,由东向西飞去,不久便遇到了风雨。当她飞临爱尔兰上空时,天已经黑了,她看到了科克郡雨中湿漉漉的灯光。她已经飞行了一个多小时,英格兰、威尔士和爱尔兰海已抛到了身后。柏瑞尔又飞越了陆地最后一座柏哈芬的灯塔,朝着海洋深处飞去。雨还在下,机内很暗,高度表、地平仪等仪表的指针很难看清,柏瑞尔艰难地辨认着罗盘度数,保持着正确的航向。夜色愈来愈浓,风雨愈来愈大,离大陆愈来愈远,柏瑞尔也愈来愈感到孤独。突然发动机的轰鸣声变得嘈杂起来,柏瑞尔感到了死亡的威胁,她"不相信自己还能生存下去"。万幸的是,发动机"咳嗽"一阵后又恢复了正常。过了几小时以后,发动机又出了毛病,这次不是"咳嗽"而是"窒息",干脆熄火了。失去动力的"银鸥"急速向大海栽去。柏瑞尔反应很快,她立即判断出主油箱没油了,她赶紧换油箱,黑夜中看不到油箱转换开关,只有凭感觉去摸,在飞机失速的状态下,手不听使唤,当她嗅到海水的咸味时,她终于打开了开关。"银鸥"不愧是只好鸟,它瞬间就恢复了活力,掠过海面,撕开夜幕雨帘,直上云霄。发动机从熄火到重新起

动，柏瑞尔没空看手表，但凭感觉最多不超过30秒，这生死攸关的30秒使她清醒了。顶着风雨在海上航行，发动机耗油量比平时要大得多，她主要精力都集中在保持航向了，忽略了油量的消耗，险些铸成大错。终于夜色和暴风雨都过去了，经过19个多小时的飞行，她迎来了曙光，远远望到了雾气围绕中的纽芬兰悬崖，她胜利了，脸上露出了胜利的喜悦。但好景不长，发动机开始"气塞"，时好时坏，柏瑞尔只有用手不停地转动油箱开关，排除"气塞"。连续转动十多次后，手被金属开关磨破，鲜血直流，血液染红了衣服和地图。当发动机工作正常时，她就尽量使飞机飞得更高，当发动机"咳嗽气喘"时，就靠滑翔维持飞机的高度。"银鸥"仿佛一只蜂鸟时高时低地飞行在大海之上。

柏瑞尔磕磕绊绊地终于飞到了陆地，当时她顾不得高兴，赶忙观察地标，幸好此时能见度很好，各种地标地物清晰可见，她用地图对照判断，她偏航了。翼下是布兰顿角，她决定到最近的悉尼机场降落（加拿大的悉尼），飞到那里只需要12分钟。她调整航向，朝悉尼飞去，此时被绞索一直紧勒着的心，终于解套了。她盘算着在悉尼机场修好发动机后继续飞行。她正惦记修发动机的事，发动机出事了，它彻底停转，柏瑞尔怎么摆弄也启动不起来。此时飞机正处在一片巨石上空，柏瑞尔操纵失去动力的"银鸥"，凭着高超的驾驶技术，靠滑翔避开了乱石区，一头朝地面栽去。机头扎进地里，柏瑞尔头撞在挡风玻璃上，满脸是血，她晕厥一阵之后，被晨风吹醒，她艰难地爬出座舱，发现下面是一块沼泽地，正是这块沼泽地保住了她的命。她精疲力竭地站在淤泥中，吃力地睁开被血液糊住的双眼，看了看手表，她整整飞行了21小时25分钟。

灾难并没到此结束，空中的灾难过去了，地面的灾难则刚刚开始。柏瑞尔试图走出沼泽地，她知道沼泽的险恶，小心翼翼地前进着，走了一个多小时，她也没走多远。她又饿又渴，更难忍的是困，她已40多小时没合眼了。她想尽快脱离险境，俗话说，欲速则不达，她陷入泥潭，半个身子埋进淤泥之中，身上的血水和身下的泥水已溶合在一起了。正当绝望时，一渔民发现了她，在他的指引下，又花了一个多小时，才走出魔鬼地带。她被好心的渔民带到他的住所，一进屋便睡着了。

第二章　黄金时代的黄金"天娇"

柏瑞尔虽没能按原计划飞到目的地纽约，但她用21小时25分钟由东向西飞越了大西洋，这是女性飞越大西洋的世界纪录。这个纪录的珍贵并不在于柏瑞尔飞越大西洋这个结果，可贵之处在于她飞越大西洋的过程，21小时25分的每一秒钟，都充分显示着柏瑞尔的勇敢、无畏、睿智、坚韧、沉着、冷静的优良品格，是她野性的极致表现。事后有记者问她，你冒着生命危险飞越大西洋是为什么？她回答很简单：大西洋的天空不是女人的禁区，男人能飞女人也能飞。记者又问道，这次你几次死里逃生，你不后怕，还会飞吗？她笑答：只要天空还在，飞机还在，我还会在天空野下去。她在天空撒野，也许就是为了证明这两点吧！

柏瑞尔对世界妇女航空事业的贡献，不仅仅是她用英雄事迹为后人树立了榜样，还在于她将一生的飞行经历，详尽生动地记录在《夜航西飞》（有人译为《西游记》）和《迷人的流浪》两书之中，这是极为宝贵的精神财富，这也是柏瑞尔被世人敬重的另一个原因。她的书曾受到著名作家海明威的赞赏，说她写得非常好。40多年后，《夜航西飞》成为美国的畅销书。可惜她的事迹和图书，在中国还鲜为人知。

柏瑞尔著作的中文版（图二十七）

第三节　第一空姐与碧空五枝花

艾伦·丘奇　"世界空姐之母"

空姐，是"空中小姐"的简称，准确地说是"民航女乘务员"的代称。她们是航空事业特别是航空客运事业发展到一定阶段的产物。历史上第一次航班飞行是1911年1月1日，机长是美国著名长途飞行员托尼·贾纳斯，只有一名乘客。后来随着民用航空事业的发展，航班飞行也随之增加，航线也越来越长，乘客也越来越多。这种发展趋势，就自然产生了空中服务的需求。开始一些简单的服务工作是由副驾驶承担。但随着航线的延长，乘客的增加，特别是开通国际航线后，副驾驶难以满足乘客的需求，于是专职空中服务员便应运而生。开始是男乘务员，到艾伦·丘奇的出现才有了女乘务员，也才有了空姐。

当护士的艾奇（图二十八）

艾伦·丘奇（Ellen Church），1904年9月22日出生于美国爱荷华州克里斯克。1920年她是美国旧金山一家医院的护士，像一些大胆的女性一样，喜欢飞行，于是她利用业余时间，学习飞机驾驶，考取了驾照。

艾伦学飞行并非"玩票"，她希望成为一名职业飞行员，用飞行技术为大众服务。1930年初春的一天，她走进波音航空运输公司（联合航空公司的前身）驻旧金山董事史蒂夫·斯廷普森的办公室，向他表明自己想成为公司的一名飞行员。史蒂夫拒绝了她的请求，他说，很抱歉，本

第二章　黄金时代的黄金"天娇"

公司不聘用女飞行员。但他没让艾伦马上离开，而是和她闲聊起来。

史蒂夫抱怨道："乘客越来越不好侍候，他们总是对男乘务员的服务工作不满意，为此公司很头痛，长此下去，将严重影响客源，减少公司收益。"

艾奇插话道："先生，您为什么不雇用女乘务员呢？"

"用女乘务员？"

"是呀，女乘务员，特别是当过护士的女性。护士的护理技能和姑娘美丽温柔的天性，一定能很好地完成这项工作。"

艾奇在迎接乘客（图二十九）

"对呀，懂医学、会护理，加之温柔、细腻、善解人意，当然还有赏心悦目的美丽。这一切都有助于消除客人乘机时的恐惧和不适呀。"（摘编自《中国空姐》第5页）

史蒂夫采纳了艾伦的建议，当即给总公司写书面报告，要求雇用女性乘务员，建立空中女子服务队，并推荐艾伦任队长，由她负责招聘工作，第一批除艾伦外，再招7人。总公司很快就批准了报告，于是历史上第一批空姐诞生了。

艾伦虽没当上飞行员，但她认为当空姐具有开创性，便欣然应聘。她制定了空姐招聘条件，身高不超过1.62米（因当时飞机客舱很低），体重不超过113斤，年龄25岁以下，必须是注册护士，月薪125美元，在当时算高薪了。很快艾伦便从众多应聘者中挑选了7名条件出众的姑娘，经过三个月的培训后她们正式上岗了。

1930年5月15日，是一个创造历史的日子。艾伦身着特制的漂亮空姐服，出现在波音航空（BAT）从奥克兰—旧金山—芝加哥的航线上。这是一架波音80A客机，机上共14人，旅客11人，机组3人。当天经停13个航

艾伦着军装照（图三十）

站，飞行20小时。从此蓝天上有了空姐的身影，继"女飞"之后，又多了一道靓丽的风景。有了这道风景，天似乎更蓝了，云似乎更白了，飞机也似乎飞得更快更稳了，自然公司的效益也明显提高了。波音旧金山分公司的成功经验很快在全公司推广，在以后的3年里，美国其他航空公司也纷纷效仿。1934年以后又推广到瑞士、荷兰、德国等世界各国，并延续至今。艾伦的创意，不仅衍生出了一个高尚的、令人羡慕的职业，还使机上服务有了质的提升，从而推动了民航事业的发展。艾伦也赢得了人们的赞颂，被誉为世界"空姐之母"。

艾伦创建了空姐这个新的职业，然而她在这个岗位上只工作了18个月，一次车祸使她离开了钟爱的事业。告别蓝天后，她进大学学习她喜爱的护士专业，获得学位后继续从事护士工作。万万没有想到，一场残酷的战争，又将艾伦送上了蓝天。二战期间，为报效祖国，救治伤员，艾伦报名入伍，成为美国陆军机上护士队队长，授上尉军衔。负责救护北非、意大利前线的伤员。她还为盟军实施诺曼底登陆计划培养了一大批医护人员。她的足迹遍布意、英、法和北非。荣获第二次世界大战胜利奖章，欧、非、中东战役勋章，以及美国陆军航空队颁发的空勤奖章，她是获此奖章的少数女性之一。战后，艾伦再次告别蓝天，回到印第安州，在当地的联合医院主管护士工作。在这里她爱上了一名陆军指挥官，并结为夫妻，有了自己的家，终于过上了安定的幸福生活。

命运往往爱捉弄人，艾伦在天上前后飞行了近6年，遇到过各种危险，但都化险为夷；她也在硝烟弥漫的枪林弹雨中滚爬了两三年，但都平安无事，她应是

第二章 黄金时代的黄金"天娇"

命大之人,第一次车祸也没要她的命。万万没想到,1965 年 8 月 22 日,艾伦不慎从马背上摔下来死于非命,是年 60 岁。就在前不久,她荣获了"阿米莉亚·埃尔哈特奖",该奖是专门授予那些对航空事业做出过突出贡献的平民志愿者。

艾伦过世后,为纪念她,她的家乡爱荷华州的克里斯克机场被命名为艾伦机场。后人对她总体的评价是:"丘奇小姐浪漫、传奇而凄美的一生值得缅怀。她的爱心、事业心和创新精神,她的勇敢、无畏和挑战精神,感动了无数人。她是空姐的骄傲。"(摘自《中国空姐》第 7 页)

艾尔西·麦凯 在大西洋上空遇难的英国女明星

艾尔西·麦凯(Elsie Mackay),1893 年出生于英国,从小聪明伶俐,喜爱艺术,有洁癖,很爱美,也喜欢冒险。20 世纪初期学习飞行,她掌握飞行技术很快,不到一年便取得了飞机驾驶执照。学飞行时她已 20 多岁,已是一位名演员,因她从小喜爱艺术,美学功底扎实,她还是一位室内装饰设计师。她之所以学飞行,主要是飞行能满足她的冒险欲望,能使她感受"腾云驾雾"的刺激。

艾尔西飞行时与众不同,她的座舱里带有化妆盒,每次着陆后,离开座舱前,都要"当窗理云鬓,对镜贴花黄",她太爱美了。正因为她始终以优雅、靓丽的姿态和面目示人,再加上名演员和女飞行员的特殊身份,她便成了当时英国女性崇拜的偶像。

艾尔西在飞机驾驶舱对镜化妆(图三十一)

1919年春,英国飞行员哈里·霍克和麦克肯西·吉里夫,试图成为首次飞越大西洋的飞行员,可惜他俩失败了,飞机中途坠海。同年,也是英国飞行员约翰·阿尔科克和亚瑟·布朗,为完成本国同行未竟事业,两人于1919年6月驾驶"维米"号,从北美洲的约芬兰起飞,飞越大西洋,中途虽险象环生,但二人战胜各种险阻,在爱尔兰降落,成为历史上首次飞越大西洋的飞行员。

他们的历险经历早就引起了艾尔西的兴趣,决心成为第一个飞越大西洋的女人。1928年艾尔西自信翅膀硬了,可以实现飞越大西洋的夙愿了。于是她邀请皇家空军上尉欣奇利夫一道飞越大西洋。她的计划遭到多方人士的反对,但一心只想冒险的艾尔西根本听不进去。1928年3月13日8点35分,艾尔西和欣奇利夫驾驶命名为"奋进号"的"底特律人"型飞机,从英国东部林肯郡的克兰威尔皇家空军基地起飞,向着大西洋深处飞去,目的地是美国长岛米切尔机场。"奋进号"起飞后一直与地面保持联系,可是5小时后,联系突然中断,在美国长岛米切尔机场等待欢迎艾尔西的数千人,始终不见她的踪影,"奋进号"在大西洋上空失踪了。

艾尔西和欣奇利夫失踪后,英国皇家空军曾出动海军搜寻,但在预定海域既不见飞机残骸,也不见二人遗体,仿佛百慕大三角一般,被神秘的力量吸走了。直到1928年的12月,在爱尔兰的西海岸,人们才发现"奋进号"主起落架的一个轮胎,才确定艾尔西已经遇难。

艾尔西,英国的一颗璀璨明星,在大西洋的星空陨落了,时年才32岁。英国民众,尤其是女性都为她的遇难悲伤不已,万分惋惜。

阿尔维尼·乔安娜·卡莱 在中国工作生活过的多国籍女飞行员

阿尔维尼·乔安娜·卡莱,又称为埃尔维·卡莱,1899年6日26日出生于爱沙尼亚,在那里学会了飞行,是爱沙尼亚的第一位女飞行员。乔安娜

第二章 黄金时代的黄金"天娇"

多才多艺，是一位著名的艺术家、玩具设计师，她还是一位儿童作家，出版过不少儿童文学作品，深受该国少儿喜爱。

乔安娜·卡莱后来移居俄国，俄国当时年年战乱，乔安娜不仅飞行技术派不上用场，连生命财产都无保障，为避战祸，他们全家迁至中国，她在中国军事部门当翻译。当时中国航空事业不很发达，女飞行员极少，乔安娜同样无法从事她爱好的飞行事业。1931年乔安娜辗转来到德国，她在德国终于重返蓝天，成为德国第一位爱沙尼亚籍女飞行员。但德国自一战战败后，航空事业受到很多限制，而且性别歧视严重，乔安娜找不到从事飞行的职业。不久，乔安娜远渡重洋来到美国。那时，美国正是航空事业快速发展时期，从事飞行的妇女很多。乔安娜在美国著名女飞行员阿米利亚·埃尔哈特的帮助下恢复了飞行，并被吸收为"99女子飞行俱乐部"成员。由于自身飞行经历坎坷，她便激励那些有志蓝天的妇女学习飞行，同时继续从事她喜爱的儿童文学创作，创作的主要内容是用生动的文字和精美的图画向儿童普及航空知识。1936年，她创作的《空中宝贝》在美国首次出版发行，受到广大小读者欢迎。

穿飞行服的乔安娜（图三十二）

乔安娜定居美国后，用飞行所得，在纽约开办了一家玩具工厂，自己设计图纸制造。1946年，乔安娜因病健康日益恶化，无力经营工厂，工厂被迫关闭，同时也告别蓝天，结束了飞行生涯。20世纪50年代，乔安娜康复后，为了生计，将自己设计的玩具专利卖给大公司。同时她创造了一种毛皮艺术品，受到顾客青睐，在美国各地展出。

1989年，乔安娜在美国佛罗里达州沃思湖辞世，享年整90岁。

贝茜·科尔曼　世界上第一位黑人女飞行员

贝茜·科尔曼，1893年出生于黑人家庭。因是黑人女孩，从小受到白人孩子的歧视，她幼小的心灵便种下了摆脱低人一等的社会地位的种子，立志干一番受人尊重的事业，她认为当一名女飞行员，可以实现她的理想，于是下决心长大后进航校学飞行。

1916年，23岁的科尔曼到当地航校报名，但遭到拒绝，原因很简单，她是黑人。第一次碰壁并没让她却步，然而号称人人平等自由的美国却没有一家航校愿意接纳她这位黑人。无奈一心想学飞行的科尔曼便远渡重洋，前往欧洲，寻找能容纳她的那块蓝天。科尔曼游历了整个欧洲，终于在法国巴黎找到一家愿教黑人女性学飞行的地方。科尔曼对来之不易的学习飞行机会极为珍惜。学校虽同意她学飞行，教练对她却另眼相看，带飞她时态度很冷淡，每当她反应较慢，动作不到位，不是讽刺就是谩骂，甚至用驾驶杆打她。科尔曼为掌握飞行技术，吞下血泪忍耐，同时投入比其他同学多几倍的努力。功夫不负有心人，一年后科尔曼终于拿到了飞机驾驶执照，而且还是国际飞行执照。科尔曼创造了历史，成为世界上第一位黑人女飞行员。

科尔曼小照（图三十三）

1917年，科尔曼回到美国。她虽然身怀飞行绝技，却找不到合适的工作，只好从事飞行特技表演职业。由于她飞行功底扎实，表演十分精彩，很受观众

第二章　黄金时代的黄金"天娇"

欢迎，很快便赢得了"贝西女王"的美称。1926年，在一次表演过程中，飞机发生故障，科尔曼弃机跳伞，真是祸不单行，伞未打开，"贝西女王"不幸遇难，年仅34岁。

玛丽·瑞德尔　美国第一位印第安女飞行员

玛丽·瑞德尔，又名库斯·德·恰尔或翠鸟，1902年4月22日生于华盛顿布鲁斯港口的印第安人家庭。因遭种族歧视，从小便立志干一番让白人看得起的事业。她认定飞行需要勇敢，是很多白人特别是白种女人望而却步的危险活动，自己学会飞行，成为美国第一名印第安女飞行员，就会提高自己的社会地位，免受他人歧视。于是1923年她考取了飞行驾照，是美国取得飞行员驾驶执照的第一位土著女性，不久她又获得了商业驾驶执照。玛丽·瑞德尔1981年10月25日，在俄勒冈州波兰特病逝，享年79岁。

玛丽·瑞德尔在飞机上（图三十四）

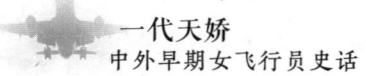

玛丽·维克托·布鲁斯 世界上最淘气的英国女飞行员

玛丽·维克托·布鲁斯，1895年11月10日出生于英国，1929年开始学习飞行。飞行时，爱玩恶作剧，她竟驾机在美国帝国大厦上空飞行。她创办了一家空中摆渡公司，深受顾客欢迎。玛丽81岁时，驾机重返蓝天。1989年5月21日，她无疾而终，享年93岁。

黄金时期的各国女飞行员肯定还有不少，有的还要在后面重点介绍，有的则因资料不全，未被提及，其中不乏有成就的女飞行员，如从加利福尼亚飞往夏威夷途中在太平洋失踪的加拿大女飞行员、22岁的米尔德里德·爱丽丝·多兰，创立了世界妇女飞行联合会的美国女飞行员伊丽莎白·利平利特·麦昆，为苏联培养了300多名女飞行员的科洛明金娜，等等，都未能收入本书，特请其后人见谅。

第三章　二战时期的各国蓝天女英豪

19世纪末20世纪初，德、日、意等帝国主义为争夺世界霸权和殖民地，发动了一系列侵略战争，引发了帝国主义国家的矛盾和被侵略国人民群众的反抗，1939年9月第二次世界大战正式爆发。双方有57个国家先后参战，人口27亿，是人类历史上规模最大的一次战争。

随着航空工业的发展，作战样式的改变，飞机和飞行员在战争中的作用日益突出，成为决定战争胜负的重要因素。二战期间，苏、美、英、法、加等国的女飞行员和男飞行员一样，她们驾驶各型飞机，执行各种任务，用热血和生命，在硝烟弥漫的长空，谱写出一曲曲英雄凯歌，在世界航空史上留下了她们不朽的芳名。德国女飞行员也被卷入战争之中，就飞行技能来说，她们也是佼佼者，对航空事业也做出过贡献。

第一节　苏联"魔女飞行队"与世界王牌女飞行员

1941年6月22日凌晨4时，德国550万大军从3个方向突然进攻苏联，拉开了苏德战争的序幕。在长达4年的反法西斯战争中，数以万计的苏联妇女要求参加空军，到前线驾机杀敌。结果有一千多名妇女被空军选中，成为飞行员，加入对德作战行列。她们英勇顽强，前仆后继，打得德国飞行员闻风丧胆，谈虎色变。她们不仅为反法西斯战争的胜利做出了不可磨灭的贡献，还为苏联妇女争了光，为世界妇女赢得了荣耀。

拉斯科娃　以身殉职的超级女英雄

苏联二战时期妇女参战的历史，与拉斯科娃的故事有关，下面就接着讲述她最后的故事。

抗战初期，苏联空军既缺飞机，更缺飞行员，尤其缺乏歼击机和轰炸机飞行员。为了尽快壮大空军作战队伍，"女飞三杰"奥西宾柯、格里卓杜波娃和拉斯科娃联名给苏联政府航空工业人民委员部领导人沙胡林写信，建议成立女飞行员航空兵部队，开赴前线升空杀敌。最高统帅斯大林亲自批示同意她们的提议，于1941年10月8日，签发了最高统帅部0099号令，苏联红军空军司令部决定成立第122女子航空兵大队。这一艰巨任务就落到了拉斯科娃肩上。拉斯科娃领授任务后，当年10月从全国航空俱乐部、民航、空军精选了200多名女飞行员，组建了122女子航空兵大队，拉斯科娃任大队长，这是世界历史上第一支专门用于作战的女性空军部队。不久，在该大队的基础上先后扩编了三个航空兵团，即第586女子歼击机航空兵团，第587女子轰炸机航空兵团，第588女子夜间轰炸机航空兵团，共计1000多人。这1000多名蓝天女卫士，在云海的枪林弹雨中，涌现出了一批又一批空中英雄，演绎出了一幕又一幕惊天大片。

苏联之所以能在很短的时间内，组建成具有战斗力的女子航空兵部队，主要得益于战前对妇女航空的重视。苏联红军是拥有女飞行员最早的军队，早在20世纪20年代初期，女飞行员就驾机参战。在苏联红军空军中诞生了数名女飞行员英雄。安东尼娜·丘达科便是其中一位。1920年8月14日，她在执行作战任务时不幸遇难，她是苏联第一位被载入苏联红军牺牲飞行员名册的女飞行员，被安葬在莫斯科霍金机场烈士墓地。从此苏联空军很重视女飞行员后备力量的培养，至1941年4月，苏联共有航空俱乐部180多家，教练机47792架，共培养出飞行员上万名，机械师6000多名，机械员5000多名，其中三分之二为女性。正因为有这样雄厚的兵员基础，女子航空兵部队才得以迅速组建。

拉斯科娃任第587女子轰炸机航空兵团团长，授少校军衔。她任团长期

第三章 二战时期的各国蓝天女英豪

间,身先士卒,频繁率队出击,特别是在斯大林格勒保卫战中,她们团战功显赫。1943年1月4日,第587轰炸机航空兵团奉命转场飞往前线。那天暴风雪很大,拉斯科娃的座机撞山坠毁(另一说是撞在伏尔加河河堤上),她不幸遇难。她一生的精彩故事竟以悲戚的黑色句号结束,年仅30岁。

她牺牲后全团官兵一致请求该团以拉斯科娃的名字命名,苏空军总司令号召全军将士向她学习,同时她被追授卫国战争一级勋章。斯大林亲自授意,将她的骨灰安葬在克里姆林宫红墙下。不少街道、学校、广场等以她的名字命名。在坦坡夫成立了"拉斯科娃"飞行员高等航空学校,校园内竖有她的半身塑像。2012年,俄罗斯为纪念莫斯科出生的"苏联英雄"诞辰100周年,特发行了一套纪念邮票(见图三十五)。

拉斯科娃诞辰100周年纪念邮票(图三十五)

拉斯科娃的好友"金翅雀"波林娜·奥西宾柯,1939年5月11日,在一次空难中牺牲,因她是苏联英雄,也被安葬在克里姆林宫红墙之下。她的葬礼非常隆重,最高统帅"钢铁超人"斯大林亲自担任护棺人。瓦连京娜·格里卓杜波娃,卫国战争期间也到前线参加了战斗,战后从事航空研究工作,被评为社会主义劳动英雄,再次获金星勋章。1993年逝世。

杀得敌人闻风丧胆的三个女子航空兵团

第586女子歼击机航空兵第一任团长是塔玛拉·卡扎里诺娃,该团在她领导下,经过5个月的战前训练后,即担负基辅、库班等地的防空任务,还肩负守卫伏尔加河、顿河、第聂伯河等桥梁的重任。此外,还负责掩护在乌克兰前线作战的苏军部队。

1942年9月24日晚上,她们首战告捷,列里娅·克米娅科娃击落了一架敌机。这一胜利极大地鼓舞了部队的士气。在以后的空战中,该团涌现了一批战斗英雄,其中以莉莉娅和卡佳最为突出(她俩的事迹后面专述)。

不久,莉莉娅和卡佳调离586女子歼击机航空兵团,她俩调走后,姐妹们都十分关注她俩的动向,每当从报刊上看到她俩的战斗事迹时,姐妹们便争相传阅,既高兴又羡慕,都会激发出更为强烈的求战欲望。莉莉娅和卡佳成了全团女飞行员效仿的榜样,在榜样的激励下,全团女飞行员愈战愈勇,创造了一个又一个佳绩,涌现出了瓦列里娅·霍米亚科娃、瓦连京娜、加利娅等一批"苏联英雄"。二战期间,586女子歼击机航空兵团,共出动4419架次,进行了129次大的空战,共击落敌机38架,击伤敌机42架。

当586女子歼击机航空兵团威震长空之际,其他两个女子航空兵团也不示弱,都创下了骄人的战绩。

第587女子轰炸机航空兵团,有PE-2双发轰炸机30架,团长拉斯科娃少校牺牲后,该团更名为"第125拉斯科娃近卫轰炸机航空兵团",多次参加重大战役,特别是在解放鲍里索夫战斗中做出了特殊贡献。该团又改名为"第125拉斯科娃、鲍里索夫近卫轰炸机航空兵团",是苏军中少有的获有多重荣誉称号的部队。她们在二战中共出动1134架次,投弹980多吨,有5人获得"苏联英雄"称号。

第588女子夜间轰炸机团的女飞行员(图三十六)

第588女子夜间轰炸航空兵团,更是战功卓著,被苏维埃最高委员会授予"第46近卫团"的荣誉称号,这是对该团的最高褒奖。敌人则称她们为"黑夜女巫",足见该团女飞行员

第三章 二战时期的各国蓝天女英豪

们的神勇。授予称号不久,她们又创造了空战史上的奇迹。在库尔斯克会战中,苏军为切断敌军退路,深入敌后,实施了海上登陆。登陆后不久,天气突然变坏,海上风大浪高,运输被迫中断。因此,登陆部队的补给只有靠夜间空投,这一艰巨任务落到了第46近卫团肩上。她们是轰炸机部队,为何执行运输机部队的任务?因为给深入敌后部队空投,要突破敌人的多道防空网,运输机没有自卫能力,低空机动性能差,无法胜任夜间空投任务。而第46近卫团的轰炸机执行此任务虽有危险但有可能。领受任务后,首先对PO-2飞机进行了改装,机翼下的装挂炸弹的部位,改挂橄榄球形的集装箱,里面装有弹药、粮食、药品、密封的饮用水等前线紧缺物资。地面人员在忙着改装和装载物资时,空勤人员则在研究如何突破敌人的防空网,将物资安全空投到战友手中。为避免集装箱摔坏,空投必须在低空低速时进行,稍有不慎,宝贵的补给物资就会落入敌人手中。但PO-2飞机低空低速飞行,极易被敌人击中。在空投点四周,布满了敌人的探照灯、高射炮和高射机枪。

"第46近卫团"的女飞行员不仅勇敢,也很睿智。她们想出了多种夜间突袭的作战方案。首先缩短起飞间隔时间,由原来的5分钟缩短为2分钟,这样就大大减少了全团通过敌火力网的时间。其次,先沿海岸线飞行,快接近目标时,再突然转向大陆,关闭发动机,在夜幕掩护下,出其不意地飞越敌高炮阵地。再次,返航时,不走原航线,而是从相反方向通过敌战区,让敌人措手不及。首次空投尽管遇到了大风大雨,但她们都按计划完成了空投任务,而且全部安全返航。

老天爷似乎有意考验这群姑娘,天气迟迟不见好转,她们每夜都要出动,每次出动都要变更航线,使敌人捉摸不透,防不胜防。直到天气转晴,海上运输恢复之后,她们才停止空投。在一个多星期的连夜空投中,她们面对敌人密集的防空火网,杀了7进7出,虽有飞机和人员负伤,但无飞机坠毁和人员牺牲,她们创造了零战斗减员的奇迹。实践证明,战争期间,女飞行员们既不缺勇敢,也不缺智慧,她们有勇有谋,是智勇双全的蓝天巾帼。

这个团二战期间共牺牲30多人,但有很多幸运者,她们笑到了最后。其中最幸运的人要算娜杰日达·波波娃。波波娃是乌克兰人,1921年12月27日出生,从小就像个野孩子,15岁就加入航空俱乐部,后进飞行学校学飞行,毕业后留校任教。战争爆发后,她报名参军,被分到588女子夜间轰炸航空兵团。她共出动852次,数次被击落,被击伤的次数更多,有一次她的飞机上有42处弹孔。但她命大,每次都与死神擦肩而过,得以生还。有次被击落后,落在苏军占领区,她混入后撤的人群,正巧一名负伤的男飞行员也在其中。同行加"同病相怜"的两人很快相爱了。二战胜利后,二人结婚生子,过上了幸福生活。2012年7月

普京接见参加二战的女飞行员(图三十七)

8日,波波娃病逝于莫斯科,享年91岁,生前俄罗斯总统普京接见过她(图三十七)。

二战期间,苏联三个女子航空兵团一直战斗在最前线,哪里战斗最激烈,她们就出现在哪里。莫斯科、斯大林格勒、柏林的上空都留有她们血染的航迹。4年内,她们共出动30000多架次,29人荣获"苏联英雄"称号。

1945年4月的最后一天夜里,第46近卫团最后一次出击,轰炸柏林郊外负隅顽抗的德军。返航后,姑娘们太累了,回到宿舍刚一躺下便睡着了。她们正睡得香甜时,机械员踢开房门闯了进来,高声喊道:"胜利了,同志们,我们胜利了,战争结束了!"被惊醒的姑娘得知这一特大喜讯后,都疯了一般穿上衣服往机场跑,不约而同地从飞机上取下信号枪,冲天猛放,一时间,众多耀眼的信号弹划破夜空,将机场照得如同白昼。其他两个团的女飞行员得知喜讯后也都往机场跑。她们站立在生死与共的战鹰旁,遥望着东方,迎接胜利后的第一缕没有硝烟的曙光。

第三章 二战时期的各国蓝天女英豪

莉莉娅 世界公认的第一王牌女飞行员

莉莉娅·利特维亚克，1921年8月18日出生于莫斯科一个工人家庭，父亲是火车司机（另一说是公务员，蒙冤而死）。莉莉娅14岁开始学习飞行，她飞行悟性极高，不到一年便熟练掌握了飞行技术，不久，便成为一名出色的飞行教练。1941年苏德战争爆发后，她报名参加空军。因她参军前曾是加里宁航空俱乐部的飞行教员，培养出40多名学员，入伍后直接分到122女子飞行大队，大队扩编时，她被编入第586女子歼击航空兵团。莉莉娅调到该团后，由于技术突出，她和另外3名同样优秀的女飞行员卡佳（卡捷琳娜·达诺娃）等又调到268战斗团，该团执行保卫斯大林格勒的战斗任务。刚到该团时，莉莉娅她们并不受欢迎，男飞们不信任她们。加上首次升空，莉莉娅没发现敌机，便遭到男飞行员的嘲笑："莉莉娅，你连敌机都没有发现，怎么消灭敌人。你们女人本来就不是打法西斯的材料（摘自《出击！魔女飞行队》）。"但莉莉娅用出色的战绩，很快就颠覆了"男飞"们对她的看法，她成了该团的王牌飞行员，并被任命为中队长，同时赢得了"百合花"的美称（俄语莉莉译音为百合花，莉莉娅便以该爱称闻名世界）。莉莉娅首次击落敌机后，她的机械师也是挚友的伊娜，在她驾驶的雅克–1飞机上画上了一朵百合花，这朵耀眼的百合花，对战友是胜利的象征，对敌人则是惊魂的利箭。每当遇到她，德国飞行员都会相互通报："注意，黑夜的魔女来了。"苏联的侦听部队多次听到这种通话。

战争是残酷的，不仅有

莉莉娅和她的雅克1战机（图三十八）

胜利和鲜花,也有失利与牺牲,胜利是用鲜血与生命为代价换来的。空战中不少蓝天骄子,血洒长空,英勇牺牲,包括莉莉娅的两任团长和恋人阿列克赛,以及形影不离的好战友、好姐妹卡佳。他们的牺牲更加激发了她对敌人的仇恨,她恨不得将自己全身的每一个细胞都奉献给飞行,奉献给空战。为了复仇,她的求战欲望达到了无以复加的程度。莉莉娅的英雄事迹很多,仅举两例。

战例一,打服敌人王牌飞行员。

在一次空战中,莉莉娅和一名德国飞行员进行了一场一对一的厮杀。刚一过招,莉莉娅就知道对方是位高手,她仔细观察发现对方机头上画有一个十分醒目的"黑桃尖",两侧还密密麻麻画有击落敌机数量的标志。遇到强手,莉莉娅不仅不害怕,反而激发了她的斗志,将他视为尽情发泄仇恨的理想对象。正如莉莉娅所判断的那样,对方是只秃鹫、老油条,开始他根本没把莉莉娅放在眼里,他想像老鹰戏小鸡一样,戏弄对手一番,可是几招过后,他感觉不对劲,他遇到苏军的王牌了。于是他认起真来,使出浑身解数和莉莉娅在长空搏杀起来。这场单打独斗的空战足足打了15分钟。15分钟在地面只是短暂的一刻,而在空战中却是"漫长"的一时。最后莉莉娅拿出了压箱底的绝技——猛虎掏心,她一推机头,俯冲而下,掠过敌机后即反身对着敌机腹部开炮,敌机被击中,飞行员跳伞逃命。胜利归来的莉莉娅,落地后一反常态,没有了失去战友亲人的悲戚,脸上挂满喜气,一下飞机就让伊娜在她机头再画一朵百合花,即第10朵百合花,也是含金量最重的一朵(此前她已击落9架敌机)。

各国作家赞颂莉莉娅的部分图书(图三十九)

处在亢奋中的莉莉娅当天没再出击,而是留在宿舍写作战汇报。大约一个半小时后,她被叫到团指挥所。她一进门便见到了背对门口站着的德国飞行员,这是莉莉娅第一次与德军飞行员近距离接触,便仔

第三章　二战时期的各国蓝天女英豪

细端详这位傲慢的手下败将。他身材高大，比莉莉娅（1.52米）高出一个头，虽是俘虏，但仍保持着军人的挺拔姿势，头也抬得很高。沉默一会儿后，翻译给德国飞行员介绍莉莉娅："你要见的对手来了，她就站在你身后。"战俘闻声转过身来，当他见到娇小年轻的莉莉娅时，摇着头说："我知道你们俄国人很幽默，爱开玩笑，可我此时没有这种心情。你们不应戏弄我这个失败者。"他的话引起满堂大笑。莉莉娅见他仍如此小瞧她，仇恨的怒火顿时蹿上脑门。她便将他俩作战经过，一招不落地重述一遍。随

穿飞行服的莉莉娅（图四十）

着她的讲述，德国飞行员脸上的表情也不断变化着，由不信、半信，直到最后的全信。他不得不信，因为没和他交过手的人，不可能绘声绘色地说出这些细节。最后莉莉娅问战俘："你知道你是怎样被我打下来的吗？"对方茫然地摇了摇头。"你不知道更好，这是绝密。"说完和战友们一起笑了。这位年过四十、据他说参加过多次苏德大空战击落过20架苏联飞机、得过很多勋章和奖章的王牌飞行员，连自己是怎样被一个姑娘打下来的都不清楚，太丢人了，但这是现实。面对莉莉娅，他低下了高傲的头颅，说了一句感触最深的话："你是我遇到过的最有魔力的飞行员。"

他并不是第一个夸赞苏联女飞行员的敌人，德国空军强击机飞行员D·B·迈尔少校，曾有过一段专门对苏军女飞行员的描述："前来攻击我飞机的是苏军精锐部队，她们胆大，勇敢，训练有素，能够出色地利用德机的弱点。……常常跃升攻击我机腹部。她们善于打近战，因此，飞行队曾在一周之内就损失八位中队长。"（摘编自《出击，魔女飞行队》）他也不是第一个被莉莉娅击落的王牌飞行员，她击落的第二架敌机的飞行员海因里希，是出身

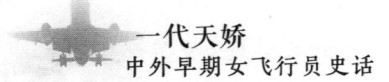
一代天娇
中外早期女飞行员史话

名门的德国著名王牌飞行员。

战例二，带伤巧击敌人观察气球。

1943年5月，德军在顿巴斯前沿阵地施放了一个固定观察气球，苏军前沿的军力部署和调动它看得一清二楚。苏军指战员恨透了这个该死的气球，但气球在十公里之外，地面火力够不到它。只有派飞机攻击，多次派飞机都无功而返，因为地面有高射机枪和高射炮组成的密集火网，空中有战斗机巡航保护，苏军战斗机无法靠近它，为突破火网还牺牲了两名飞行员。

正当兵团指挥员无计可施时，莉莉娅主动请缨，要去攻打气球。"让我去把气球打下来。"兵团指挥官格雷舍夫少校没有同意，因为前不久她腿部中弹，伤还没好。莉莉娅小魔头当即表态道："不管你同意不同意我都要去。"指挥官了解她的个性，违犯命令的事没少干，只好同意，但要她说出打气球的办法。她如此这般地说出自己的想法，指挥员格雷舍夫少校批准了她的计划。

莉莉娅带着前线全体将士的期盼，驾驶飞机从很远的侧翼深入敌人后方，绕到气球的背面，突然掉转机头，超低空加速冲向气球，低得三叶螺旋桨几乎要擦到田野里的向日葵。而且她是迎着阳光飞行，肉眼很难发现。还没等敌人反应过来，气球已变成火球坠落了。此时敌人的高射炮还对着前方，等转过向来，莉莉娅已远走高飞了。因为德军气球充的是氢，所以爆炸时火光好几公里外都能看到。瞅见敌人的"眼睛"被打瞎，前沿将士如释重负，人人鼓掌欢呼，"乌拉！乌拉！"之声响彻阵地。胜利返航的莉莉娅忘不了她庆祝胜利的习惯动作，在机场上空滚翻一阵后才着陆。当她微笑着走下飞机时，立即被战友围上了，纷纷向她表示祝贺，指挥官格雷舍夫拍着她的肩夸赞道："魔女就是与众不同，赫鲁骚，小魔头。"

莉莉娅打服敌王牌飞行员，带伤巧击敌人观察气球的魔力，不是先天就有的，而是在血与火的熔炉中炼出来的。莉莉娅的战斗生涯中，也被击落过两次，也负过伤，幸运的是每次都与死神擦肩而过。但在频繁残酷的空战中，她不可能总是幸运儿。

1943年8月1日，莉莉娅和战友组成8机编队，在乌里诺夫卡和斯蒂巴诺夫卡地区上空巡逻时，与40多架敌机相遇。在敌众我寡的不利情况下，莉莉娅毫不畏惧，率先冲入敌阵，与8架敌机展开"肉搏战"。她凭借过硬的技战

第三章 二战时期的各国蓝天女英豪

术,很快将两架敌机击落。但终因敌我力量悬殊,寡不敌众,莉莉娅不幸阵亡,为保卫祖国,献出了宝贵的生命,牺牲时还差 17 天满 22 岁。莉莉娅牺牲后,由于一直找不到她的遗体(她的遗骨和飞机残骸 1979 年才找到),战友们只好在她牺牲的地方立了一块石碑。从 1942 年 9 月至 1943 年 8 月,不到一年的时间内,莉莉娅共出动 168 架次,单独击落敌机 12 架,配合战友击落敌机 3 架(《斯大林格勒的白玫瑰》一书的附录统计,莉莉娅单独击落敌机 14 架,联合击落 5 架。另外击落观察气球一个,击伤敌机一架),是二战中击落敌机最多的女飞行员(有人称她为"世界第一王牌女飞行员"。什么是王牌飞行员?世界上有一不成文的标准,凡击落对方 7 架飞机以上者,可获王牌飞行员称号),也是世界航空史上一项空前绝后的纪录,至今无人改写。为表彰莉莉娅的不朽功勋,统帅部先后授予她红旗勋章、红星勋章、卫国战争勋章。1990 年 5 月 5 日,苏联领导人签署命令,追授莉莉娅为"苏联英雄",并为她举行了正式葬礼。在顿涅茨克为她建造了纪念碑,碑上刻有她的雕像和 15 颗金星。莉莉娅的惊人事迹封尘半个世纪后,开始走向世界,成为各国人民尤其是妇女崇敬的偶像。美、法、英、日等国作家纷纷为她写传,宣扬她的神奇人生。中国有《银翼夜枭》(三册)《出击,魔女飞行队》《斯大林格勒的白玫瑰》等译文本。笔者何孝明在《女飞行员》等书中也简介过莉莉娅的事迹。莉莉娅已成为全世界人民共敬的蓝天英雄,更是各国女飞行员崇拜的女神。

卡佳 世界第二位王牌女飞行员

叶卡捷琳娜·瓦西里耶夫娜·布达诺娃,又称卡佳。1916 年 12 月 6 日出生于莫斯科东南部的科诺普扬卡村,比莉莉娅大 5 岁。卡佳从小学开始,学习成绩都列班级的前茅,她有一副美妙的歌喉,有很高的音乐天赋,时时流露着"快乐"表情。有一天一架飞机在她家附近降落,她大胆地爬上飞机,双眼被仪表板深深吸引住了,从此便爱上了飞机,决心长大后当飞行员。

1930 年父亲离世后,卡佳就和家在莫斯科的姐姐生活在一起。姐姐和她

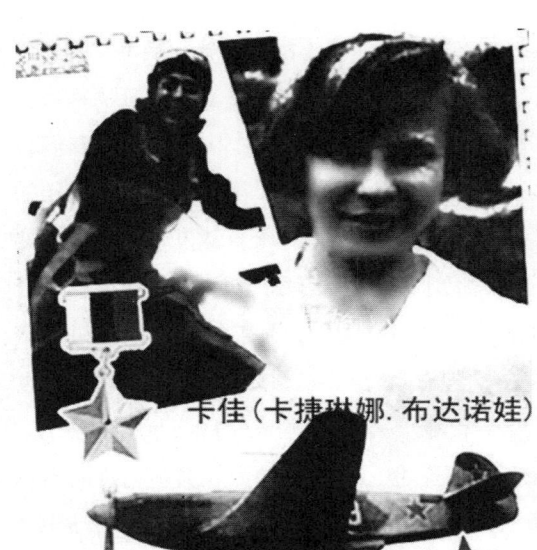

世界第二王牌女飞行员卡佳（图四十一）

在一家飞机工厂当木工。业余时间学飞行课，17岁学习飞行，1937年成为一名飞行教官，因飞行技术出众，她加入特技表演队，驾驶UT-1教练机进行飞行表演。1941年卡佳被拉斯科娃选中，与莉莉娅一道成为122飞行大队的成员。从此她与莉莉娅就没有分开过，直到她英勇牺牲。卡佳当兵经历虽与莉莉娅相同，但二人也有许多不同之处。莉莉娅身材矮小，卡佳身材高大；莉莉娅爱花，驾驶舱里不离野花，机头两侧也画着百合花。卡佳爱唱歌，常用嘹亮的歌声激励战友，从指挥员到普通士兵最爱听她唱《哦，第聂伯河，第聂伯河》。二人最大的差异是性格，莉莉娅喜欢独来独往，但喜欢张扬，每当击落敌机后，降落时都要在机场上空炫耀她的特技，超低空从人头顶上掠过时，能吹落战友头上的帽子。她的违规行为，弄得指挥官哭笑不得，处分她吧，她是有功之臣、团队的骄傲，不处分她吧，又有失职之嫌。只好睁一只眼闭一只眼，内心深处虽为她的张狂鼓掌，嘴里却骂道："莉尔卡简直就是个小魔王。"卡佳则相反，她性格温柔随和。战地记者在《前线的天空》中写道，卡佳"是大队的生命和灵魂。她因勇敢和坚韧著称，像是不知疲倦，但又落落大方，敏感细腻，关心他人，能和大家融合在一起"。莉莉娅爱美，留着金色的卷发，还从医院偷过氧化氢，把长长的卷发染成白金色。卡佳则把头发剪得很短，她嫌梳理长发费时间。尽管二人有很多差异，但并不影响她俩成为最好的姐妹和战友，因为二人有最大的共同点，英勇善战。卡佳到底有多英勇多善战，看完她的讲演就清楚了。1943年4月，佳卡回莫斯科自己曾工作过的飞机工厂做了一次演讲，演讲中她描述了一次击落敌侦察机的经过，现简述如下。"那个飞行员干了坏事（照相侦察红军阵地），现在还想溜之大吉，我气

第三章 二战时期的各国蓝天女英豪

坏了,我可不会放过你,你这个强盗!我对着他冲了过去。他低空往敌占区逃跑,我也降低高度,向他冲去。进入敌占区后,地面高炮向我疯狂射击。我冒着敌人的炮火,紧追不舍,离他不到30米时,继续向他飞,同时向他开火。瞧!敌机一头朝地面栽了下去。地面的敌人还在朝我开火,但我故意逗留了一会儿,在德国佬头上晃来晃去,然后一加速,飞回了基地。"(摘自《斯大林格勒的白玫瑰》第135页)

随着击落飞机数量的增加,苏德双方的男飞行员,都越来越重视莉莉娅和卡佳两位女性。敌人称她俩是魔女,甚至称她们是"杀人机器"。而苏军从指挥员到普通飞行员则称她俩为"猎鹰",再也无人叫她们"黄毛丫头"了。1943年2月19日,她俩由中士晋升为少尉,也可自行带队巡逻了。3个月后,两人又被授予中尉军衔。

1943年7月19日,卡佳执行掩护轰炸机的任务。轰炸机群在战斗机掩护下,成功完成了轰炸德军地面部队的任务。返航途中,卡佳在最后压阵。突然轰炸机群遭到3架德军战斗机的袭击。卡佳赶紧迎上前去,为战友解围,将敌机引开。敌人中计,他们放走轰炸机,转而围攻卡佳。卡佳便与3架敌机缠斗起来,她以一敌三,毫不畏惧,很快便击落了一架敌机,但她也受了重伤。她带伤继续与敌机搏斗,不久又击中了一架敌机。但卡佳再也无力坚持,地面观战的村民,眼见一架画着红星的战机失去控制,一头栽向地面,卡佳献出了年轻的生命,年仅27岁。牺牲前不久,卡佳给姐姐的信中写道:"尽管我不想死,但我不怕死。如果到了非死不可的时候,我的死也会让敌人付出惨痛的代价……如果我要离开这个世界,也一定要死得像个英雄(摘自《斯大林格勒的白玫瑰》第177页)。"信中的文字,卡佳用年轻的生命兑现了,临死前她不仅击落了两架敌机,还保护了轰炸机群。她带着重伤战斗,死得悲壮惨烈,是个铁骨英雄。

卡佳生前共击落11架敌机,阵亡后被追授一级卫国战争勋章,红旗勋章。1999年10月1日,俄罗斯总统叶利钦,追授卡佳"俄罗斯联邦英雄"称号,她与莉莉娅是世界公认的两位王牌女飞行员。她俩正如列夫·托尔斯泰曾在一本书中描述的那样:"高兴而骄傲地走向死亡,死得坚定、镇静,燃起化身英雄的高贵火花。火花腾起火焰,照亮伟大的事迹。"

第二节　美国"女子航空勤务飞行队"与"速度上校"

太平洋战争爆发之后,美国根据战场需要,组建了一支"女子航空勤务飞行队(WASP)"。她们虽不像苏联女飞行员那样参加空战,直接驾机升空杀敌,但她们承担了大量战场勤务保障工作,为抗战胜利做出了卓越贡献,二战胜利的旗帜上有她们鲜艳的一角。

杰奎琳·科克伦　"女子航空勤务飞行队"创建人,世界闻名的"速度上校"

女飞行家杰奎琳·科克伦(有人翻译为嘉奎琳·科克兰)。她的出生年月是个谜,中国大百科全书出版社出版的《简明不列颠百科全书》1985年版第687页,说她是1910年出生,但编者也不肯定,在年份后面打了个问号。世界知识出版社出版的《外国军事人物辞典》也是如此。而北京航空航天大学出版社出版的《灿烂群星》,却明确说她1906年出生于美国佛罗里达州。美国《空军杂志》1980年第9期则说她出生于1907年。科克伦到底是哪一年出生的?她自己也不清楚,因为她还在襁褓之中时便被遗弃了(也有文说是父母双亡),是个弃儿,是一对穷夫妇收养了她。他们在佛罗里达州和佐治亚州之间的小镇漂泊度日。科克伦只上过两年学,8岁时就到一家棉纺厂

科克伦签名照片(图四十二)

第三章 二战时期的各国蓝天女英豪

当童工，每小时挣6美分。俗话说，穷人的孩子早当家，贫困给了科克伦坚强。为了改变命运，12岁时，她进一家理发店学习理发。为了成为理发师，她经常跳槽到不同的理发店学艺。后来到了纽约，在那里她成了一位有名的美容师，很快自己开了一家美容院，同时经营各种化妆品。1932年，科克伦经济收入丰厚之后，开始对飞行感兴趣，便到纽约长岛的罗斯福空军基地学习飞行。科克伦虽没有多少文化，但她聪颖过人，悟感奇高，而且特别刻苦，她掌握飞行技术之快令教官惊讶。科克伦只学了两个多星期，不仅能单独驾机升空了，还考取了正式的飞行员驾驶执照，成了历史上获得飞行驾驶执照最快的女飞行员。她一拿到执照便买了一架韦科型飞机远航，从纽约直飞加拿大的蒙特利尔。

科克伦身材高挑，臂长手大，异常健美。特别是那双美目和满头金色卷发更为迷人。加上职业特点，很会打扮自己，使得她既靓丽又高雅，成了众多异性追求的对象。后被金融专家弗罗伊德·奥莱姆看中，1934年科克伦成了他的新娘。弗罗伊德，俄亥俄州人，比科克伦大20岁。科克伦之所以选中比自己大20岁的弗罗伊德，并非看重他的金钱，而是因为他特别支持她飞行。结婚后，弗罗伊德为她买了一架性能好的新飞机，鼓励她参加各种飞行比赛。当年她参加了长岛罗斯福机场的女子飞行大赛，还参加了一次长途飞行比赛，每次比赛弗罗伊德都陪同前往。

此后科克伦多次参加飞行表演和飞行比赛，多次获奖，并创造过妇女飞行速度、高度的新纪录。1938年，她在美国著名的年度跨州长途飞行比赛中，以8小时10分钟飞行3270公里的成绩，击败另外9名男选手夺冠。科克伦一举成名，轰动美国航空界。1939年她又成功地完成了全靠仪表指示着陆的"盲降"，科克伦是完成"盲降"的第一位女飞行员。此时的科克伦更是

纪念科克伦的邮票（图四十三）

名扬四海，成为"银河巨星"。

1939年，德国进攻波兰，第二次世界大战即将爆发。已是著名女飞行家的科克伦，作为志愿者加入英国皇家空军，授上尉军衔，她在美国为英国招募和培养飞行员。为英国服务的同时，科克伦给当时的美国第一夫人埃莉诺·罗斯福写信："男人在前线杀敌报国，女人们也可以在后方做一些辅助性的工作，譬如驾驶救护飞机或者通信飞机和运输机，这样能够让男人们有精力去完成更加重要的使命。"她建议征召女飞行员，成立女子勤务飞行队。她的建议虽得到罗斯福夫人的支持，但被五角大楼拒绝，理由是："女人战时驾驶飞机会紧张。"科克伦对五角大楼歧视妇女的态度极为不满，她再次请罗斯福夫人出面，让她说服总统批准自己的建议。在夫人的劝说下，罗斯福批准了科克伦的建议。科克伦拿着总统的批件再到五角大楼，没想到总统的批件也不管用，美国陆航司令，五星上将亨利·阿诺德依然拒绝了她的建议，理由是："军队有足够的男飞行员。"县官不如现管，科克伦的建议再一次搁浅。

1941年12月7日，日军偷袭美珍珠港和瓦胡岛机场，8日美国总统罗斯福向日正式宣战，太平洋战争爆发。随着战场的扩大，战线的延长，美国飞行员需求量骤增，战场的现状迫使阿诺德改变了歧视女性的旧观念，加上空军转运部部长威廉姆·特纳极力主张引进女飞行员，最终五角大楼批准了科克伦的计划。计划获准后，科克伦便于1942年9月开始，面向全国招聘女飞行员，包括"九九俱乐部"的精英。结果有2.5万人报名，科克伦从中初选了1830人，她初选的条件是身高不低于1.59米，年龄不低于18.5岁，飞行时间不少于200小时。通过考核，最后有1074人获得了飞行资格。科克伦完成了"女子航空勤务飞行队"的组建，并担任队长，直到飞行队解散。

"女子航空勤务飞行队"队长科克伦，人称"速度上校"。飞行队解散后，科克伦留在空

飞行队队员在上课（图四十四）

军继续书写传奇。1950年7月5日，科克伦因组建和指挥"女子航空勤务飞行队"有功，被哈蒙国际航空大奖组委会评为过去10年间最有成就的女飞行员；1953年5月19日，科克伦驾驶F-16E型飞机，时速达到了1049公里，成为第一位超声速女飞行员；1961年8月24日，55岁的科克伦驾驶T-38喷气教练机，再创马赫数为1.3的飞行速度纪录；1962、1963年又相继创造了飞越大西洋和新的速度纪录；1964年5月11日，年近60岁的科克伦，驾驶F-104G型战斗机，飞行中超过两位声速，创造了最高时速2299.6公里的女飞世界纪录，这是她飞行生涯中的顶峰，也是世界航空史上一个真实的神话。

介绍各国女飞行员英文图书（图四十五）

1958年科克伦被选为国际航空联合会主席，1969年晋升为上校，因她多次创造速度纪录，故有"速度上校"之称。科克伦1970年退出预备役，退役时她胸前挂满了勋章，有美国优秀服役勋章，美国荣誉勋章，美国优秀飞行员十字勋章，美国战争纪念勋章，二战胜利勋章，预备役部队勋章等，她是美国历史上获得勋章最多的女飞行员。1980年8月9日，科克伦因心脏病在加利福尼亚自己的私人农场里逝世，享年74岁。科克伦去世的同年，她被列入航空名人馆，在全世界妇女中，她是第一位获此殊荣者。

"女子航空勤务飞行队"（WASP）的荣光与屈辱

1942年11月，"女子航空勤务飞行队"成员集中在休斯顿的空军基地进行培训。这里条件简陋，教室、食堂很少。1943年4月她们转到条件好一些的休斯顿甜水镇"复仇者"基地。训练是艰苦的，每天过着枯燥乏味的军营生活。早上6点起床，然后是出操，紧接着是学习摩尔斯电码、模拟通信、飞行训练，喘息时间很少，更没时间梳妆打扮了。直到1943年10月20日结业的那一天，她们才从"炼狱"中解放出来。当天，姑娘们获得了一枚银质飞行翼章，成为"女子航空勤务飞行队"的正式飞行员。每人发了一套夏天穿的卡其色衬衫、裤子和冬天穿的陆军绿色华达呢制服（1944年，女飞行员的服装改为蓝色，她们是世界上第一批穿上"空军蓝"的女飞行员）。女飞行员毕业后被分配到美国120多个基地，从事飞机转运、空管、运输、航空救护、驾驶靶机、试飞新飞机等工作。

美国女子航空勤务飞行队的成员，除个别队员外，她们没有飞出过美国本土，但她们对二战胜利的贡献是巨大的。她们几乎飞遍了美国的航空基地，总航程超过1亿公里。她们飞过77种不同型号的飞机，包括最难驾驭的、有"寡妇制造者"之称的B-26，以及男飞行员都不敢飞的B-29轰炸机。二战期间美国生产的各种新飞机几乎都是由她们转运到部队的，包括美国支援盟军的飞机，光支援苏联的飞机就多达一万余架。这些飞机全都是经她们的手，从工厂转运到指定地点，而后由苏方再接走。

飞行队部分队员合影（图四十六）

第三章 二战时期的各国蓝天女英豪

她们一共转运了12000多架飞机。她们为完成繁重艰巨的飞行任务，除付出辛劳之外，还付出鲜血与生命，二战期间共有38人牺牲，包括华裔女飞行员李月英（她的事迹上篇详述过）。她们的辉煌业绩不仅受到国人和媒体的好评，连原先歧视她们的美国陆军航空兵司令亨利·阿诺德也彻底改变了看法，他说："在1941年的时候，我并不肯定这些年轻瘦弱的女子能驾驶B-17。现在到了1944年，我们可以得出一个结论：女人能够和男人一样在蓝天上翱翔。"

美国"女子航空勤务飞行队"在二战中的作用与功绩，虽有目共睹，也得到军方一些高级将领的肯定和赞赏，然而她们却受到了极不公正的待遇，饱受了33年的屈辱和65年的冷遇。1944年年底，二战大局已定，美国国会以"没有必要"为由，于1944年12月4日正式决定取消"女子航空勤务飞行队"。美国标榜是一个自由民主的国家，其实当时并非如此，除存在严重的种族歧视外，还存在性别歧视，女子飞行队的解散就是最好的例证。她们受歧视具体表现在三方面。首先是男女就业机会不平等，解散她们的理由竟是"没有必要"，为什么没有必要，因为战争即将结束，有大批男飞行员要从前方回国，回国后需要女飞行员为他们腾出工作岗位，她们没必要再飞了。其次是同工不同酬，男女待遇不平等。飞同样的飞机，执行同样的任务，男飞行员的薪金是女飞行员补贴的数倍，女飞行员不是军人没有薪金，每月只有微薄的补贴。女飞行员牺牲后，不但得不到抚恤金，反而要家人自费处理后事，更不能享受军人的葬礼，棺椁上不能盖国旗。最后，也是最主要的一条，身份认定不平等，当了几年兵，穿了数年军装，飞的都是军用战机，执行的都是军事任务，而且都是空军管辖与指挥。但解散时竟不承认她们的军籍，说飞行队是民间组织，是临时工，不给她们颁发退役军人身份证，连退役士兵的待遇都享受不到。解散时军方既不给她们安排工作，也不给她们任何荣誉和补助。她们的辉煌业绩也随档案一道被封存，外界很少有人知晓。这种卸磨杀驴的做法，遭到了女飞行队员的反对，特别是队长科克伦四处奔走呼号，但因势单力薄，没有结果。当时女飞行员虽有不满，但都能忍，因为绝大多数队员之所以参加女子飞行队，并非为名为利，而是为抗击侵略者、保卫世界和平而战，是自觉自愿的无私奉献，所以解散时，上千女飞行员并没有进行游行示威等抗议行动。

奥巴马给二战女飞行员签名（图四十七）

　　1976年，事隔32年后，美国空军学院10名女飞行学员即将毕业，空军发布一条消息称："她们是首批驾驶美国军用飞机的女飞行员。"这条违背历史的"八卦"新闻，引起了健在的"女子航空勤务飞行队"队员的愤怒，积压多年的怨气终于找到了发泄的机会。她们团结起来，向国会质问：二战时，我们飞的是不是军用飞机？执行的是不是军事任务？她们的诉求在国会引起激烈争辩。为证明这段历史，封尘多年的档案记录被启封。在事实面前，美国政府终于承认了"女子航空勤务飞行队"队员的军人身份。1977年11月美国总统卡特签署法案，同意给予"女子航空勤务飞行队"成员二战老兵的待遇，她们去世后，有权在棺木上盖一面美国国旗。但这次只承认女飞行员的军人身份，并没提及她们的贡献，没给她们任何荣誉和补偿。直到2009年1月7日，美国总统奥巴马和国会才决定授予参加二战的女飞行员国会金质勋章。在颁发勋章的盛典上，奥巴马给当年的蓝天女战士以极高的评价，他说："每一个美国人都应该感谢她们的无私奉献。"大约有300多名健在的女飞行员到场参加了这一盛典。这些幸存者并没忘记故去的蓝天姐妹。她们感慨道："非常遗憾，很多人已经不在了，这枚奖章恐怕永远不能弥补那些人。我们怀念她们，我们比她们幸运。"

南希 "女子航空勤务飞行队"副队长,唯一来过中国的队员

南希·哈克尼斯·拉夫,1934年开始飞行,在罗伯特"鲍勃"公司任飞行员,1936年开始做试飞员。二战爆发后,她招募一批女飞行员,从事飞机转运工作,建立"女子辅助渡轮中队"。她是美国第一位驾驶"P-51野马"飞机的女飞行员。1943年6月,"女子辅助渡轮中队",扩编为4个中队,拥有130多名优秀女飞行员。后来"女子辅助渡轮队"并入科克伦领导的"女子航空勤务飞行队"。飞行队解散后,由于南希飞行经验丰富,组织指挥能力强,被留用。1944年12月27日,她随史密斯将军领导的巡视组飞往加尔各答,对"驼峰行动"进行一个多月的检查指导。其间,南希曾驾驶四台发动机的C-54运输机飞越驼峰天险,将抗日战略物资送到昆明。她是唯一一位到过中国,飞越驼峰天险的美国女飞行员。这段历史鲜为人知,因此有必要公诸于世,让世人记住南希的名字,不忘她留在驼峰上的航迹。同时我们还要记住她用一生经历总结出的一句名言:"战争期间,妇女可以和男人一样战斗。"2005年7月,南希入选国家航空名人堂,是第9位入选该堂的女性。

南希·哈克尼斯·拉夫(图四十八)

多拉·道尔蒂　令男飞行员汗颜的女试飞员

多拉·道尔蒂，18岁学飞行，毕业于寇提飞行学院，当年获得了飞行执照。1942年当"女子航空勤务飞行队"招募女飞行员时她申请参加，因飞行时间不够200小时被拒。她只好到一机场积累飞行时间。第二年她成了"女子航空勤务飞行队"的飞行员，从事过高炮靶机飞行员、运输机机长、飞行教官等工作。成为美国第一位获得军用运输机正驾驶执照的女飞行员，她还保持着多项世界直升机的飞行纪录。其中，最值得骄傲的是1944年夏初试飞B-29的任务。1944年，美国为了轰炸日本本土，投放正在研制的原子弹，新生产了一批B-29"超级堡垒"远程重型轰炸机。B-29与原有轰炸机相比，有不少特殊性能，给飞行员操作提出了新的要求，比"寡妇制造者"B-26还难飞。首次试飞失败了，试飞员牺牲，此后没有飞行员再敢试飞这种飞机。为了树立飞行员的信心，解除他们的畏惧情绪，负责试飞任务的保罗·蒂贝茨上校，将多拉·道尔蒂和多罗希·摩尔曼两位技术超群的女将招来，让她俩试飞B-29轰炸机。多拉·道尔蒂担任机长，多罗希·摩尔曼任副驾驶。她俩首先熟悉掌握B-29的性能特点，该机型自身重量重，4台发动机，0.25～0.44英寸厚的防弹钢板；飞行高度高，可达万米高空；另外火力强，炸弹重量重，电子设备先进复杂等，号称"超级空中堡垒"。其次，认真分析总结首次试飞失利的教训，制订周密的各种紧急情况的处置方案。试飞时她俩谨慎操作，顺利地完成了B-29轰炸机的试飞工作，成为首位飞4发重

多拉在驾驶舱里（图四十九）

型轰炸机的女飞行员。当试飞成功安全降落后,多拉兴奋地跳下舱门,摘下飞行帽,当着前来观摩试飞的一群男飞行员的面,甩开盘在头上的长发,带着骄傲的口吻对他们道:"我们听说你们男孩子有人害怕这种大飞机,如果两个小女孩都能驾驭,我想你们也能很好掌握它。"当一位少将听到这段话后,对保罗·蒂贝茨道:"她们让许多长得像橄榄球运动员的美军男飞行员们蒙羞(摘自《小女孩驾驭大飞机》)。"原来不愿飞这种飞机的男飞行员,最终都同意驾驶B-29轰炸机,保罗·蒂贝茨的目的达到了。1944年6月该型飞机正式参战,11月开始大规模轰炸东京。1945年8月6日和9日,美军用B-29型重型轰炸机,在广岛和长崎投掷了原子弹。

米奇·爱克思顿 第一位正式驾驶B-29重型轰炸机的女机长

在飞行队中,真正驾驶B-29重型轰炸机的女飞行是米奇·爱克思顿。她1919年1月9日出生,从小就喜欢飞行。米奇第一次坐的"飞机",是邻居男孩的一架飞机模型。为实现飞行梦,1940年她开始学习飞行,当年便取得飞机驾驶执照。1943年,米奇加入了女子航空勤务飞行队,被分配到德克萨斯空军基地。1944年,米奇开始驾驶B-29"超级空中堡垒",她是第一位驾驶B-29执行任务的女机长。但不久,因母亲病重,无人照顾,米奇离开了飞行队。后来米奇曾受聘于堪萨斯波音飞机场,任试飞工程师。

米奇·爱克思顿在机前(图五十)

2010年2月6日病逝,享年91岁。她参加过纪念美空军成立40周年活动,荣获过第二次世界大战胜利勋章。

伊丽莎白·恰姆伯斯 替牺牲丈夫飞行的女人

伊丽莎白·恰姆伯斯（贝蒂·恰姆伯斯），也是"女子航空勤务飞行队"的成员。她1920年出生于美国加利福尼亚州洛杉矶，并在那里长大，二战前她在迪士尼公司环球影业公司工作。1940年，伊丽莎白·恰姆伯斯与美国空军飞行员罗伯特·威廉姆斯·恰姆伯斯结婚。

1942年，罗伯特飞行时由于指挥员指挥有误，他与另一架飞机空中相撞，罗伯特不幸遇难。这时伊丽莎白已有一个孩子与她父母住在一起，当时她在南加州一家电信公司当电话接线员。丈夫遇难后她很悲痛，但她与一般女人不同，失去亲人没使她消沉，相反激起她为完成丈夫未竟事业的斗志，实现丈夫的遗愿。罗伯特生前曾希望她也成为一名飞行员，还想亲自带飞她。丈夫人走了，不能为抗战效力了，她要接过丈夫的驾驶杆，继承他的事业，她认为这是纪念逝者最好的方式。于是她申请加入"女子航空勤务飞行队"，学习飞行，替丈夫为国效力。

伊丽莎白前仆后继，不畏艰险的精神，感动了飞行队领导，她们破格吸收她为队员，对她进行重点培训。1943年10月4日，伊丽莎白开始学习飞行，她曾是飞行员的妻子，对飞行知识了解不少，加上她急于早日学成执行任务，因此学习非常刻苦，她虽是一位"白丁"，但掌握飞行技术很快，1944年4月15日她顺利毕业了。毕业

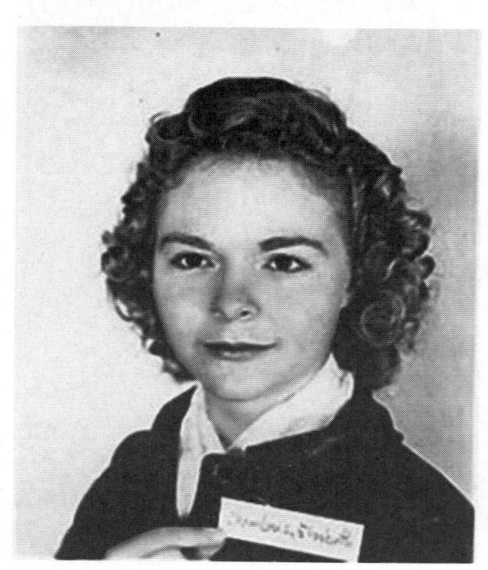

伊丽莎白小照（图五十一）

第三章 二战时期的各国蓝天女英豪

后她开始被分到佛罗里达州奥兰多美国空军技术学校当助理教练,不久又被调到密西西比州格林伍德陆军航空兵飞行。她在那里驾驶 AT-6、AT-10、BT-25 等机型,出色地完成了大量飞行任务,到 1944 年年底,在短短的半年时间里,飞行了 400 多小时,是出勤率最高的女飞行员,她的出色表现受到了飞行队的表彰。

"女子航空勤务飞行队"解散后,伊丽莎白在美国航空公司拉古阿地亚机场工作。1961 年因病去世,年仅 41 岁。遗憾的是,因她的早逝,生前没能享受到后来国家给予飞行队成员的各种荣耀,没能佩戴上国会颁发的金质奖章。

埃德娜 "女子航空勤务飞行队"的榜样

埃德娜·卡德纳·怀特(Edna Gardner Whyte),她虽不是"女子航空勤务飞行队"的成员,但她与"飞行队"有着千丝万缕的联系,她是她们的老师、榜样,为二战胜利做出过卓越贡献。

埃德娜·卡德纳·怀特,1902 年 11 月 3 日(有人说是 12 月)出生于美国登城,7 岁时她家搬到了西雅图。她的童年很不幸,父亲在一次车祸中遇难,不久母亲得肺病被送到很远的隔离区。她和兄弟姐妹被分别送往亲戚家寄养,过着寄人篱下的生活。

埃德娜长大后,在一家医院当护士。有一次一名飞行员患者住院,他们成了朋友。这名飞行员出院后带埃德娜飞行,飞行使她

参加比赛的老年埃德娜(图五十二)

感到神奇，便请人教她飞行，每小时付35美元学费，这是她半个月的薪水。1928年埃德娜学完全部课目后去考驾驶执照。笔试时她得了最高分，但面试时，遭到考官的拒绝，埃德娜不解地问道："为什么？"

"我从未录取过一个女人，飞行是男人的事，我不能录取你。"

埃德娜听后便哭着诉说自己的不幸遭遇，考官被感动，破例录取了她。埃德娜拿到执照后，便参加飞行比赛，1933年她获得了第一个冠军。此后埃德娜便开始当教练，教别人飞行。在一次飞行员横滚时，连续滚了68个圈，她很羡慕，便向他请教，开始学特技课目，一次横滚也能滚上30多次。她的特技水平提高的同时，社会知名度也与日俱增。因她当过护士，人们便尊称她为"飞行护士"。"飞行护士"的名字愈传愈远，有一天传到她母亲的耳朵里。埃德娜母亲在传染病医院治好了肺病，出院后她继承了娘家的一大笔财产，成了富婆，正四处寻找失散的儿女，当从报纸上得知"飞行护士"就是失散多年的女儿，心里分外激动。她怕再次失去她，便劝女儿放弃飞行，送她去最好的医学院学医。女儿拒绝，她不要学历，她要飞行。一招不行，母亲再出第二招。只要埃德娜不再飞行，她将给她一大笔钱，保证她一辈用不完。埃德娜仍不所动，她说，我不要钱，我要飞行。母亲一听更气了，拿出最后一招，威胁女儿道："你不放弃飞行，我与你断绝母女关系。"埃德娜很爱自己的母亲，她犯难了，母女情、蓝天情，两种感情在脑海里拼杀。最后她流泪跪到母亲道"母亲，我爱你，舍不得离开你。可我也爱飞行，我离开蓝天飞机没法活啊，请母亲体谅我。"她母亲一听她坚持飞行，便含泪转身而去。后来母女和好，她还带80岁老母亲飞行，两人还共同驾机参加了5次飞行比赛。

埃德娜掌握特技本领后，开始在航行领域崭露头角，逐渐成为航空界一位极具传奇色彩的人物，开始在蓝天书写传奇。55年的飞行生涯中，她获得过128个飞行比赛冠军；驾驶过58种型号的飞机，共飞行35000小时；担任过三所航校的校长，经她一手培养的学员多达5000名，包括她的女儿。80岁时还参加飞行比赛，而且取得7个单项比赛中的4项冠军。同年她竟驾驶F-37军用喷气机夜航，飞行中她与地面通话时，兴奋喊道："放心吧，我的祖国。你们有位80岁的女儿，今晚在此飞行。"

埃德娜很爱她的祖国，为抗战胜利，她卖掉了机库等全部家产，只身到沃思堡支助一所民间航校，自己专门负责为军队免费培养战斗机飞行员。二战期间，她为部队输送了一大批优秀的蓝天斗士，包括"女子飞行队"队员。她留在蓝天的故事虽然很多，很精彩，但都不如她的一句名言流传广泛，她的名言是："女子可胜任男子的一切工作，甚至做得更好。"这句名言也是埃德娜一生的真实写照。1992年，埃德娜因病去世，享年89岁。

第三节 英、法、加参战团队与德国三鹰

英国"辅助空中运输队"里的奇人奇事

20世纪二三十年代，英国妇女随着解放运动的广泛深入，1928年妇女首次获得了选举权，开始参与社会活动。这期间航空工业在英国兴起，涌现出一批航空俱乐部，解放了的英国女性也参与其中，学习飞行，希尔达·休利特成为英国第一个女飞行员。到二战前夕，已有一批获得飞行驾照的女飞行员。因此，德国对英宣战后，英国于1939年6月28日成立了"女子辅助空运队"，比美国的"女子航空勤务飞行队"要早两年多。英国的"女子辅助空运队"在战时飞得也很精彩，留下了不少"奇人奇事"。

1.艾米·约翰逊 被自家高射炮击落的民族英雄

艾米·约翰逊，1903年7月1日出生于英国约克郡赫尔市，父亲是位渔商。她性格倔强，聪颖好学，19岁考入谢菲尔德大学。1929年开始在伦敦一家飞行俱乐部学习飞行。约翰逊虽然聪明，但飞行悟性却不高，学飞行时开始总飞不好，经常被教练训斥。但一旦入门，她飞得也很出色，第二年以优异成

绩毕业，1930年便开始向各项飞行纪录挑战。首先她要打破英国男飞行员欣克勤1928年创造的从伦敦飞澳大利亚长途飞行纪录。她这近似疯狂的举动尽管遭到多人反对，但她毫不动摇，最终她成功了，成为历史上第一位独立自英格兰飞往澳大利亚的女飞行员。不过这次远航却是险象环生，差点毙命。从伦敦起飞不久，上机翼油箱产生烟气，令她恶心，她只有将头伸出座舱飞行。第三天飞越托罗斯山脉，机翼差点撞上悬岩壁，吓出一身冷汗。还有一次遇到沙尘暴，她只有在沙漠

艾米·约翰逊和她的战机（图五十三）

迫降，用布将发动机包起来，手握手枪，在沙漠里整整坐了一夜，天刚亮才起飞继续飞行。经过19天的日夜奋战才到达澳大利亚，遗憾的是没能打破18天的纪录。这次处女航虽未能破纪录，却积累了丰富的航行经验，增强了战胜长空风云的信心。之后她打破了一系列世界纪录，并曾长途跋涉到过苏联。1931年她曾计划驾驶DH-60"吉普西莫特"号单发动机飞机从伦敦经苏联飞往中国北平，但因飞机故障，只飞到华沙便中止了。很遗憾，中国大众没能一睹她的芳容。当年7月，艾米·约翰逊与赫弗利斯一起成功地完成了从伦敦经苏联飞抵日本的长途飞行，这次飞行还创造了飞行速度的世界纪录。1932年7月，艾米·约翰逊嫁给了著名飞行家詹姆士·莫里森。从此这对比翼鸟你追我赶，在长空争艳斗奇，争创佳绩。1937年11月她打破了丈夫从伦敦飞开普敦的时间纪录。以后，夫妻多次同机飞行，向多项世界纪录发起冲击。

二战爆发后，已有多种光环的艾米·约翰逊，率先报名参加了"女子辅助空运队"，负责把美国生产的飞机，从美国运回英国和加拿大前线。1941年1月5日，在一次完成飞机转运时，在泰晤士河一处三角洲上空，她

正驾驶一架"牛津"型双发飞机,由于英国高炮部队通信故障,事先未接到英机飞越高炮阵地的通知,误认为是德国轰炸机,指挥官下令射击,将"牛津"击落,艾米·约翰逊死于"乌龙弹"(我国也发生过类似事件,只不过笔者苗晓红的同学女飞行员沈本华、女领航员李丽真两人命大,自家高炮没能将她俩打下来)。有关艾米·约翰逊的牺牲还有两种说法,一种是"浓雾说",说她驾驶"牛津"号飞机,在海上遇到浓雾,她弃机跳伞,不幸身亡。此说疑点颇多。约翰逊是位航行经验极为丰富的老牌飞行员,因雾跳伞可能极小。再者她既然跳伞,除非伞没打开,否则降落海上牺牲的概率也很小。另外一种说法是飞机漏油,燃油耗尽,这种可能性更小。飞机漏油,一般飞行员都会发现,油量表会显示,约翰逊是老手了,不可能油漏光仍无感觉,纵使燃油流光了,还可靠滑降迫降。无论哪种原因,约翰逊都是因公献身,为国捐躯,都是民族英雄。

艾米·约翰逊牺牲后,英国举国上下对英雄的离去深表惋惜、哀痛。英国政府为她修建了纪念碑,将她创纪录驾驶的"飞娥"型双翼飞机陈列在科学博物馆里,成为向参观者进行传统教育的教材。1990年,英澳合拍了宣扬她事迹的电视剧《伟大的空中竞赛》,由著名女演员古多尔扮演艾米·约翰逊。为她编写的《艾米,伟大的艾米》一歌,广为流传。

2. 玛丽·威尔金斯　一百岁创奇迹重返蓝天的老太

玛丽·威尔金斯(Mary Ellis),1917年2月2日出生于英国牛津郡一个农民家庭。她4岁就梦想像鸟儿一样在天空飞行,8岁看过飞行表演后就暗下决心当飞行员,11岁时便要父母给她报航空班学飞行,16岁时开始在当地一家飞行俱乐部上课,21岁考取了商业驾照。当拿到执照时,玛丽异常兴奋,她回忆道:"因为我是异常努力,所以我能熟练驾驶飞机起降,通过测试,获得我梦寐以求的许可证。"

玛丽学飞行时的确比其他人付出得更多,因为她受到各方歧视。她讲过这

图左为年轻玛丽，右为老年玛丽（图五十四）

样两件事：其一，有一家飞行杂志的编辑专门写文章贬低女飞行员，他写道："女人连地板都擦不干净，还能开飞机！"其二，有一次飞机落地后，我走出舱门，前来看热闹的人围过来问我，"飞行员在哪里？"我答道："我就是飞行员！"人们不相信，四处寻找"失踪"的飞行员。他们不相信我，他们不相信女人可以驾驶飞机。当他们确认驾驶员是我后，非常惊讶。

传统偏见不但没让玛丽歇翅，反而成了她飞行的动力，她要为女人争气，为此，她加倍努力。一分耕耘，一分收获，她越飞越好，翅膀越练越硬，成了飞行员中的佼佼者。正当她在蓝天大显身手时，二战爆发了，政府实行航空管制，禁止所有民间私人飞机飞行。玛丽的飞行生涯面临终结，她正准备回家务农，英国广播公司电台向全国广播，号召女飞行员加入"女子辅助空中运输队"，这则突然听到的广播，给玛丽带来了重返蓝天的机会。

凭借过硬的飞行功底，玛丽不仅顺利地通过了面试，而且令考官激动："天啊，你太棒了！我们想让你马上就报到，你能来吗？"从此玛丽成为"女子辅助空中运输队"成员。该队共有168名女飞行员，主要负责辅助空军执行任务，不直接上战场。虽然她们不上前线，不驾驶战斗机与敌空军进行空战，但执行任务时也有危险性，她们中有15人在执行任务时牺牲，包括她的好友艾米。玛丽也两次历险。一次，当她驾驶飞机飞临阿尔格斯时，发动机突然停车，飞机失去动力，急剧下坠。面对险境，玛丽靠平时练就的紧急处置本领，靠滑翔安全降落。另一次更危险，执行任务途中，遭遇敌机追击。她驾驶的飞机没有自卫能力，只有坐以待毙，谁知那位飞行员和玛丽擦身而过时，看到了她的脸，她也看见了他的脸，他一脸惊愕，竟没有开炮，也没再追击她，大概他不忍杀害手无寸铁的女性，玛丽躲过一劫。

玛丽在飞行队期间，驾驶过76种不同类型的飞机，包括她最喜欢的喷气式战斗机飓风、哈佛和惠灵顿轰炸机。她到过200多个机场，运送过1100多架飞机。长官对她的评价是：没有什么物品是她运输不了的，没有什么地方是她

玛丽百岁驾机照（图五十五）

不能到达的，没有哪种飞机是她不能飞的。二战结束时，"女子辅助空中运输队"解散，玛丽由于表现优异，被调到皇家空军，而且是双喜临门：一喜出任怀特岛桑多机场的经理，成为欧洲历史上第一位空军女指挥官。二喜她与滑翔机教练唐纳德·埃利斯喜结连理，有了幸福的港湾。当人们向她贺喜时，她感慨道：当我仰望天空时，我意识到我已经历了一个世纪的飞行，我是一个幸运的人。

2017年2月2日是玛丽100岁生日，她要用惊人的方式庆祝自己的百岁生日。她提出生日那天要开飞机。她这大胆的设想，自然遭到亲朋好友的强烈反对："100岁别说是开飞机，就是坐民航班机，也没人敢卖给你票。"但老人坚持按她的意愿办，她说，这是她人生的最后一个愿望。无奈，为了不让老人留终生遗憾，大伙儿只好满足她的要求，选一位飞行技术拔尖的教练陪她飞。那天百岁老人驾驶自己最喜爱的喷火式战斗机重返蓝天，以每小时400公里的速度，飞行了15分钟，创造了一项新的、很可能是绝版的世界纪录。老人圆梦的第二年，即2018年7月24日（另一说为27日），玛丽·威尔金斯·埃利斯在家中逝世。她的辞世，令人痛心惋惜，英国媒体争相报道。

3. 莉莉 创造 500 次空运任务零误差奇迹的小丫头

英国"辅助空中运输队"里，有一名年纪不大的女飞行员，名叫莉莉，她只有 17 岁。莉莉酷爱飞行，她说，只要一飞起来，整个天空都是自己的，真爽。得知英国"辅助空中运输队"招女飞行员她立刻报了名。但由于她知道消息晚，报名时，运输队已经录取了 160 名女飞行员，接近满员。再加上莉莉又只有 17 岁，因此，面试考核时，考官增加了考试难度，莉莉由于飞行基本功扎实，还是顺利通过了考核，搭上了"辅助空中运输队"的末班车。莉莉进"辅助空中运输队"后，开始了异常艰苦的训练，不但要承受高强度的飞行训练，还要学习机械、动力、仪表、无线电等理论知识。一天训练下来，累得莉莉饭都不想吃，只想躺下休息。经过一段时间的训练，莉莉喜欢上了超级海上喷火战斗机，因为它容易起飞降落，驾驶起来得心应手。但队里开始只让她执行运送教练机、运输机等非战斗机类的飞机。莉莉人小胆大，每次都出色地完成了任务。特别是有一次发动机故障，她凭借灵敏反应，果敢迫降成功，赢得了长官的信任，她便开始驾驶"喷火""飓风"和"惠灵顿"等更大型的轰炸机。二战期间，她驾驶过 18 种型号的飞机，将多款先进的战机运送到前沿机场。在执行任务过程中，经常遇到危险，不时有大姐姐起飞后没再回来。

莉莉在战机前留影（图五十六）

每当这时莉莉都要伤感一阵子，也为自己的安全担心，但只要一上飞机，一切烦恼全抛到九霄云外去了，一门心思全在驾驶杆上。正因为如此，她创下了 500 次任务全都安全圆满完成的纪录。

在战火纷飞的年代，驾驶 18 种不同类型的飞机，到200多个净空条件不同的机场起降，在既无地面雷达引导，又无空中自动导航的条件下，500次飞行任务零误差，对一个不到20岁，只有几年驾龄的姑娘来说，几乎是不可能的，然而莫莉做到了，她创造了奇迹，书写了历史，这正是她的可贵可敬之处（有30多年飞行经历，驾驶过三叉戟现代飞机的笔者苗晓红，也只能望其项背，自叹不如）。正因如此，莫利才受到媒体的赞扬，姐姐们的爱戴，世人的仰慕。她的芳名永垂青史，被后人传诵。

4. 埃利诺·沃兹沃斯 唯一健在的老寿星

埃利诺·沃兹沃斯，1917年10月15日出生于诺丁汉，1932年开始学习飞行，第二年取得小型飞机驾驶执照，开始单独驾机飞行，1939年加入"辅助空中运输队"。埃利诺加入"辅助空中运输队"后，被派往白金汉郡的哈登南机场接受培训。

三个月后经考核合格开始执行任务。她的首次任务是飞往美国，途经华盛顿、西雅图、阿拉斯加返回英国。因为是首次飞行，而且是长途飞行。飞行前埃利诺做了十分认真的航线、气象和飞机准备，特别是导航资料，不仅要齐全，还必须熟记，否则飞机会迷航。由于准备认真仔细，她取得了开门红，由此得到上级的表彰和信任。在接下来的几年里，埃利诺先后驾驶过22种不同型号的飞机，包括常飞的"飓风""喷火"和"野马"等。在14个空军基地飞行过。共飞行590多小时，其中430多小时是独自驾驶。所谓独自驾驶，就是飞机上没有副驾驶和领航员，更无

埃利诺翻阅老照片（图五十七）

机械师。飞机途中出现机械故障，还需要自己排除。中途停靠某机场时，还得自己检查维护飞机。因此要求飞行员不仅会飞，还要会维修飞机，做一名转运各型飞机的转运员，必须具有空地勤人员的综合素质。埃利诺就是位出色的各类飞机的转运员，多次受到奖励。

1945年战争结束后，"辅助空中运输队"解散，埃利诺人虽然离开了运输队，但她的心始终没忘那段激情岁月，她经常拿出当时的日记和照片翻看。每当看到这些记载青春岁月、蓝天风云的珍品，她都会激动不已："现在，当我回头看我的日志和照片时，我想起了那段时间的一些细节，这些都回到了我的脑海中。"

2018年，老姐妹玛丽·威尔金斯走后，埃利诺·沃兹沃斯就成了"辅助空中运输队"唯一健在的老寿星。2018年10月15日，她与儿孙们一道度过了101岁的生日。埃利诺成了英国国宝级的人物，她本人就是一本活的历史教科书。

法国女子伞兵救护队及"速度女侠"

法国妇女航空本来走在世界前列，世界第一位女飞行员就出在法国，而且世界上获得飞机驾驶执照的前6名女飞行员中，有5名都是法国女飞行员。然而到二战时期，法国妇女航空事业却落到了苏美英三国的后面。战争爆发后，法国既没有像苏联那样，有成建制的、直接参加空战的女子航空兵团，也没有美英那样由政府出面组建的辅助飞行队。只有一支由女飞行员玛丽倡导创建的伞兵救护队。

尽管政府、军队没有组织女飞行员参战，但法国女飞行员在二战期间，还是表现出了极大的爱国热情和不怕牺牲的勇敢精神，也涌现出了一批巾帼英雄，玛丽斯·伊尔茨就是杰出代表。

第三章 二战时期的各国蓝天女英豪

1. 玛丽斯·伊尔茨 "只爱天空"的女人

玛丽斯·伊尔茨（有人翻译为麦瑞斯·希尔兹），1903年3月7日出生于巴黎郊区的一个普通家庭。她从小就立志像埃莉斯大姐姐那样开着飞机在蓝天翱翔，法国第一位女飞行员埃莉斯也是巴黎人，她学飞行时玛丽斯刚7岁。那时玛丽斯正是多梦女孩，埃莉斯便成了她的偶像。但学飞行必须付一笔高昂的学费，而她家境贫寒，无法支付学费。为了实现梦想，玛丽斯就到机场练习危险性极大的机上表演，即飞行时她站在机翼上做高难度的杂技动作，靠表演筹集学飞行的费用。

经过几年的冒险表演，玛丽斯筹足了学费，开始学习飞行。由于胆大以及常和飞机打交道，她很快就掌握了飞行技术，1930年考取了飞机驾驶执照。从此她开始独自飞行，没有副驾驶和机械师，更没有领航员，所有工作都由她一人完成。在往后的飞行生涯中，她创下了飞行距离、速度与高度等多项纪录。1931年，玛丽斯完成了从巴黎飞越南西贡市（今胡志明市），再返回巴黎的洲际飞行，从而成为世界上第一位飞越欧亚大陆的女飞行员。1932年，玛丽斯创造了一万米的飞行新高度。

1933年，玛丽斯又进行了一次欧亚冒险飞行，航线是法国巴黎至日本东京。随后她被国际航空协会授予年度杰出女飞行员奖章。

获得殊荣后，玛丽斯并不满足，她又开始向新的目标冲刺。1934年又将飞行高度提升到了11800米。在没有密封座舱的条件

玛丽斯在飞机旁（图五十八）

下,能爬升到这样的高度,应是一种奇迹。同年她又完成了从巴黎飞日本东京再返回巴黎的长距离飞行。1936年6月22日,是世界航空史上的黄金日,玛丽斯在这一天创造了一项令人难以置信的世界纪录。她在巴黎郊区机场,驾驶螺旋桨飞机,用36分钟爬升到了14310米的高空,这一项螺旋桨飞机飞行高度至今无人打破,很可能永远无人能打破。

正当她准备创造更多新纪录时,法西斯战车开进了法国,战争爆发。玛丽斯随即报名参加空军,全身心地投入抵抗运动之中,用飞行技术为抗战服务。她驾驶飞机穿梭于后方与前线之间,运送战备物资,执行军事任务,她是法国首位穿军服的女飞行员,经常和男飞行员一道编队飞行。由于屡立战功,战争结束后,她被选入法国新组建的空军女子飞行队,并担任队长。

1946年1月30日,玛丽斯在一次飞行中由于飞机故障,不幸遇难。她的牺牲是法国空军的一大损失,也是法国妇女航空事业的重大损失。法国人民永远怀念这位法国抗战的女英雄,1999年,巴黎一出版社出版了玛丽斯传记,书名为《玛丽斯·伊尔茨——只爱天空的女人》,法国几乎每个小镇都有玛丽斯命名的街道。

2. 玛丽·马尔旺　参加过两次世界大战的奇女子

为二战胜利做出过重大贡献的法国女飞行员,除玛丽斯之外,还有一位玛丽·马尔旺。她1875年2月20日出生于法国中部省的奥里亚克,父亲是当地邮政局的一名小官员。

马尔旺从小就喜欢体育运动,而且爱好广泛,游泳、水球、滑雪、滑冰、登山、体操、自行车、击剑、射击、骑马等十多种体育项目她都涉足,成绩都还不错,称得上是个小小的全能运动员。其中游泳、射击、滑雪是她的强项。在1905年巴黎举办的一次运动会上,她是第一个游完巴黎境内塞纳河的法国女运动员。因她比赛穿的是红色游泳衣,所以被媒体称为"红色两栖动物"。1907年,马尔旺在国际军事射击比赛上名列前茅,法国战争部部长亲自授予她"神枪手"称号,她是获此殊荣的唯一女性。次年,法国举办环法自行车比赛,她报名被拒,因此次比赛是男子环法自行车比赛,女性不得参加。她虽不能作为正式选手参加比赛,就作为一名观众跟骑。结果参赛的 114 名男运动员

马尔旺在驾驶飞机(图五十九)

只有 36 人骑到终点,而唯一的非正式女运动员马尔旺却骑完了全程,因此她获得了自行车健将的称号。

马尔旺并不满足做"两栖红色动物",她的爱好由水上、地面,扩展到了空中,她要成为"三栖红色动物"。1907 年 7 月 19 日,她开始驾驶飞艇。马尔旺既是运动全才,也是运动奇才,天下少有。一般人是样样通样样松,她却是项项通项项精。法国 1908 年至 1910 年举办的三届冬季运动会上,马尔旺大显身手,获得了 20 多个项目的冠军,成为三届冬运会的霸主。而且在 1910 年 1 月 26 日,她又获得了世界女子雪橇锦标赛冠军。这期间马尔旺不仅雪场称霸,还在空中显威,1909 年 10 月,她单独驾驶飞艇飞越了北海和英吉利海峡,成为世界上第一个单独驾驶飞艇飞越这两个水域的女性,连创两项世界之最。1910 年,法国体育协会破例将"全能体育金牌"颁发给她。这是法国体协历史上颁发的唯一一块"全能体育金牌"。

1910 年是马尔旺最风光的一年,这一年她的头上不仅增加了多道光环,她还肋生双翼,学会了飞行。她获得女子雪橇冠军后不久,不满足雪上飞,还要在天上飞,便开始学习飞机驾驶。其他人学飞行是件难之又难的事,对她来说却跟玩儿一样,因为她有长期驾驶飞艇的经验。加上出众的身体、心理、智力等素质,当年 11 月 8 日就考取了飞机驾驶执照,是世界上第三位取得飞机驾照的女飞行员。

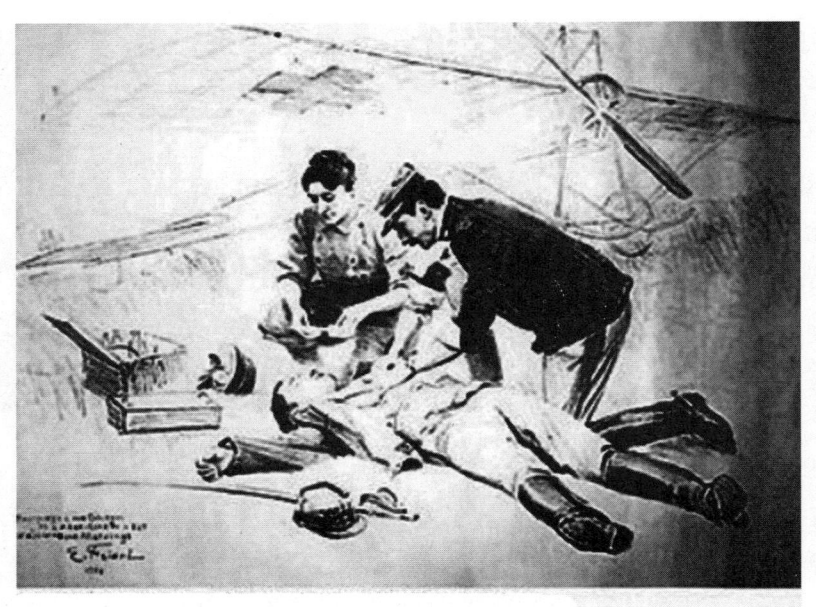

玛丽·马尔旺在第一次世界大战期间进行航空救护（图六十）

马尔旺是位奇女子，不断创造奇迹。第一次世界大战爆发后，她要上前线打仗，可部队不要女兵，她便学中国的花木兰，乔装成男人，混入法国第42步兵营，因为她是名人，脸熟露了馅，被劝离队。她不甘错过作战的机会，便以真实身份，加入意大利阿尔卑斯第三步兵团。该步兵团配有飞机。1915年，马尔旺驾驶轰炸机，多次轰炸敌军阵地，屡建战功，荣获"十字勋章"，她又创造了一项世界之最，是首位驾机参加实战的女飞行员。经过战争的洗礼，马尔旺对战争的残酷性有了切身的感受，那些受伤的官兵，因得不到及时的救治，最终在极度痛苦中死去，那一幕幕凄惨的画面总在她脑海里闪现。如何使伤员得到及时救治的问号，久久萦绕着她。经过很长一段时间的思考，突来灵感，想到飞机是最快的交通工具，如能用飞机运送伤员，或用飞机将医务人员及时送到伤员身边，受伤官兵就能得到及时救护，既可减少他们的痛苦，也可降低死亡率。于是她提出了航空救护的设想。

方案已定，马尔旺便积极推行，使之实现。为此，她四处奔走呼号、足迹遍布四大洲，她先后召开了3000多场会议，宣传研讨她的主张，并牵头创办

第三章 二战时期的各国蓝天女英豪

了法国航空医学之友。1929年她参与组织召开了世界第一届国际航空医学大会。1934年,她率先在摩洛哥创办了民用航空救护队,该组织拥有两架飞机和几名女飞行员,为此她获得了摩洛哥和平奖。马尔旺认为,航空救护队的飞行员最好也能参加救护,这样能提高救护效能。1934年她带头学习航空医学护士课程,次年考取了航空护士执照,成为世界上第一个获得航空护士执照的女飞行员,是第一个既有飞机驾照又有护士执照的双料女性。

为宣传她的主张,马尔旺在国内外报刊上发表了大量的文章。1934至1935年间,马尔旺还出版了四部著作,她又创了一个世界之最,是出版著作最多的女飞行员,超过了英国的柏瑞尔和中国的林鹏侠。马尔旺多才多艺,她自编、自导、自演了两部宣传航空救护的电影,即《救护飞机》和《白鸽救援》,这自然又是一个难以打破的世界纪录。

第二次世界大战爆发后,马尔旺又被卷入战争旋涡,她给有关部门建议,为适应战场需要,尽快组建航空救护队。政府接受了她的倡议,将500多名有飞行经历的航空护士召集起来,编成伞兵救护队,其任务就是空降前线救护伤员。哪里战斗最激烈,伤员最多,他们就出现在哪里。马尔旺还专门建立了一个受伤飞行员救护中心。在战地救护实践中,马尔旺还发明了一种新的手术缝合线。

为表彰马尔旺为航空事业所做的突出贡献,法国飞行员协会授予她多伊奇奖,该奖项是由法国石油大王多伊奇·德拉穆特出资设立的,用以奖励对航空事业做出突出贡献者。

马尔旺的一生是不断创造奇迹的一生,老了也停不下传奇的脚步,80岁高龄时还制造惊喜。1955年2月20日,她让人陪同驾驶战斗机重上蓝天。不仅如此,经多年实践证明,直升机在航空救护中用途最广泛。于是80岁这一年她开始学习驾驶直升机。1961年,86岁时她从法国南锡飞到了巴黎,又是一个世界之最。马尔旺一生中究竟创造了多少个世界第一,无确切统计。

1963年12月14日,玛丽·马尔旺结束了她传奇的一生,在法国东北部的默尔特-摩译尔省拉克苏小镇病逝,终年88岁。为了纪念马尔旺,法国一些街道、体育场馆、飞行俱乐部以她的名字命名。2004年6月29日,法国邮政发行了一枚纪念她的邮票。

3. 杰奎琳·奥里奥尔 大器晚成的"速度女侠"

俗话说无巧不成书，世界上巧事不少，中国早期女飞行员中，有两位同名同村，同在美国学飞行，双双在空难中牺牲的欧阳英与欧阳瑛。在外国女飞行员中，也有两位同名，同为"速度"纪录创造者的蓝天双娇。一位是美国的"速度上校"杰奎琳，另一位是法国的"速度女侠"杰奎琳。两人隔着太平洋竞速，你追我赶，在世界妇女航空史上，留下了一段佳话。美国的杰奎琳已经写过，现介绍法国的杰奎琳。

杰奎琳航行归来（图六十一）

杰奎琳·奥里奥尔（Jacque Audio），1917年11月5日，出生于法国一家大造船厂商人家庭，自幼享受着极为优越的教育，中学毕业后她以优异的成绩考入南特大学，这是一所历史悠久的大学，创建于1460年。大学毕业后，热爱艺术的杰奎琳又进入著名的卢浮艺术学校学习艺术。她成绩优异，相貌出众，举止优雅，打扮时尚，崇尚艺术，且爱好广泛，是一位人见人爱的姑娘，自然受众多异性的青睐，追求者中不乏帅哥富二代，这朵鲜花最终被一位叫保罗·奥里奥尔的青年摘走。他能独占花魁自有过人之处，他家地位显赫，父亲

第三章　二战时期的各国蓝天女英豪

樊尚·奥里奥尔，是著名的政治活动家，当选过法国总统。1938年，杰奎琳大学毕业后便嫁给了保罗·奥里奥尔，后来她成为法国总统的儿媳。

1940年5月12日，德国开始进攻法国，6月16日法国宣布投降。一个发达的法国一个多月便沦陷了，令人唏嘘。法国沦陷期间，杰奎琳正值血气方刚的年龄，她是一位有血性的爱国青年，不顾危险加入了地下反抗法西斯组织，经常破坏德军的军事设施，直到二战胜利。

杰奎琳在驾驶舱里（图六十二）

说杰奎琳大器晚成，并非她晚年才在事业上有所成就，而是与她同时代的女飞行员相比，她在航空领域崭露头角的时间，要比她们晚十年左右。她的竞速对手美国的杰奎琳，二战期间已是赫赫有名的"美国航空勤务女子飞行队"队长，而法国的杰奎琳直到1946年才开始拥抱蓝天。关于她为什么学习飞行，说法不一，有文章写道，杰奎琳学习飞行，是为了摆脱爱丽舍宫的沉闷环境。这种说法显然有误，因为她公公樊尚·奥里奥尔，1947年才任法国总统，学飞行时她还没进爱丽舍宫。她学飞行的真正原因，是她痴迷飞行事业，正如她自己所说："飞行让我感到欢乐。也许这是一种力量的感觉，那种喜悦就像是掌控一台美妙有如纯血统赛马的机器。与这些原生喜悦相伴的另一种不那么原始的情感，那就是完成任务的成就感。每次我迈进机场，我就会兴奋地感到自己属于这里。"1948年杰奎琳如愿以偿地拿到飞行执照。由于学习飞行时基本功扎实，她很快成为小有名气的特技飞行员。她的表演不仅受到观众的喜爱，还得到媒体的广泛赞颂。

世上有些事是很难用概率论计算的，如有的飞行员，自己飞了一辈子没发生事故，却在坐飞机时遇难。本文前面写到的苏联女英雄拉斯科娃就是典型例证。还有新中国首批女飞行员的"大旗"陈志英，自己先后飞过多种机型，还是新中国第一个飞特技的女飞行员，无论执行任务还是飞行训练，她都保证了安全。但却在乘坐直升机去天津杨村的途中,因飞机失事罹难。杰奎琳也遭遇了同样的命运。1949年,她乘坐的SCAN30型水上飞机,突然坠毁。不过她比拉斯科娃和陈志英幸运,她死里逃生躲过一劫。性命虽保住了,但伤势严重,特别是面部遭到重创,已被毁容。一般的女人伤成这样,且是面部,都会悲伤万分,甚至没有再活下去的勇气。然而杰奎琳却能坦然面对,她硬是耐着性子熬过了3年康复期,这期间她接受了33次面部修复手术。更可贵的是,作为总统的儿媳,伤愈后,她有一百个理由选择贵妇人生

杰奎琳(图六十三)

活,然而她却再次选择了蓝天。这次遇险,尽管给她带来了苦不堪言的磨难,但她不仅没被坠机事故吓倒,也没被伤痛折磨倒,相反她还要重返蓝天,而且要飞得更快,更高。于是她利用在医院疗伤的机会,如饥似渴地学习与飞行有关的高等数学和空气动力学等飞行原理。

功夫不负有心人,一分付出,一分收获。伤愈后,杰奎琳即开始恢复飞行训练,尽管她停飞时间长达3年之久,但凭她原有的老底,加上她的悟性与刻苦,她不仅很快就恢复了飞行,而且将飞行技能提高到了新的层次。她的复出和新的飞跃,引起了军方的注意,不久便授予她军事飞行员的资格,并聘她为试飞员,杰奎琳便成为法国第一位女试飞员。从此她便与美国的同名者杰奎琳,在无垠的天空,隔着太平洋,展开了一场飞行速度大竞赛。这场跨国跨洋竞赛虽没有文字约定,也没有裁判,却是世界妇女航空史上一场最精彩的竞技,她俩将"女飞"的飞行速度提升到了令人咂舌的水平。

美国的杰奎琳,1953年5月19日,驾驶F-16E型飞机,创造了1049公里/小时的世界纪录。两年后,即1955年5月31日,法国的杰奎琳驾驶"神

第三章　二战时期的各国蓝天女英豪

秘"VIN 喷气式战斗机，打破对手的纪录，创造了 1151 公里/小时的新的世界纪录。此后二人你追我赶，不断有新纪录问世。美国的杰奎琳 1961、1962 年连续打破法国杰奎琳的纪录，飞出了每小时近两千公里的速度。法国的杰奎琳毫不示弱，第二年，即 1963 年 6 月 14 日，驾驶达索"幻影"IIIR 型战机，在 100 公里闭合航路上飞出了每小时 2038.7 公里的最快速度，已接近两倍声速。美国的"速度上校"，名不虚传，没让法国同名者的纪录保持一年，便于 1964 年 5 月 11 日，驾驶 F-104G 型战斗机创造了最高时速 2299.6 公里的女飞世界纪录。

两位杰奎琳，隔洋竞技，成绩相差无几，打了一个平手，但两人各有千秋，各有可贵之处。美国杰奎琳是高龄创纪录，1964 年创纪录时她快 60 岁了。一位近 60 岁的老太太，能飞出 2299 公里/小时的高速，不能不让人仰视。法国杰奎琳创纪录时也快半百了，但她的特点是"重返蓝天创奇迹"，多数人是"一朝遭蛇咬，十年怕井绳"，而她是"明知山有虎，偏向虎山行"。她的脸伤 3 年内动过 33 次手术，虽修复治愈，但终究不是"原版"，难免留下伤痕，高速飞行通过声障，正常人都难以承受，何况是 33 次手术后的重伤女性，她该承受多大风险，她更令人敬仰。法国有名的动画学校，将她 1953 年第一次驾驶喷气式飞机试飞的故事，绘制成一部动画短片《试飞》，作为激励青少年的教育片，在各地播放。同时杰奎琳赢得了众多的荣誉，她 5 次荣获哈蒙国际奖，还荣获过法国荣誉军团高级军官勋章，国家功勋大十字勋章。她对自己一生的概括就 4 个字"生而飞行"。

两位异国姐妹蓝天比拼的结果证明，女飞行员和男飞行员一样，也能通过声障，也能驾驶超音速战斗机。

杰奎琳·奥里奥尔，2000 年 2 月 11 日辞世，享年 83 岁。

加拿大"七人飞行俱乐部"

1935 年，加拿大女飞行员玛格丽特·费恩知道美国有个世界闻名的"99

女子飞行俱乐部"，她也想加入这一国际女飞行员组织，于是她专程前往美国加州的伯班克，会见该组织负责人、美国著名女飞行家阿米利娅·埃尔哈特，申请加入该组织，但遭到埃尔哈特的拒绝，理由是当时加拿大女飞行员人数太少，而且分散。遭拒后，玛格丽特·费恩决定回国组建本国的女飞行员俱乐部。

七人飞行俱乐部首批成员（图六十四）

1936年，玛格丽特将加拿大其他6名女飞行员先驱召集到温哥华，商议成立了"七人飞行俱乐部"，她们是：贝茜·弗拉赫蒂（Betsy Flaherty）、让·派克（Jean Pike）、阿尔玛·吉尔伯特（Alma Gilbert）、罗利·摩尔（Roiled Moore）、托斯卡·特拉索利尼（Tosca Resoling）、艾莲·罗贝热（Elaine Romberg）等。后来加入"七人飞行俱乐部"的人数不断增多，主要有伊丽莎白·弗拉赫蒂夫人、巴雷特夫人、阿尔玛·吉尔伯特夫人等。

加拿大"七人飞行俱乐部"的宗旨很明确，一是为国家培养飞行员，二是争取加入皇家空军，驾机保卫国家领空。1939年9月15日，她们写信给有关部门，要求参加空军，驾机上天歼敌，但她们的要求被拒绝。她们便退一步提出，要求担任飞行教官或海岸警卫队员，但她们的这一要求也被否定了。对此，她们深表遗憾，但并没有放弃为国效力的宗旨。她们用掌握的飞行技能，在地面向那些有志于飞行的青年男女，讲授降落伞折叠、无线电操作、飞行原

第三章 二战时期的各国蓝天女英豪

理等基础课。同时,继续向政府游说,请允许女飞行员驾机,为国疆场效力。俱乐部的另一位主席艾莲·罗贝热,亲赴渥太华,向中央政府再次提出这一请求,并以中国空军中尉、女飞行员郑汉英为例,证明加拿大政府完全可以仿效中国政府的做法,让女飞行员为国效力。但她们的请求始终未获批准。尽管如此,"七人飞行俱乐部"成员,仍积极从事有益于国家的活动。

德国希特勒发动侵略战争后,她们积极开展反战宣传活动。1940年6月,她们曾驾驶飞机在温哥华上空散发"粉碎纳粹"的传单,支持本国政府强化制空权的政策。直到"七人俱乐部"解散之前,她们始终用自己的飞行特长为国家服务。

前文写过,她们对郑汉英在加拿大的抗日募捐活动给予了大力支持,她们间接支援了中国的抗战。中国人民应了解这段历史,永远怀念她们。

德国三只各具特色的雌鹰

1918年第一次世界大战德国失败后,凡尔赛条约只允许德国发展滑翔机和轻型飞机,因此20世纪二三十年代,德国的航空运动俱乐部和培养轻型飞机飞行员的航校迅猛发展。那时德国女权运动也方兴未艾,因此出现了一批女滑翔机运动员和小型飞机女飞行员。二战爆发后,她们也乘上了希特勒的战车,扮演了不同的角色,她们的功过留待后人评说。

1. 哈娜·莱奇 希特勒的专机女机长

莱奇(有人译为汉娜·莱契),1912年3月29日出生于德国西利西亚地区的希尔施贝勒,父亲威利·莱奇是著名医生,母亲是艾米。莱奇从小就幻想自己能像白鹤一样自由飞翔,4岁就从二楼跳下来,体验飞行的感觉,幸好楼

佩戴"铁十字"勋章的莱奇（图六十五）

下是松软的草坪没有摔伤，却遭到母亲的训斥。13岁她就提出要学滑翔机，父亲说只要她中学毕业成绩优秀就同意她的要求。结果中学毕业考试莱奇门门功课优秀，父亲只有兑现承诺，让莱奇学习驾驶滑翔机。她学会滑翔机驾驶后，便开始参加各种比赛，在比赛中多次战胜其他选手夺冠，她很快便成了德国滑翔运动的佼佼者，名气也与日骤增。1931年莱奇在柏林许特根机场考取了飞行执照。1933年，她创造了滑翔机多项世界纪录，当年被达姆斯塔特滑翔机研究所聘为试飞员，承担各种高难度项目的试飞任务。1937年莱奇驾驶滑翔机飞越了海拔4000米高的阿尔卑斯山，创造了滑翔机的新高度。她的一系列出色表现被德国空军相中，正式聘任她为莱希林试飞中心的军事试飞员。德国研制的许多滑翔机、战斗机、轰炸机、运输机、直升机大都是由她试飞的，人称全能试飞员。只有经她试飞合格签字后，新机型方能装配空军使用。莱奇几乎能飞各种类型的飞机，有翅膀的无翅膀的，有动力的无动力的，螺旋桨的喷气式的，前三点的后三点的，双发的单发的，等等，只要是飞行器她都能飞。但她最擅长的是飞无动力的滑翔机和无机翼的直升机。她的直升机驾驶技术用举世无双、出类拔萃、无与伦比、出神入化等成语形容都不为过。她在试飞直升机的过程中不仅创造过多项新纪录，还留下了直升机在柏林体育馆内进行飞行表演的神话。柏林体育馆，长76.3米，宽30.48米，无障碍高度24米。1938年2月，莱奇驾驶Fw-61型直升机在这有限的空间里，进行了一场别开生面的飞行表演。直升机在她操纵下，时而紧贴地板掠过，时而又紧靠馆顶悬停；时而360度急转，时而又绕场盘旋；时而前进后退，时而垂直上下。直升机宛如一只巨鹰，在馆内自由飞翔。莱奇的精彩表演令观众瞠目结舌，惊呼不断。表演结束了，直升机稳稳地停在场地中心。当莱奇走出驾驶舱，

Fw-61型直升机（图六十六）

取下头盔时，嘈杂的体育馆瞬间寂静下来，观众都瞪大双眼，目光全聚集在只有1.52米高的莱奇身上，他们很难相信刚才令他们惊叫的飞行员竟是一位娇小的姑娘。莱奇在德国航空界本来就小有名气，这场体育馆内的飞行表演更是让她名扬四海，美国、西班牙、法国、英国等都争相报道这场令人难以置信的、从未有过的飞行表演。

莱奇不是飞行表演员，飞行表演只是她的副业，她的职业是试飞员。希特勒于1939年发动第二次世界大战之后，莱奇参加了V-1导弹运载机梅-323、梅-163型等多种新型号飞机的试飞，她是世界上首位驾驶喷气式飞机的女飞行员。1942年10月，莱奇在一次试飞中因起落架放不下来，只能用机腹迫降着陆，迫降时飞机坠地，莱奇头部摔伤，住院治疗5个月后康复。

莱奇因试飞新型飞机成绩斐然，受到希特勒的赏识，正在扩军备战的德国需要她这样的勇士。1941年3月，她获得了首枚二级"铁十字"勋章，1942年2月，又获得一级"铁十字"勋章。两次都是希特勒亲自授予，她是德国唯一获此殊荣的女性。

希特勒两次给莱奇受勋，除她的功绩外，还有另一层原因，1934年莱奇成为希特勒私人飞机的机长，也是他的忠实追随者，莱奇是世界上第一位执行领袖专机的女飞行员。希特勒极端歧视妇女，他上台后立即限制各种女权运动和妇女运动。妇女是不准从事军队重要工作的，整个战争期间，德国空军很少用女性，希特勒却为莱奇开了绿灯，足见两人关系非同一般了。正因为如此，

希特勒给莱奇授勋（图六十七）

1945年4月，苏军兵临城下，包围柏林时，莱奇提出要与希特勒共生死，希特勒没同意而是让她尽快驾机逃离。苏军攻克柏林后，她父亲不愿被俘受辱，开枪杀死除莱奇之外的家人后自杀。1945年5月，莱奇被英美盟军俘虏。与此说相反，有文章说当苏军围城时，绝望的希特勒给莱奇一瓶毒药，令她作为人弹驾机攻击苏军阵地，莱奇不想死，偷驾飞机逃离柏林。此说与莱希一贯言行相悖，她曾多次给希特勒建议，成立一支像日本神风敢死队一样的部队，还亲自组织将无人机改成有人驾驶的"肉弹"。另外她的后半生，仍崇拜希特勒，一直佩戴着元首授予的"铁十字"勋章，从未反省过自己的罪行。从她一生表现看，莱希违背希特勒旨意，私自驾机逃命的可能性很小。

莱奇被俘后，关押了15个月，因未直接参与战争，无严重战争罪行被释放（有人指控她，曾驾驶轰炸机轰炸过英国，因证据不足，未予定罪）。但由于她长期为德空军服务，与希特勒关系密切，因此，西德政府将她列入不受欢迎的人，不许她参加飞行比赛活动。而莱奇是位酷爱飞行，离不开飞行的女性，1951年她出版的自传《飞行，我的天堂》就充分证明了这一点。本国不给她飞行自由，她就到他国舒展双翼，施展才华。她在国外多次参加重大国际比赛，1952年在马德里举行的"滑翔机冠军赛"中，她是唯一女选手，并夺得铜牌。1956年在法国圣·扬世界滑翔机选拔赛上，她创造了自由飞行370公里的德国女子纪录。1957年在法国的一次大赛中创造了滑翔机飞行高度6848米的纪录，还获得金牌。在国外，并非所有国家都给她参赛开绿灯，英国、波兰等国就不给她入境签证，使她失去了不少参赛机会，否则她一生所创纪录绝不止40多项。

第三章 二战时期的各国蓝天女英豪

与欧洲国家相反，莱奇受到亚、美一些国家的欢迎。1959 年，她受印度总理贾瓦哈拉尔·尼赫鲁邀请前往印度，她还用滑翔机载着尼赫鲁在新德里上空飞了一圈。1961 年，她接受美国总统肯尼迪邀请在白宫接见了她。1962 年至 1966 年，她在非洲工作，担任加纳国家飞行学院院长。她的事迹还多次被搬上银幕，电影《弩战》《仓》中的女主人公的原型就是莱奇。1979 年 8 月 24 日，莱奇因心力衰竭在法兰克福过世，享年 67 岁。

莱奇死后，人们对她的评价不一，有人认为她是德国的英雄，有人则说她是人民的敌人。笔直认为莱奇虽是一位杰出的女飞行家，但她为纳粹提供过大量杀人武器，是希特勒的忠实信徒。综观其一生，莱奇是历史的罪人，绝不是民族英雄。

2. 美琳塔·冯·史陶芬贝格　刺杀希特勒行动的参与者

美琳塔·冯·史陶芬贝格，又名美琳达·席勒（Mellette Schiller），1903 年 1 月 9 日出生于波兰克罗托辛赫施堡的一个犹太人家庭，父亲迈克尔·席勒（Michael Schiller），是毛皮商人的儿子，早年经济状况不是很好，在当地安生很困难。为了生计，美琳塔小时全家迁往德国西里西亚赫施堡。移居德国后，家庭经济状况有所改善，孩子们都上了学。美琳塔 1922 年考上了大学，进入著名的慕尼黑理工大学学习（靠打工挣学费）。主攻数学、物理和工程学，尤喜飞行力学。在她的同学中有位维利·梅塞史密特和她一样也对航空理论感兴趣，后来成了德国著名的飞机设计师，而她也成了一位成绩斐然的试飞员。1927 年，美琳塔大学毕业后，进柏林阿德勒斯霍夫的飞行试验机构，即德国航空研究所当研究员。为了取得飞行实践经验，美琳塔开始学习飞行。她的飞行动机和目的与其他女飞行员有很大的差别，美琳塔从小聪颖过人，加上出生贫苦家庭，特能吃苦。在学校她门门功课成绩优异。飞行时也是一样，各个课目都飞得很好，都是 A。因此她很快就考取了各个级别的飞行执照，包括白天、夜间简单和复杂气象条件的飞行，简称"四种气象"条件，她还学会各

美琳塔小照（图六十八）

种特技飞行，以及多型飞机的驾驶等。当时她是德国唯一的全能女飞行员。

美琳塔因为成绩特别优异，1936年，德国空军虽知她是犹太后裔，仍聘用她为梅克伦堡雷奇林试飞中心的试飞员。她很快就掌握试飞技术，成为容克Ju87俯冲轰炸机和容克Ju88轰炸机的主要试飞员。她对这两款新型轰炸机，共进行2500多次从1000米到4000米不同高度的俯冲试验，每天起飞15次左右，这么高强度的飞行，别说是女飞行员，很多男飞行员也难以承受，然而美琳塔出色地完成了任务。1937年10月28日，美琳塔被授予空军上尉军衔。她是汉娜·莱奇后第二位获得上尉军衔的女飞行员。除飞行之外，美琳塔还是位出色的航空工程师，为德国空军研制自动驾驶系统，做出了重大贡献。

1937年美琳塔没能和志趣相同的史密特校友成为情侣，而是嫁给了历史学家亚历山大·申克·格拉芬·施陶芬贝格。丈夫的家族是南德一个古老的

美琳塔（右）带飞学员（图六十九）

天主教家族，1698年就获得伯爵爵位。婚后美琳塔成了施淘芬贝格伯爵夫人。美琳塔虽然结婚有了家，拥有了伯爵夫人的身份，但她仍留恋航空事业。1942年，她进柏林空军技术学院进修，1944年通过论文答辩，论文被评为A级，获得了博士学

位。她学业上取得的成绩,是在飞行的同时获得的,就在她业余进修期间,即 1943 年 1 月 22 日,她获得了二级铁十字勋章。美琳塔与莱奇都是飞行天才,在飞行上两人在伯仲之间,对德国的航空事业的贡献也不相上下,但两人对希特勒推行的法西斯主义的态度却截然相反。美琳塔对纳粹非常反感,她丈夫有两个兄弟,其中有个叫克劳斯,是反希特勒抵抗运动成员,该组织制订了一个刺杀希特勒的方案,需要美琳塔的支持,让她驾机送克劳斯去希特勒的司令部,勘察现场。美琳塔明知有牺牲的危险,仍多次冒险驾机送克劳斯去希特勒司令部。1944 年 7 月 20 日,克劳斯少校刺杀希特勒的计划失败,美琳塔受牵连被捕。按说这是死罪,必死无疑,美琳塔也做好了就义的准备。万万没有想到,6 周后她被放了出来,当局释放她并非仁慈,而是空军的试飞和科研工作离不开她。但不许她姓丈夫的姓(丈夫和家人全都被关进了集中营)。从此,美琳塔不再是伯爵夫人,只是一件给德军干活的工具。

1945 年 4 月 8 日,美琳塔驾驶一架小型教练机,在德国巴伐利亚施塔伯科深上空飞行时,被美军一架战斗机发现,美琳塔驾驶的教练机没有任何武器,她只有逃避,无奈美军的战斗机的各项性能比教练机优越得多,美琳塔的座机被击成重伤,她本人也中弹。尽管如此,美琳塔仍坚持驾驶摇摇欲坠的教练机迫降成功,但她因失血过多几小时后牺牲,时年 42 岁。

美琳塔死后,因她参与了刺杀希特勒的行动,体现了她的正义感,后人对她的评价要高于莱奇。而又因她将自己的全部才智献给了德国法西斯空军,为侵略者研发了大量杀人武器,犯有不可饶恕的罪行,为此她付出了生命的代价。但仅从飞行员的技术水平和对飞行的挚爱精神来看,美琳塔是一位佼佼者,值得人们尊重与怀念。

3. 贝亚特·乌泽 一个很"不正经"的女人

不少文章写道,希特勒上台后,限制各种女权运动,希特勒认为妇女只能过"四 K"生活,即教堂、厨房、孩子、裙子。因此,德国军队中女性很少,而且只能从事后勤保障工作。整个战争期间，没出现一位女飞行员。这些说法显然不实，希特勒歧视妇女不假，军中少女性也是事实，但并非绝对。女飞行员不止一人，而且有史料记载的就有三人，除上面写过的两人外，还有一位很不"正经"的女飞行员，她就是贝亚特·乌泽。

贝亚特·乌泽，1919年出生于东普鲁沃尔诺的一个普通家庭。似乎女飞行员小时都好动，好幻想。贝亚特也一样，爱听神话故事，特别喜欢哥哥给她讲伊卡洛斯飞天的故事。这是希腊的一个神话，主人公伊卡洛斯用蜡和羽毛做成翅膀，逃离克里特岛，因飞得太高，离太阳太近，蜡烛被融化，羽毛散落，伊卡洛斯掉进大海。贝亚特被故事深深吸引，于是收集羽毛也用蜡沾成翅膀，结果不用说她失败了，但飞天的梦依然还在。为了实现自己的梦想，1937年春天，她考取柏林的飞行航校，学习飞机驾驶。贝亚特从小喜欢运动，有野孩子的性格。她胆子大，反应快，模仿和接受能力强，而且干事专心，天生就是飞行的料。当年10月，她就飞完了所有课目，成绩优秀，顺利地考取了飞机驾驶执照。第二年她又跟特技飞行员汉斯学习特技，成为德国历史上第一位特技女飞行员。考取特技飞行执照不久，她被一家航空公司录用，开始从事专职飞行。很快她又被一家电影公司聘为特技飞行员，那段时间，很多明星在电影里的飞行特技表演，全是由她这位替身完成的。

穿飞行服的贝亚特（图七十）

贝亚特的特技之所以掌握得如此纯熟，得益于教练的悉心调教。汉斯将自己压箱底的绝活都毫无保留地传给了贝亚特，他爱上了自己的学生，但多次向贝亚特求婚都碰了钉子。是贝亚特瞧不上他？不是，她很敬佩自己的教练。是怕他人说闲话，说她搞师生恋有伤大雅？更不是，贝亚特从不畏人言。她拒绝的原因是不想结婚成家，不受家的拖累，她要洒

第三章 二战时期的各国蓝天女英豪

洒脱脱地飞行。汉斯知道她拒婚的原因后，向她保证，结婚后不但不影响她飞行，相反有他的支持帮助，会飞得更自由，更潇洒。1939年，贝亚特终被他的深爱感动了，成了他的新娘，德国的天空首次出现了一对真正的比翼鸟。

战争初期，德国禁止一切娱乐活动，飞行表演也被禁止，贝亚特只有回家待着，不飞行的日子对贝亚特来说比蹲监狱还难熬。好在时间不长，德国空军知道她身怀飞行绝技，聘请她到空军部队飞行。1943年贝亚特有了孩子，部队准许她回家生子，还给她雇了保姆，生完孩子休完产假，便令她归队继续飞行。

贝亚特在德空军的任务与前两位不同，她不是试飞员，而是在运输部门工作，负责将新出厂的各种飞机转送到空军部队，包括各型战斗机和轰炸机。因她工作出色，1944年10月，被晋升为上尉。

1945年4月，苏联军队包围了柏林，德军军心涣散，争相逃离危城。贝亚特回到家里接上儿子和保姆前往机场，顾不了失散的丈夫，准备乘机逃跑。当她赶到机场时，大部队已经离开，她的座机也被人开走。这时机场还有一些被抛弃了的小型飞机。她挑了一架从未开过的飞机，仔细观看一番驾驶舱仪表板和操纵系统后，便载着儿子、保姆还有两个伤兵驾机起飞了，她低空穿越苏军的火力网，朝德国最北部的北弗里斯兰飞去，但那里已被英军占领，她是自投罗网，落地后便成了俘虏。不久，她丈夫在一次空难中丧生。

被捕后，因她没重大罪行，不久便被释放了。众所周知的原因，二战后的德国分为东德和西德。贝亚特的老家在东德，受意识形态的影响，贝亚特被释放后没回故里，而是作为难民去了西德的弗伦斯堡，在那里定居下来。

二战后的德国，百废待兴，经济萧条，贝亚特无经济来源，只有在黑市上讨生活，挨门挨户推销商品。在这个过程中，她接触了大量的妇女。她发现她们中有人被强奸，有人患有性病，有的因私自堕胎而死亡。很多妇女非自愿或计划外怀孕，也有妇女因缺乏性技巧，性生活不和谐导致家庭破裂等。她认为这些都与战后"性饥饿"有关。聪颖的她，从中看到了商机，她开始贩卖避孕套等性工具，出售介绍性知识的小册子。结果和她所料一样，生意十分火爆，她也因此发家。以贝亚特名字命名的 Beaten Use 公司成立了，该公司拥有几千家连锁店，几十家性主题电影院，1996年还在柏林开了一家性博物馆。1999

年她的公司在法兰克福证券交易所上市，成为欧洲第一家性用品上市公司。贝亚特虽然赚了钱，但也引来了非议。在很长时间内，不少人指责她的商业行为。认为一个寡妇，公开谈论性爱，还出售性爱产品，是对道德、家庭、爱情的亵渎，是助长性泛滥。他们骂她是"色情小贩"，最不正经的女人。但贝亚特自小就是位不畏人言的勇敢者，她仍我行我素，在指责与谩骂声中，她的生意越做越大。

贝亚特开始贩卖性爱商品是为了生计，后来她开公司，则是为了传播性文化。她所倡导的是一种男女相互欢愉和相互尊重的性文化。2001年，贝亚特因严重肺炎在瑞士一家诊所逝世，享年83岁。她死后因多种因素导致她创建的公司于2017年年底申请破产。

贝亚特在飞机前（图七十一）

最后补充一点，贝亚特从小到死，都没忘她的飞天梦。德国战败后，她被剥夺了飞行权利，不许她再开飞机。贝亚特虽离开了飞机，离开了蓝天，但她始终眷恋着飞机，不仅常坐飞机，并且常去机场看飞机。逝世前不久还去机场看过飞机，并与飞机合影（见图七十一）。

苏联有位不知名的作家，留下一句名言："战争，让女人走开。"美国的鲁斯·劳，也留下了一句相反的名言："女飞行员能胜任战争领域的一切工作！"二战期间，两千多名蓝天女战士，"没有从战争中走开"，而是留在空中，用她们的赫赫战功证明：战争期间，女飞行员并不比男飞行员逊色，她们一样能战斗，并取得最后胜利。

关于外国早期女飞行员的事迹，因人数众多，掌握的资料有限，本书不可

第三章 二战时期的各国蓝天女英豪

能全都写到。但无论是书中写到的和没有写到的,她们都是勇敢者,都为世界航空事业做出过重大贡献,为国家和妇女争过光;她们不怕牺牲,不怕困难,任何风云也折不断她们飞往蓝天的双翼;她们都爱好运动,具有健壮的体魄和超强的心理素质;她们重视妇女航空队伍的建设,绝大多数人有过办航校培养女飞行员的经历。综上所述,外国早期的女飞行员,为世界妇女航空开了好头,夯实了世界妇女航空事业的基础,她们是具有示范引领和激励作用的一代,英雄的一代,辉煌的一代,是值得敬仰纪念的一代。

参考资料

《二十世纪中国大博览》,夏东元主编;《简明不列颠百科全书》第4卷,刘尊棋主编;《中国空姐》,张聿温著;《外国军事人物辞典》,吴春秋主编;《灿烂群星:外国航空人物》,王钟强编著;《世界公民颜雅清》,蔡德贵著;《一个女领航员的笔记》,〔苏〕玛·拉斯科娃著,张左翻译;《苏联飞行员的故事》,〔苏〕别拉霍娃著,冯泽军译;《出击!魔女飞行队》,〔苏〕布鲁斯·迈尔斯著,伊贵玺、王全永译;《为祖国服务》,〔苏〕阔日杜布著,吴祖烈、朱朴章、吴仲连、段憩棠译;《斯大林格勒的白玫瑰》,〔美〕比尔·耶纳著,孙灿译;《银翼夜枭01暗夜女巫》,〔法〕雅安著,〔法〕罗曼·于高特绘图,徐敢译;《银翼夜枭02莉莉娅同志》,〔法〕雅安著,〔法〕罗曼·于高特绘图,徐敢译;《银翼夜枭03伍尔夫与莉莉娅》,〔法〕雅安著,〔法〕罗曼·于高特绘图,徐敢译;《夜航西飞》,〔英〕柏瑞尔·马卡姆著,陶立夏译;《迷人的流浪》,〔英〕柏瑞尔·马卡姆著,郑玲译;《阿米莉亚·埃尔哈特:飞行的先驱者》,〔美〕Roxanne Chadwick著,傅涛、杜丽娟译;《Amelia Earhart》,〔美〕Jane Sutcliffe著;《女飞行员26个飞行先驱的故事》,〔美〕凯伦·布什·吉布森著;《高高飞翔,美国航空中的先锋女性》,〔美〕Charles R. Mitchell、Kirk W. House著;《苍穹之星传奇大全——女性飞行员先驱插图历史》,〔美〕刘易斯·库帕、莎伦·瑞吉纽斯著;《益世报天津资料点校汇编(一)》,天津图书馆编;《世界女飞行员发展剪影》,郭亦卓文;《世界航空史上8位先驱式的女飞行员》,刘植荣文;《航空史研究》，第一集；《空中巾帼英雄是怎样诞生的》，江帆著；《英国第一位女飞行员：希尔达·休利特》，凯利·德马文，李小溪译；《俄国第一位女飞行员利维·兹维列娃》，苏《红星报》，佟颖译；《布兰奇·斯图亚特·斯科特》，李小溪译；《小小洋妹驾战机津城上演飞天舞》，王志辉、杜建雄文；《英国百岁女飞行员驾驶战斗机为自己庆生》，99S国际女飞行员组织；《老骥伏枥志在千里》，杜文志文；《那些女人飞过蓝天——一部撼人心魄的温婉航空史》，王亚男；等等。

附录

践行先辈精神,传承从我做起
——作者苗晓红驾机重返蓝天日记二则

一

2019 年 5 月 21 日,星期二,晴,最高温度 35 摄氏度

上午 9 时,我乘坐儿子何立峰开的斯巴鲁小轿车,前往平谷石佛寺机场飞行。右座坐着此次飞行的联系人韩郑。我坐在后座左边,中间是战友刘凤云,右边是老伴何孝明。今天是我停飞 30 年后,重返蓝天的日子。

汽车离机场越来越近,我的心跳也愈来愈快。虽然我是一名有着 30 多年驾龄、飞行时间近 5000 小时的"老飞",但仍像当年在航校首飞一样激动,还有少许紧张。蓝天还会欢迎我这位白发苍苍的 82 岁老太婆吗?我还能经受住长空风浪的冲击吗?问号还没拉直,机场到了。

石佛寺机场我不陌生,2015 年春天,该公司成立女子飞行队时,我作为嘉宾来过。谁会想到昔日嘉宾,4 年后竟成了一名中国从未有过的高龄女学员。

上午 10 时 10 分,小车驶进公司办公大楼门口,飞行部孙戈菲小妹妹已在门口等候,新华社的 3 位年轻记者也早到了(他们是"重返蓝天"的倡导者)。戈菲将我们领到会议室,简单介绍当天的飞行安排:上午体验飞行,飞两个起落,中午座舱实习,下午飞空域。

10 点半左右,我们按计划来到机场。教员、指挥员都已就位,飞机也准备好了，是一架 B－10PJ 型上单翼轻型飞机。上单翼飞机我从未飞过。航校飞的雅克-18，到部队后飞的是里-2 和三叉戟，都是下单翼。

教员是位年轻帅哥，名叫郭佳峰，他让我坐到左座学员位置上，自己坐到右座，即教员座。因是体验飞行，他简单介绍一些注意事项后就开车

飞行中的作者苗晓红

滑行。此时我倒忘了紧张，也没时间激动，精力全在飞行上。眼睛盯着各种仪表，双手紧握驾驶盘，细心观察感受教员每一个动作量的轻重。

两个起落很快就结束了，飞机滑回指定地点停稳关车后，地面等待的众人立马围了上来，纷纷表示祝贺。我实话实说："有啥好祝贺的，我就是坐了两个起落，都是教员飞的。"人们都说我精神不错，驾机重返蓝天没问题。我的感觉也是如此，身体没有任何不适的感觉，特别是受过伤的双腿，一点都不影响蹬舵。飞行没问题，我最后下定了重返蓝天的决心。

中午吃饭前，公司康董事长领我们一行参观了机库。机库很宏伟，里面停满了各种轻型飞机，有泰克南 P2002JF 型、泰克南 2010 型、DA-40 型、泰克南 P2006T 型，还有几种下单翼的小飞机等。吃饭时发生了一个小插曲，康总宣布："苗大姐不减当年，上午体验飞行感觉不错，我计划让大姐飞 30 小时，拿飞行执照，创个世界纪录，大家同意吗？"儿子第一个带头响应："同意，全力支持老妈！"紧接着是一片赞同声，唯独老伴没吱声，因为他了解我。这次我下决心再上云霄，并非要创什么纪录，只是受先辈们"不畏艰险，勇于争先，超越自我，永不言老"精神感染，只想证明一下，外国女飞行员能做到的，新中国女飞行员也能做到。我八十多岁的老太婆能做到的，比我年轻的中国女性更能做到。希望通过这次飞行，吸引更多的中国妇女关心祖国的航空事业，投身祖国的航空事业，期盼有更多的中国女飞行员出现在浩瀚的天空，这是我再握驾驶盘的初心。于是我婉言谢绝道："我自

信能拿到执照,但没有必要。"我的回绝康总有些失望:"你不拿执照,太可惜,是一大损失。"

中午没有休息,进行座舱实习,这是飞行前必不可少的一课。上午虽坐了两个起落,但由于时间太短,座舱设备仍不熟悉,各种仪表的位置没有记住,各种操纵系统也不清楚,特别是紧急情况的处置方案一点也不掌握。飞行既是一件浪漫的事,但也有一定风险,飞行员必须有应对各种意外事故的准备。教员很热情,冒着高温加班给我详细讲解驾驶舱各种设备性能和紧急处置方案。特别介绍了发动机停车后,机场周边的迫降场地。

下午,按计划飞空域,3点整,飞机由南向北起飞,起飞后做左航线,进入空域,爬升至800米高度。上午是体验飞行,由教员飞,下午则是学习飞行,是教员在一旁指导,上升、平飞、转弯、下降、加入航线等都是由我飞。我飞惯了大型喷气客机,猛一飞这种小型飞机,动作量往往过大,教练不断提醒我:"轻点,再柔和点。"在教员指点下,自己不断摸索,飞过一段时间后,基本上掌握了泰克南B-10PJ型飞机的操纵要领。

飞空域留空时间虽长,但我仍无暇观赏翼下景色,全部精力都用于驾驶飞机,因为我是新学员,要学的东西太多。我也很想像美国女飞行员埃德娜那样喊道:"放心吧,我的祖国。你们有位80岁的女儿,今晚在此飞行。"我虽有此心,却无此空闲。不知不觉一小时的计划飞行时间到了,我们只好下降高度返航。进入航线后,郭教员从安全出发,不再让我单独驾驶,而是要求我跟着他做动作,动作量不要大,以免影响安全。

这次飞行也有个小插曲,新华记者黄爱萍随机拍摄我空中飞行的视频。当天风虽不大,但空中气流仍不稳,飞机颠簸比较厉害,加上后舱高温,小黄坐了一小时飞机,还要拍摄,下飞机时已经头晕目眩,差点吐了,她亲身感受到了飞行的不易。我由于在驾驶舱,专心飞行,倒一点难受的感觉都没有,也没感到疲劳,我为自己叫好。

第一天的飞行顺利结束,我乘车返家。

二

2019 年 5 月 28 日，星期二，最高气温 34 摄氏度

今天飞行与上次不同，开飞时间定于上午 9 点，从空军指挥学院到石佛寺机场开车要 1 小时 10 分左右。今天由于要举行一个简单的庆祝仪式，同去的人比较多。她们是过去一起飞行的老姐妹。因出发较早，没怎么堵车，8 点半便到了机场，新华社三位年轻人早到了。《中国妇女报》的三位记者也闻讯赶了过来。

策划刘凤云（左）与作者何孝明仰望天空"彩虹"

今天飞的飞机仍是泰克南 B‑10PJ 型，教员仍是郭佳峰。9 点整按时开车滑行，9 点 10 分左右，飞机滑到南头，然后掉转机头，加油门向北起飞。飞小空域，高度 800 公尺，时间 40 分钟。

经过上次的飞行训练和 7 天地面练习，我心中有了底，飞起来也轻松了许多。本想饱览一番翼下的大好河山，一睹长城的雄伟，雁栖湖的秀丽，会展中

心的奇特,世博园的锦绣,等等。但因飞行高度过低,这些著名景点一个也看不到。正感遗憾之时,耳机里突然传来了刘凤云战友熟悉甜美的声音:"06,感觉如何?"

"太美了,我想唱歌。"说完我情不自禁地哼起了最爱唱的《我爱祖国的蓝天》,我刚哼完一句松开发射按钮时,耳机里便传来了"晴空万里阳光灿烂……",这是老姐妹们的歌声,她们难道都在塔台?时刻都在关注我的飞行?在寂静的长空飞行,战友的声音好似春风雨露,沐浴着我的心田。歌声在耳机里振荡,热泪在脸颊上流淌。蓝天情与战友情交织在一起,使我陶醉。

欢愉时间短,40分钟转瞬即逝,我驾机返航。飞机着陆关车后,刚一打开机舱门,老伴第一个给我献花,我俩还没来得及说话,他便被老姐妹们挤走了,她们将我连拽带抱弄下飞机,而后发疯似的拥抱我,比我还激动。

过了一会儿新华社、中国妇女报的6名年轻记者挤到我身旁,让我谈重上蓝天的感想。由于激动,我都不知说啥?也不知说了些啥?大概说了我最想说的两句话吧:"外国女飞行员80多岁还在飞,今天我82岁也飞了,证明中国女飞行员不比她们差。我老太婆能飞,年轻的中国女同胞们只要有志拥抱蓝天,都能驾机直上九霄。来吧!年轻的妹妹们,到天空去翱翔吧!浩瀚的天空在等待你们。"

他们采访完后,康总才挤入人群,向我表示祝贺,我再一次向他表示感谢,是他为我提供了最好的场地、飞机、教员和指挥员。这时他的一位助手对我说:"康总对你的飞行非常重视,每一个细节都亲自检查,他要求绝对保证安全。从你们起飞开始,康总一直在控制室关注飞行动态,直到你落地,他才走出控制室。"我也曾组织指挥过飞行,知道组织指挥者肩上的分量。不到飞行结束,心总悬在嗓门上,这种滋味只有当过飞行指挥员的人才能体会到。何况今天他组织的是一场史无前例的飞行,一个82岁的老太婆重上云霄,有很多不确定性。想到这些,我让记者们给我们照了一张合影,留下这创纪录的瞬间,以做永恒的纪念。康总看了看围在四周的人群,才松开一直握着我的手,让开空间,这时华安航空公司的男女飞行员和其他保障人员才和我一一握手祝贺。康总最后提议,大家聚在"八十二岁女飞行员苗晓红三十年后重返蓝天"横幅后面,高唱《我爱祖国的蓝天》,歌声在首都的上空飞扬。

华安航空公司董事长康建生祝贺苗晓红飞行成功

11点左右在众人的掌声中,我恋恋不舍地离开了石佛寺机场。

"硬核奶奶"苗晓红82岁再飞蓝天

附录

图书策划：刘凤云（图左，右为苗晓红），空军第四批女飞行员，大校军衔。

女飞顾问：张雪岩（图后，前为美国参加过二战的女飞行员），99国际女飞行员俱乐部中国区秘书长。

图影制作：韩郑（图左，右为苗晓红）中国管理科学研究院飞行专家委员会副会长；中国摄影家著作权协会会员。

飞行顾问：康建生（图左，右为苗晓红）华安通用航空有限公司董事长；管理科学院会员。

后记

历时两年多，终于完成了《一代天娇：中外早期女飞行员史话》的编写。在漫长写作过程中，得到了众人无私的帮助和鼓励，值此，我们向他们致以两位老兵的崇高敬礼！

首先，由衷感谢为我们提供图文资料的朋友。史料，决定这本书的品质，不少朋友为我们提供了大量有价值的图文资料，其中李小溪副教授对我们的帮助最大，她帮助我们从国外收集了大量史料。我国第一位女飞行员卢佐治夫人的照片，就是她从美国征求来的。她还替我们翻译了大量英文图书与文章。

帮助我们翻译外文图书与资料的还有段善权老战友、女儿何立颖、孙女何雨菡等。帮我们在国内外收集资料较多的有老朋友韩郑、刘凤云及在美国飞行的华裔女飞行员傅文瑜等。

另外还要特别感谢本书顾问、飞行家族（北京）国际会展有限公司董事长、中国民航飞行员协会女飞分会秘书长、99s 国际女飞行员组织中国区秘书长张雪岩女士，她为我们提供了大量宝贵资料。

其次，由衷感谢一代"女航人"的后人和一些知情者。他们为我们提供的一手史料，澄清了谬误，提高了本书的真实度。这其中有鲁美音的侄孙、美籍著名华人鲁照宁先生，他是日本南京大屠杀历史证据搜集者之一，不仅提供了姑祖母鲁美音的图文资料，还认真修改了我们的文字，并将他自己收集到的大量国内外相关材料寄给了我们。提供珍贵史料的还有林鹏侠的侄女、福建教育学院教授林田，林鹏侠母校莆田哲理中学现任校长涂雨，以及同盟会元老仇鳌孙女仇君好，宁夏僧人洛藏（原名赵生军）等。

还要感谢热情接待并陪同我们调研的各地亲朋好友，没有他们精心照料，两个80多岁的老人怎敢远行？上海的老战友李成昌、许君清；湖南长沙的老同学陈新元、冯国钧及其子女冯梅、劲松；深圳的表妹戴子晖；香港的外甥女徐丽珍和外孙女邹杏等。特别是子晖，亲自驾车陪我们走访了广东的深圳、中山、台山、开平等地，十分辛苦。也感慨于儿子何立峰积极参加了北京地区的调研和书稿的修改工作……每次同他们分别，大家都不约而同地说着同一句话："书出来后一定送我一本。"这份殷切期盼，也成了我们创作的动力。

值此，还要特别感谢人民日报出版社。他们出版了我们创作的《共和国首批女飞行员》和《女人的天空》，今年又出版《一代天娇：中外早期女飞行员史话》一书，我们代表女飞行员向他们致以真诚的谢意。

最后要感谢的一个人，是我们多年的老朋友、原《中国妇女》杂志社资深编辑龚晓村女士。我们每写一本书，她都给予无私帮助。这次，她又抱病对本书的一些重要章节进行了认真修改，有些部分还亲自重写。她这种重义轻利的精神非常可贵，令人感动。

两年来，我们花费大量精力、财力编写出中国第一本较全面反映中外早期妇女航空的历史图书，填补了妇女航空史的空白。本书尽管并不十分完美，但具有较高的史料和收藏价值。正如本书策划刘凤云女士所云："这样内容的书，以前中国没有，国外也没有，非常珍贵！"

2018年3月，初稿于北京空军指挥学院
2018年10月，二稿于湖南桃源九溪
2019年6月，定稿于山东临朐冶源